두려움과 배움은
함께 춤출 수 없다

Making It Up as We Go Along
The Story of the Albany Free School
by Chris Mercogliano

마음을 울리는 진솔한 언어로 크리스는 오랜 세월 속에서 확고해진 믿음을 들려준다. "아무도 믿지 않아도 아이들은 자연스레 배운다. 하나의 프리스쿨도 공동체가 된다. 아이들을 돌보는 어른이 전통적 역할을 기꺼이 버릴 때 우정과 새로운 성장이라는 뜻밖의 장이 열린다." 이 책은 내가 지금껏 읽을 특권을 누렸던 그 어떤 책보다도 설득력 있게 아이들 스스로 찾아가는 배움의 길을 한 번만이라도 아니, 할 수 있다면 영원히 제도적으로 열어놓아야 한다는 사실을 증명해 보여준다.

_이반 일리치(Ivan Illich) ; 『탈학교 사회』 저자

이 책은 교육의 혁신과 개혁에 관한 귀중한 저작들 속에 이미 자리를 맡아두었다. 아이들 편에 서서 한결같은 희망 속에서 이루어낸 노력의 결과에 대한 사려 깊고 감수성 풍부하고 명료한 설명서이자, 또한 배움의 장소에서 아이들이 진정한 관심과 보살핌을 받을 때 이루게 되는 도덕적 정신적 성장에 대한 서정적 찬가이다.

_로버트 콜즈(Robert Coles) ; 『위기의 아이들』 저자

이 책은 진정 놀라운 책이다. 무엇보다 주목할 만한 것은 대안교육 운동이 흔히 빠지기 쉬운 엘리트주의, 계층주의, 세분화주의라는 덫을 공동체를 통해 어떻게 극복해 갈 수 있는가를 보여준다는 점이다. 나는 크리스와 알바니 프리스쿨의 그 탁월함과 통찰에 끊임없이 영감을 받는다.

_매트 헌(Matt Hern) ; 『학교교육에서 놓여난 삶』 편집자

크리스는 자기답게 성장하려 애쓰는 아이들과 그들을 돕는 사려 깊은 어른들에 관한 감동적인 이야기를 들려준다. 이 글은 1960년대의 급진적 비평서들 이후 교육에 관한 가장 영적이고 정통적인 글이다. 앞서 나온 비평서를 쓴 홀트, 코졸, 데니슨, 콜 같은 이들은 지난 삼십 년 동안 계속 무시되어 왔고 그러는 동안 학교들은 점점 더 가슴을 잃어갔다. 크리스는 다시 한 번 우리에게 상기시켜준다. 진정한 교육은 경영기술이 아니라 인간적 만남이라는 사실을.

_론 밀러(Ron Miller) ; 『교육 리뷰』 발행인

프리스쿨에서 유아반 아이들에게 이야기를 들려주는 지은이

헌사

어머니, 죽음의 침상에서 제게 거침과 부드러움과 진실을 가르쳐주신 어머니께 이 책을 바칩니다. 어머니와 함께 천국과 이 땅 사이를 잇는 그 길을 걸었던 일은 나 자신으로 통하는 문을 열 힘을 주었습니다.

메리 루, 오랫동안 스승으로서 제게 보여주신 그 정신과 대담한 비전을 여기 이 글 속에 다 표현할 수 있다면 정말 좋겠습니다. 제가 책을 쓰는 일을 할 수 있도록 은근히 부추겨주신 데 감사드리며 이 책을 바칩니다.

여러 해에 걸쳐 프리스쿨과 공동체를 이루어온 가족들, 그리고 이제는 여기를 떠난 사람들까지 포함해서 모든 프리스쿨의 교사와 학생들께 나의 교사가 되어주신 데 감사드립니다. 그 사랑과 열정, 모험과 헌신에 감사드리고 또 엉뚱하고 우스꽝스런 일을 심심치 않게 일으켜 이 이야기 속에 자주 떠올릴 수 있게 해준 데 감사드리며 이 책을 바칩니다.

특히나 내 사랑하는 아내 벳지에게, 책을 쓰는 동안 도와주고 격려해준 데 감사하며 또 편집상의 도움을 준 데도 감사하며 이 책을 바칩니다. 그리고 책을 쓰느라 어쩔 수 없이 몰두해야 하는 이태 동안 소홀했던 아빠를 참아준 내 예쁜 두 딸 릴리와 사라에게 이 책을 바칩니다.

그리고 마지막으로 이 세상 아이들의 용솟음치는 정신에 이 책을 바칩니다. 우리들 한 사람 한 사람 속에 그 솟구치는 정신이 언제나 살아 있기를 바라며.

차례

머리말

삶과 앎의 초석을 놓는 일

·이 책은 내게 읽는 특권뿐만 아니라 서문을 쓰는 특권까지 누리게
해준 책으로서 가장 유별나고 비범하며 빛을 비춰주는 책 가운데 하나
다. 이 책을 쓴 크리스는 탁월한 이야기꾼으로, 우리 시대에 제기된 그
어떤 교육관보다도 중요한 교육관을 여기서 펼쳐 보인다.

사실 나는 이 책을 한 장 한 장 읽어 내려가며 뭐라고 형언할 길 없
는 안타까움을 느꼈다. 이 이야기가 아이들과 우리 자신, 우리의 가정
들, 나아가서 이 나라 그리고 이 세계에 너무도 필요한 메시지이기 때
문이다. 하지만 이 귀한 진주가 저 허접하고 하찮은 생각들, 이기적인
궤변으로 가득 찬 쓰레기 같은 출판물 더미 속에서 어떻게 사람들의
눈에 띌 수 있을까.

크리스가 들려주는 이 놀라운 이야기는 오늘날 우리 학교들이 빠져

있는 저 깊은 혼돈 속으로 휩쓸려가는 소용돌이에서 빠져나올 수 있는 길을 알려준다. 뿐만 아니라 그가 하는 말에 조금만 더 귀 기울여보면 이 이야기는 우리들이 저마다 맞닥뜨리고 있는 딜레마에도 빛을 비춰준다. 그의 논지는 현재 완전한 혼돈 속에 있는 좌충우돌의 여러 견해들, 우리를 절벽에서 뛰어내리는 미친 돼지떼가 될 정도로 몰아대는 견해들과는 본질적으로 다른 방향을 향하고 있다.

그러나 고백컨대, 그가 아무런 격의 없이 뜻밖의 논지를 펼칠 때면 아나키스트요 우상파괴자를 자처하는 나 같은 사람조차 멈칫하게 된다. 하지만 그가 지닌 개념이 훨씬 더 혁명적이라는 사실을 감안하고 보면 그 어떤 경우라도 그의 입장이 얼마나 옳은지, 얼마나 위험할 정도로 옳은지를 발견하게 된다.

크리스와 알바니 프리스쿨의 다른 교사들이 보여주는 용기는 읽는 사람으로 하여금 마음을 가라앉히고 이 세상에 대해 다시 한 번 차분히 생각하게 만든다. 자신의 이익이나 평판, 대중의 판단 그리고 돈에 앞서 아이들의 안녕을 진정으로 염려하는 사람들이 과연 얼마나 있을까? 우리가 이미 지니고 있는 편견을 거두고 우리 기대의 투영물로서가 아니라 있는 그대로의 아이들을 바라볼 줄 아는 사람들이 얼마나 있을까? 아이들에 대한 생각을 흐리게 만드는 우리 내면의 어둠을 용기 있게 들여다보려는 사람들이 몇이나 될까?

내가 이런 질문을 던지는 이유는, 칼 융이 너무도 분명히 지적했듯이 우리 아이들은 우리가 스스로에게는 숨기고 있는지 모르지만 아이들에게는 절대로 숨길 수 없는 어두운 측면, 곧 두려움과 나약함이라는 무의식의 그늘 속에서 살아가고 있기 때문이다.

프리스쿨의 교사가 된다는 것은 늘 배우는 학생이 된다는 뜻이기도 하다. 아이들을 이끌며 앞서 나아가려면 끊임없이 변화하는 아이들의 요구에 응답할 수 있는 유연하고 열린 마음가짐뿐만 아니라, 숱한 아이들이 보여주는 엄청난 다양성을 파악할 수 있는 인지능력 또한 필요하기 때문이다. 이러한 유연성을 구사한다는 것은 벅찬 일이기도 하고 위험을 무릅써야 하는 모험이기도 하다.

이에 견주면 우리의 일반적인 교육체제는 얼마나 안전한가. 그 체제 안에서 교사가 하는 일이란 그저 아이들에게 순응을 요구하고 그 순응도를 측정하며, 아이들이 그 요구에 따르지 않을 경우 나쁜 평가를 내리고 비난을 퍼부어 대는 것 말고 무엇이 있단 말인가? 그와 달리 프리스쿨의 교사들은 아이들 한 명 한 명과 더불어 순간순간을 살아야 하고, 서로 다른 발달과정에서 비롯되는 서로 다른 요구에 맞추어 대처해가야만 한다.

크리스는 거듭 강조하면서 말한다. "우리 학교에서는 나날의 삶이 지닌 정서적 차원과 인간관계 차원에 관심을 기울이며 시간을 보낸다. 왜냐면 우리는 이 두 차원이 삶의 초석이며 모든 앎의 기초이기도 하다고 믿기 때문이다." 이러한 그의 견해는 최근의 연구 결과들도 진지하게 인정하고 있다. 그리고 바로 이 점이 진정한 논점이다. 프리스쿨은 아이들이 다른 사람과 소통하는, 그리고 자신의 내적 자아와 소통하는 진짜 삶을 살 수 있도록 채비를 갖추어준다. 이 채비를 하는 가운데 아이들은 대개의 학교들이 가르쳐보겠다고 야단법석을 떨고 있는 바로 그 기초 원리들을 쉽사리 깨우친다. 아니 실제로 삶 속에서 터득해간다.

학교에서 보냈던 내 삶의 한 해 한 해를 뒤돌아보면, 학교에서 배워야 한다고 명령받았던, 아니면 일생 동안 그로 인해 고통받아야 한다고 명령받았던 터무니없는 것들 중 어느 한 가지도 그 때나 지금이나 내게 전혀 의미가 없다고 기꺼이 말할 수 있다. 대학 생활 그리고 사실상 마지막 학년이었던 9학년 때 배웠던 타이핑은 예외로 하겠다. 나머지 그 무엇도 실생활에 쓸모가 없었고 바깥세상의 삶을 위한 채비가 되어주지 못했다.

나는 이따금씩 의문에 휩싸인다. 도대체 무엇을 위해 그 어린 시절이 몽땅 날아가버렸단 말인가? 그 시절 나를 들끓게 했던 분노, 내 자신과 모든 보통 아이들에게 가해졌던 그 모조품 인생이라는 형벌에 대한 분노는 그 시절이 지난 뒤에도 계속 선명해져만 갔다. 나는 오늘날의 육아법이나 학교교육의 방법론이 한 사람 한 사람의 개성을 이루는 바탕 그 자체를 모독하고 있다는 사실을 모든 아이들이 직관적으로 알아차린다고 생각한다. 이런 모욕감이야말로 이 땅에 살고 있는 사람들의 무의식 속에 흐르고 있는 분노의 이유 중 하나임을 믿어 의심치 않는다.

이 책이 체계적으로 프리스쿨을 소개하고 있지는 않지만 흥미롭게도 여기서 다루고 있는 주제 하나 하나는 실제로 아이들의 성장에 진정으로 도움이 되는 일종의 '커리큘럼' 형태를 띠고 있다. 내가 보기에 이 책에서 크리스는 인생에 관한 한 실제적이고 중요한 문제는 모두 다루고 있지 않나 여겨진다.

분명한 것은 '교육받은' 어른으로서 이 세상이라는 시장바닥으로 뛰어들 때 우리들 대부분은 그 모든 영역에 무지하기 짝이 없는 상태였다는 사실이다. 요컨대, 살아가는 데 진실로 문제가 되는 것들이 있다. 다른 사람들과의 관계, 내적 자아와의 관계, 두려움을 다루는 문제, 삶의 정수를 농축시키는 일, 자아상을 만들어내고 삶의 일화들을 창조하는 메타포를 발견하는 일, 신에 관한 문제, 인종과 계급, 성 그리고 저 희귀하기 짝이 없는 생필품인 공동체 등등. 이러한 주제들을 아이들에게 어떻게 올바르게 심어줄 것인가? 이러한 것들은 누구한테서 배울 수 있는 것이 아니며, 그러기에 가르칠 수도 없다. 단지 모범을 보여주거나, 어린 시절 속에 녹아 있는 자아발견을 위한 끝없는 '혼돈' 속을 스스로 탐사하도록 유도하는 길밖에는 없다. 필연적이겠지만 바로 이러한 과정이 이 이야기 속에 잘 녹아 있다.

우리 중 과연 누가 아이들의 혼돈에 기꺼이 응대해가며 그 아이가 자기만의 독특한 질서체계를 구축할 수 있는 길을 열어줄 수 있을까. 더욱이 아무도 모르는 사이에 삶의 모델이 되어주는 식으로 개인적 관계를 맺음으로써 그 일을 해낼 수 있을까. 그보다는 추상적 개념으로 이루어진 미리 정해놓은 질서를 아이들에게 떠안기는 편이 훨씬 쉽지 않은가! 우리가 그 질서를 따라 살 필요는 없지만 아이를 판단하는 데는 유용한 잣대가 되어주는 그런 질서 말이다.

이 책은 비밀의 묵시록이다. 지금까지 들어본 적이 없는 표현을 통해 아이들의 실제 삶을 그려 보여준다. 그리고 아이들이 간절히 원하는 바로 그 방식으로 아이들을 이끄는 실제적인 방법론을 펼쳐 보여준다. 나아가 공교육에서라면 사용처도 찾지 못할 그야말로 쥐꼬리만 한 저예산으로 무엇을 이루어낼 수 있는지를 보여준다. 프리스쿨은 진정

'치유의 학교'이며 우리가 그 도전을 받아들일 충분한 용기를 지녔다면 우리 모두에게 하나의 모범 사례가 될 것이다.

이 책을 이미 읽어버린 나로서는 이제 막 책을 펼쳐 들고 이 매혹적이고 지혜로 가득 찬 오디세이를 읽어갈 사람이 은근히 부럽다. 그러기에 더욱더 다음에 펼쳐질 이야기를 공상적인 모험담으로 잘못 생각할까 불안할 지경이다. 우리에게 선택의 여지는 없다. 정신을 똑바로 차리고 프리스쿨의 예를 열심히 배우며, 아이들의 성장과 발달이 그렇게 이루어지듯 우리가 (이 책을 읽어) 나아갈 때 펼쳐지는 경이로운 모험의 세계를 발견하는 일 말고 무슨 방법이 있겠는가.

조셉 칠턴 피어스 1)

---

1) 조셉 칠턴 피어스(Joseph Chilton Pearce)는 반세기 가까이 인간 마음의 신비를 탐구해 오면서 『우주 달걀 속의 균열』, 『마법의 아이』, 『진화의 끝』 같은 중요한 책을 썼다. 그의 주된 관심사는 아이들의 성장과정에서 지성이 어떻게 발달하는가 하는 문제이다. _편집자주

감사의 말

이 책이 나오기까지

이 글을 쓰는 데 영감을 주고 착상의 동기가 되어주며 또한 용기를
불어넣어주기도 한, 넓은 의미의 프리스쿨 공동체에 특별한 감사를 드
리고 싶다. 그러한 도움이 없었다면 처음으로 책을 써보는 나로서는
출발점에서 한 걸음도 더 나아가지 못했을 것이다.

여러 가지 정보를 제공해주고 글을 쓰는 동안에도 지원을 아끼지 않
았던 수많은 분들의 이름을 여기 모두 써넣을 수는 없지만, 지금 이 자
리를 빌어 모두에게 고마움을 표하고 싶다. 특히 조셉 칠턴 피어스, 존
테일러 개토, 론 밀러, 팻 파렌가, 존 로리 그리고 제리 민츠에게, 내
가 쓸 만한 가치가 있는 이야기를 갖고 있다는 확신을 준 데 감사드린
다. 또한 대안교육지 『스코레이 $\Sigma KO\Lambda E$』와 『가족생활지 Journal of
Family Life』에서 나와 함께 공동 편집을 맡고 있는 동료들, 메리 루,

낸시 오스트, 코니 프리스비 호데, 프랭크 호데, 엘렌 벡커, 레리 벡커, 톰 맥피터스, 벳지 메르코글리아노에게 감사의 말을 전하고 싶다. 당신들은 내가 글 쓰는 솜씨를 갈고 닦아 말하고자 하는 바를 좀더 쉽게 전달할 수 있는 사람이 되는 데 도움을 주었다. 이 점에서 하인만출판사의 랄프 플레처, 카렌 블랙, 수잔 하먼과 주디스 라너에게도 감사한다.

내가 아직 확신을 갖지 못했을 때 계속 써나갈 수 있는 확신을 심어주었던 이브 일센, 폴 글렌달, 옴과 번티 켓참 부부, 헬렌과 크리스티 차코스 부부, 람 다스, 윌리엄 케네디, 이반 일리치, 리 호이네키, 메트 헌에게 감사드린다. 그리고 마지막으로 이 일을 주선해준 바바라 딜과 하인만에서 이 책의 편집을 맡아준 로이 브리지스에게 나와 내 책에 대해 지칠 줄 모르는 믿음을 가져준 것에 감사드린다.

크리스 메르코글리아노

해나가면서 이루기

이 책은 한 학교에 대한 이야기다. 사실 '학교'라고는 하지만 실제로는 전혀 학교 같지 않은 학교에서 삼십 년 가깝게 아이들과 어른들이 함께 지내온 이야기다. 또한 학교를 넘어선 훨씬 넓은 토대 곧 가족, 이웃, 나라, 인종, 계급, 문화 따위와 학교 공동체가 주고받는 상호작용에 관한 이야기이기도 하다. 왜냐하면 어떤 학교도 외부와 관련 없이 홀로 존재할 수 없기 때문이다. 많은 학교들이 홀로 존재하는 섬이 되고자 힘들여 노력하고 있지만.

몇 해 전 일이다. 뉴욕주립어린이극장이 운영자금이 바닥날 심각한 상황에 놓이게 되었다. 운영자금은 그 때까지 줄곧 주의회를 통해서 나왔다. 그 일이 있기 십 년 전, 피터팬 공연으로 극장이 문을 연 후 우리는 거의 모든 공연에 아이들을 데리고 갔다. 가끔 훌륭한 프로그램에는 몇몇 아이들이 제작에 참여하기도 했다.

우리가 그 안타까운 소식을 듣게 된 것은 마침 우리 아이들이 참여했던 한 연극 공연이 끝나갈 무렵이었다. 운영자금을 빨리 모으지 못하면 시즌이 끝나는 대로 극장 문을 닫아야 할 형편이라는 얘기였다. 공연을 마치고 돌아오는 길에 열 살 전후의 아이들 몇몇이 진심으로 자기들의 극장이라 여기고 있는 이곳을 갑자기 잃어버리게 된다는 사실에 황당해하며 주고받는 이야기를 듣게 되었다.

나 또한 황당했다. 이 극장처럼 살아 있는 무대가 아이들에게 얼마나 좋은 영향을 미치는지 똑똑히 지켜본 나로서는 더욱 안타까웠다. 나는 아이들에게 그 문제를 푸는 데 너희들 스스로 해볼 만한 일이 뭐 없겠냐고 물어보았다. 그 중 네 명이 해볼 만한 일이 있다면 뭐든지 해보겠다고 나섰다. 그러자 무슨 일이 가능할까 하는 토의가 잇달았다. 주지사에게 편지를 보내보자고 제안하는 아이도 있었고, 구호를 써서 주청사 앞에서 데모를 벌여야 한다는 아이도 있었다. 또 어떤 아이는 다른 학교 아이들과 함께 어린이극장을 지원하는 편지를 쓰는 게 어떻겠냐고도 했다. 모두 훌륭한 생각이기는 하지만 나는 그런 일을 벌일 시간이 없다고 설명하고, 실제로 극장 운영자금을 모으는 일에 최종 결정권을 쥐고 있는 것은 주의회이고—주지사는 아마 그 쟁점에 대해 아무것도 모를 것이다—지금 회기가 끝나가기 때문에 의원 한 사람 한 사람을 직접 만나 이야기하기에 좋은 때라고 말해주었다.

아이들은 모두 그 생각을 좋아했다. 더구나 주의회 건물이 학교에서 얼마 떨어져 있지 않았기 때문에 실제로도 해볼 만했다. 아이들은 나를 그 자리에서 약속담당 비서로 임명했다. 내가 의원들에게 전화를 걸기 전에 우리는 어느 의원을 목표로 삼을지를 궁리했다. 그러고 나서 나는 마지막으로 한 가지 제안을 했다. 이 일을 신문사에 알리자는 것이었다. 신문에 기사로 다루어지면 일이 잘 풀리는 데 분명히 도움이 될 것이기 때문이었다. 아이들은 이 의견 역시 좋아했고 내게 신문사 섭외담당도 맡아달라고 부탁했다.

곧 영향력 있는 몇몇 의원들과 성공적인 만남이 이루어졌다. 첫 번째 의원을 만난 뒤에 나는 의원들을 만나는 일에 끼어들지 않기로 했다. 내가 만난 그 의원은 계속해서 내게만 말을 건넸다. 아마도 아이들이 대화를 나눌 만한 지성을 가졌다고 믿지 못하는 듯했다. 하지만 그 의원을 따돌리게 되는 결과를 원치 않았으므로 그와는 그 식대로 만남을 이어가고, 다른 의원과 만날 팀을 다시 짰다. 두 번째 의원과 만날 때는 지역신문의 한 기자가 취재차 동행하기로 했다.

그 기자는 아이들이 나를 대기실에 남겨둔 채 저들끼리 줄을 지어 의원 사무실로 들어가는 것을 보고는 매우 감명을 받았다. 내가 일어서서 아이들을 따라 들어서지 않자 의원의 얼굴에 당혹스런 빛이 어렸다. 예상했던 일이지만 내가 그 자리에 끼어들지 않은 것이 일을 더 좋게 만들었다. 그 기자는 네 명의 용맹스런 운동가들이 학교로 돌아오자 인터뷰를 시작했다.

그리고 자, 보라. 다음날인 월요일 아침 뉴욕 주의회의 모든 의원님들은 출근하자마자 집무 탁자 위에 펼쳐진 〈알바니 타임즈 유니온〉 1면 머릿기사 위에 '학생들, 뉴욕주립극장을 구하기 위해 싸우다'라는 표제를 보게 되었다.

그런 우리의 노력과 관심 있는 수천 시민들의 노력 덕분에 극장은 계속 문을 열 수 있을 만큼의 운영자금을 마련하게 되었다. 이쯤에서 이야기를 해피엔딩으로 마무리하며 오늘날 같은 복잡한 세상에서조차 아이들이 실제로 상당한 일을 해낼 수 있다는 식의, 그야말로 틀에 박힌 교훈을 주는 것으로 끝을 낼 수도 있다. 하지만 그렇게 되면 진짜 요점을 놓치게 된다. 그래서 이 이야기가 완결되려면 두 개의 후일담을 덧붙일 필요가 있다고 생각한다.

그 기자가 쓴 기사는 탁월했다. 작지만 결코 작지 않은 한 가지 점만 빼고는. 나는 월요일 아침 아이들끼리 자신들이 주인공으로 나오는 그 기사를 읽을 수 있도록 신문 한 부를 교실에 가져다 두고 커피를 한 잔 하러 잠시 자리를 떴다. 내가 다시 돌아왔을 때 세 아이는 아주 의기양양해 있었는데 나머지 한 명 엘리자는 완전히 풀이 죽어 있었다. 나로서는 무슨 일이 그 아이를 그렇게 힘 빠지게 만들었는지 알 수가 없었다. 무슨 기분 안 좋은 일이 있었느냐고 묻자 엘리자는 기사의 첫머리에 있는 문장 몇 줄을 가리켰다. 분명 너무나 심각한 문제였다. 우리의 기자 양반은 다윗과 골리앗의 싸움이라는 시각으로 네 명의 아이들이 의원 사무실의 커다란 가죽의자에 앉아 있는 모습을 묘사했는데, 한 소녀의 짧은 두 다리가 바닥에 미처 닿지도 않은 채 공중에서 대롱거리는 모습까지 생생하게 그려내고 있었다.

여기서 문제가 된 단어는 '짧은'이었는데, 엘리자가 기사를 읽어 내려가다 바로 이 단어에 이르렀을 때 기사는 더 이상 의미가 없어져버린 것이다. 키가 작다는 것은 이 열 살짜리 꼬마 아가씨의 인생에서 쓰라린 고통이 된 지 오랜 터였다. 얼마나 속상한지를 호소하는 말을 한참 듣고 있다가 이런 기분을 전혀 모르고 있을 기자한테 속마음을 이야기하면 좀 풀리겠냐고 물어보았다. 엘리자는 잠시 생각해보더니 그럴 것 같다고 하면서 자기 대신 내가 이야기를 좀 해줄 수 없냐고 했다. 나는 그러마 하고는 곧바로 전화를 걸었다.

이틀이 지난 뒤 엘리자는 학교에서 편지 한 통을 받았다. 바로 그 기자가 보낸 편지였다. 나와 전화로 이야기를 하고 난 뒤 곧바로 쓴 것이 분명했다.

그는 먼저 엘리자의 작은 모습이 지나치게 드러나도록 글을 쓴 데 대해 정말 미안하다고 썼는데, 어린 시절 자신도 역시 주위 아이들보다 키가 작아서 늘 곤혹스런 느낌을 가졌기 때문에 그 기분을 충분히 이해한다고 말했다. 그는 또 그 기사에서 엘리자의 몸 크기를 강조해서 이야기한 것은 엘리자가 보인 그 행동의 크기에 자신이 압도되었던 것처럼 다른 사람들도 압도되기를 원했기 때문이었다고 말했다. 그는 자신의 눈에 엘리자가 거인처럼 느껴졌듯이 기사를 읽는 많은 독자들의 눈에도 그럴 것이라 믿는다며 편지를 끝맺었다.

학교가 끝나자 엘리자는 편지를 들고 곧장 아빠의 공방으로 달려갔다. 나무로 작은 배를 만드는 그 공방에서 부녀는 함께 편지를 넣을 예쁜 액자를 짰다. 그 편지는 지금도 엘리자의 침실 벽에 자랑스럽게 걸려 있다.

두 번째 후일담은 첫 번째 일이 있은 이틀 뒤에 일어났다. 한 칼럼니스트—트집장이(curmudgeon)라는 말은 분명히 이 늙은 신문쟁이를 두고 생긴 말이리라—가 아이들의 로비에 관한 기사에서 이야깃거리를 끄집어내서, 뻔하디 뻔한 어른들의 정치적 목적에 '아이들을 꼭두각시로 이용했다'고 학교와 나를 공격했다. '운동가들, 아이들을 미끼

삼다'라는 제목으로 그는 교사인 내가 대중과 (좀더 정확히 말해) 권력의 심금을 울릴 목적으로 아이들을 조종했다며 그것은 선생으로서 할일이 아니라고 썼다. 아이들은 아이로 남아 있어야 한다, 왜냐면 그 아이들은 머지않아 어른으로서 이 세상의 짐을 지게 될 시간이 많이 있기 때문이라고 주장했다.

말할 필요도 없이 아이들과 나는 물론 나머지 학교 식구들 모두가 그 칼럼(역시 1면 기사였는데)에 분통을 터뜨렸고 그에 뒤따라 여러 일들이 줄을 이었다. 나는 반박하는 편지를 길게 썼고 신문은 내 글을 일요판 특집 면에 싣고는 '아이들이 인질이 아닐 때'라는 제목까지 붙여주었다. 다음은 상상에 맡긴다.

이야기는 약 일주일 뒤 몇 해 전 우리 학교를 다녔던 한 아이의 아버지한테서 한 장의 편지를 받는 것으로 끝이 났다. 편지에는 이렇게 쓰여 있었다.

크리스

오늘 신문에서 아이들을 로비나 데모에 '이용'하는 문제를 놓고 랄프 마틴이 제기한 문제에 대해 반박하는 당신의 글을 읽었습니다. 먼저 내가 당신의 의견에 전적으로 동조하며 또 당신이 보여준 노력에 감사하고 싶어 한다는 것을 알아주셨으면 합니다.

신문에 실린 당신의 주장을 읽으면서 내 마음은 내 딸 티파니가 프리스쿨에 다닌 큰 행운을 누렸던 그 날들로 다시 돌아갔습니다. 당신의 글은 오늘의 세계를 살고 있는 아이들에게 절실하게 요구되는 관심과 참여, 이해라는 덕목에 대한 한 편의 성찰이었습니다.

티파니가 공립학교 체제 속으로 들어간 일은 아주 순조로웠습니다.(좀더 집에서 가까운 지금의 학교로 가겠다고 한 것은 티파니의 선택이었다._저자 주) 티파니는 해마다 우수한 성적을 보이고 있습니다. 하지만 그보다 더 중요한 것은 아이가 자발적이고 안정되어 있으며 자신의 능력을 십분 발휘할 줄 안다는 점입니다. 선생님들은 티파니가 수업에 적극 참여하는 참으로 훌륭한 학생이라고 입을 모으고 있습니다.

살아가다 보면 지금 하고 있는 일이 의심스럽고 불안하게 느껴지는 때가 있다고 봅니다. 과연 할 가치가 있는 일인가, 제대로 길을 가고 있는 것일까, 결국에 무슨 의미가 있을까 하는 느낌 말입니다. 당신이 하는 일이 가치를 따질 일이 아닌 감사한 일이며, 당신의 노력이 가져다주는 영향은 고요한 물에 던진 조약돌처럼 파문을 일으키며 퍼져갈 것임을 프리스쿨 식구들이 아는 기회가 되었으면 합니다. 그 파문은 당신이 결코 알지 못하는 식으로 퍼져나갈 것입니다. 고맙다고 다시 말하고 싶군요. 훌륭한 일 계속하십시오.

당신을 사랑하는 로렌스 톰슨

이 책에서 나는 프리스쿨에 대해 인간적이고 사적인 느낌을 가지고 이야기하려 했다. 그 까닭은 프리스쿨이 인간적이며 사적인 장소이기 때문이다. 이 책의 어느 구석에서도 학교의 정책이나 철학을 순서대로 나열해가며 설명하지는 않았다. 그런 식의 설명은 우리의 본래 모습과 관계가 없을 뿐 아니라 그 본래 모습이라는 것 또한 너무도 자유분방하고 얽매이지 않는 경향을 갖고 있기 때문에 개념의 틀 속에 끼워 맞출 수가 없다. 다시 말해 상세하게 설명할 만한 미리 설정된 그 어떤 방법론도 없다는 뜻이다. 아침이 밝아오고 다시 저물어갈 때까지 우리는 그저 '해나가면서 이루어가고' 있을 뿐이다.

사실 우리가 쉽게 '교육'이라 부르는 이 일에 무슨 특정 공식이 있다는 것이 우습지 않은가. 우리 프리스쿨 식구들이 생각하듯이 한 인간의 삶은 밖에서 계획되고 정해지는 것이 아니라 내면의 힘에 의해 이끌리거나 방향을 갖는 것이라고 믿는다면 정말 그렇다. 그 힘을 운명이라고 해도 좋고 카르마, 성령, 한 존재 속의 '고차원적 힘', 유전적인 성벽, 무의식, 뭐든 부르고 싶은 대로 부르면 된다. 우리의 내면에서 우리를 이끌고 있는 그 힘('힘들'이라고 해도 된다)은 아마 그 모든 것들이 뒤섞인 알 수 없는 무엇일 것이다. 그러나 이 책을 쓸 때의 내 목표는 그와 같은 놀라운 신비를 풀어놓고자 하는 것이 아니었다. 쉰 명 남짓한 아이들과 여덟 명의 어른이 자유롭고 스스로 책임지며 서로를 존중하는 분위기 속에서 한 지붕(또는 한 하늘) 아래 모여서 서로 협력하고자 했을 때 넘쳐나는 몇몇 가능성들을 묘사해보고자 하는 것이다.

뭔가를 기대했다가 실망하기 일쑤인 방문객들이 흔히 묻는 질문이 있다. "도대체 이 학교의 체제는 뭐죠?" 그러면 나는 미리 꼼꼼하게 준비한 대답을 길게 이야기하곤 했다. 그런데 어느 날 갑자기 이런 생각이 들었다. 뉴욕 주 알바니 시의 슬럼가에 자리 잡은 우리의 이 조그만 학교가 가진 '체제'라는 것은 단지 계속 바뀌어가면서 학교를 꾸려가고 있는 한 무리의 사람들 그 자체라는 사실이다. 그 이상도 그 이하도 아닌, 그것은 한 사람 한 사람 독특한 개인들로 이루어진 공동체다.

여기서 공동체라고 할 때는 그 단어가 지닌 가장 엄정한 의미에서의 '공동체'를 뜻한다. 하루하루 그 공동체가 전개되어 나갈 때 개인들 한 명 한 명 스스로 결정해서 참여한다. 학교는 모든 사람들이 성장하는 데 매개물이 되어주며, 그 성장은 아이들뿐 아니라 어른들의 일이기도 하다. 다시 말해 프리스쿨은 살아 움직이는 역동적인 상황이지 정적인 체제나 방법, 철학일 수 없다.

그렇다 할지라도 이런 의문이 남을지도 모르겠다. 이토록 어지럽고 시끄럽고 분잡하고 놀기만 하는 분위기에서 어떻게 읽고 쓰고 복잡한 수학 문제 푸는 법을 익힐 수 있을까? 이 아이들이 일반 학교 학생들과 비슷한 수준의 능력을 과연 갖출 수 있을까?

물론이다. 단 조건이 하나 있다. 일반 학교교육의 학습전술(사실상 반학습을 불러일으키는 전술)이나 주변 환경의 끊임없는 반생명적 메시지로 말미암아 타고난 학습동기가 이미 손상된 아이의 경우, 스스로 온전히 바로 설 수 있을 때까지 부모가 충분히 뒤로 물러나 기다려주어야 한다는 것이다. 프리스쿨에서 어느 정도 시간을 보낸 아이들은 거의 모두가, 자기 리듬에 따라 공부하도록 허락된 상황에서 전통적인 수업에 들어갔을 때 자기 또래를 앞서거나 아무리 못해도 비슷한 실력을 갖춘다는 것을 알게 된다. 많은 아이들이 톰슨 씨의 딸 티파니처럼 자신이 앞서가고 있음을 깨닫는다. 곧 프리스쿨에서 자신만의 독특한 체험을 거치는 동안 아이들은 탄력과 융통성을 지닌 독립적인 학생으로 성장한다는 것이다.

삼십 년 전, 지금은 고인이 된 조지 데니슨과 그의 아내 마벨은 뉴욕 시 로어 이스트 사이드에 있었던 일번가학교(First Street School)—얼마 지속 못하고 문을 닫긴 했지만—를 시작하는 데 동참했다. 일번가학교는 그 시대에 급진적이라 할 만한 실험이었는데, 빈민지역 아이들을 대상으로 진정한 자유와 자발성을 구현해보려고 했다. 그 학교에 오는 많은 아이들이 극심한 가난에 따른 부작용으로 심각한 정신적 상처를 갖고 있는 상태였다. 조지가 『아이들의 삶 Lives of Children』에서 그토록 감명 깊게 그려내고 있듯이 그들이 생각하는 학교는 온갖 인간적 차원에서 아이들의 성장을 도울 수 있게 마련된 환경 그 자체였다. 무엇보다 그들은 구성원 사이의 관계를 모든 실제적인 배움이 일어나는 중심으로 여겼다.

일번가학교는 열정이 넘치는 곳이었다. 그곳에서는 사랑과 깊은 관심, 갈등과 분노 그리고 증오까지 포함해 깊은 정서를 경험하는 일이 무엇보다 중요했다. 조지는 그 시절에 이미, 오늘날에 와서 결국 과학적 사실로 받아들여지게 된 것을 직관으로 알고 있었다. 한 사람의 지성을 이루는 바탕에는 두뇌만큼이나 가슴도 중요하다는 사실을. 우리 학교의 창설자 메리 루(M. Leue)가 1967년에 프리스쿨을 시작했을 때 본보기로 삼은 학교 가운데 하나가 이 일번가학교였다. 이 글을 계속 읽다 보면 우리 프리스쿨 역시 그 무엇보다 가슴을 중요시하는 곳임을 알게 될 것이다.

우리 프리스쿨의 표어 중 하나는(지금까지 나의 좌우명이기도 하지만) '단순하고 소박하게 Keep it Simple'이다. 이 말을 역설로 받아들여주기 바란다. 우리가 인간이라는 유기체에 관한 정보를 모으면 모을수록 그 기막힌 복잡성을 더 잘 알게 된다. 성장과 발달로 달려가기 위해 바퀴들이 얼마나 유연하게 움직이는지, 또 그 성장과 발달이 얼마나 놀랍도록 자율적으로 이루어지는지를 깨닫게 된다. 누군가 또는 어떤 사건이 이 자연스런 과정을 방해하지 않는 한.

그러나 아직도 공립이든 사립이든 우리의 전통적인 학교는 두려움과 통제로 아이들을 지배한다. 모든 어린 동물들이 그렇듯, 우리 아이들 또한 세상에 나면서부터 스스로 배우는 능력을 타고났다는 사실을 인정하지 않는 것이다.

때문에 프리스쿨에서 우리의 으뜸가는 사명 가운데 하나는 가르치고 배우는 기초기능을 둘러싸고 굳어진 믿기지 않는 신화의 정체를 폭로하는 것이다. 교육에는 돈이 많이 든다(프리스쿨에서 학생 한 명당 드는 교육비는 뉴욕 주 평균의 약 사분의 일이다), 고도로 세련된 학습도구(우리는 중고 현미경 몇 개와 물려받은 개인용 컴퓨터 여섯 대로 잘 해나가고 있다)와 여러 방면에 걸친 전문으로 훈련받은 교사가 필요하다, 읽고 쓰기를 배우는 것, 곧 풍부하게 표현하고 세련되게 읽고 쓰는 것은 고도로 정교한 교수법과 평가방법론에 달려 있다, 이러한 주장들이 오늘날의 신화를 이루고 있는 내용이다.

미국의 학교들은 우리가 지닌 집단적인 분노와 불만을 터뜨리는 손쉬운 타깃으로 계속 소임을 다하고 있다. 그렇게 하는 가운데 학교의 역기능화 현상은 더욱 깊어가고, 이런 현상이 실제로는 더 깊이 자리잡고 있는 사회적 장애의 한 증상에 불과하다는 사실을 바로 보지 못하게 한다. 이반 일리치는 삼십 년 전 미국 사회에 대한 일련의 급진적 비평을 통해 이 장애를 진단해보려 했었다.

일리치에 따르면 진짜 죄인은 학교 그 자체가 아니다. 오히려 죄인은 그가 『탈학교 사회 Deschooling Society』에서 '가치의 제도화'라고 불렸던 바로 그것이다. 일리치는 이 말을 우리의 비물질적인 욕구를 상품(또는 서비스)에 대한 욕구로 바꾸어놓는, 보이지 않는 과정을 뜻하는 말로도 쓴다. 예를 들어 건강은 어느 샌가 전문적인 의료처치에 의존하게 되고, 일신상의 안전은 방범제도나 경찰의 보호에, 교육은 학교에 의지하게 되어버렸다. 일리치는 경고한다. 현대사회는 대부분의 어린이들이 어른세계의 비밀에 접근하는 것을 막으려는 음모에 이미 성공을 거두었고, 아이들이 자신의 꿈을 실현해보고자 꿈을 꾸기라도 하면 행정적으로 인가된, 자격도 주고 훈련도 시켜주는 기관의 미로 속을 달리도록 강제로 밀어넣는다고.

따라서 '교육'은 모르는 사이에 이루어지는 일이 되고, 또 하나의 소비 대상, '획득해야만' 하는 그 무엇이 된다. 우리를 후려치는 것이 무엇일지 결코 알지 못하기 때문에 '모르는 사이'라는 표현을 쓴다. 우리는 이글거리는 불 위에 있지만 아직은 끓지 않는 솥 안의 바닷가재 신세나 다름없다. 요리사는 솥뚜껑을 애써 덮을 필요도 없다. 가엾은 가재는 자신이 요리되고 있다는 사실을 결코 알지 못한다. 다시 말해 우리는 그런 낌새를 알아채고 거부할 수 있기 전에 학교라는 이름의 거대한 군대 속으로 모두 징병당했다. 그리하여 어른이 된 우리들은 거의 대부분 말없이 자동으로 자신의 아이들에게 그 전통을 물려준다. 그리고 그 전통의 기초를 이루는 가설의 어떤 부분에도 의문조차 품지 않는다.

아이들이 진심으로 흥미를 가질 수 없는 교육기관—몇몇 사람을 제외하고 이는 결코 교사들의 잘못이 아니다—에 아이들을 버려두는 문제에 대한 해답은 궁극적으로는 내면에서 온다. 일리치는 우리 아이들의 '교육의 필요성'을 충족시켜서 미리 아이들의 인생을 '준비해주어야 한다'는 개념을 우리에게 팔려는 현대문명의 수백 가지 방법에 대항해 끊임없이 깨어 있도록 촉구한다. 그렇게 깨어 있음으로써 우리는 의존형 인간의 대량생산을 멈추게 될 것이다.

나는 대체로 세 가지 목표를 마음에 두고 이 책을 써나갔다. 일단 프리스쿨의 심층 역사를 다루어보려 했는데, 학교를 넘어선 더 큰 조감도 안에서 학교의 역할과 모습에 대한 짧은 분석도 덧붙였다. 또 전통적인 학교교육에 대한 다양한 대안들에 어떤 식으로든 관련을 맺고 있는 사람들과 그렇지 않은 사람들 모두에게 의미 있게 프리스쿨의 모습을 그려보려 했다. 그리고 마지막으로 삶의 기본을 이루는 요소인 공격성, 성, 인종과 계급, 영성—이 네 가지는 아주 오래 전부터 아이들에 관한 미국인의 생각을 자극하는, 인간 경험을 이루는 4원소이다—과 같은 주제를 다루어보려 했다.

이 책은 이따금 가볍고 실없어 보일 것이다. 그 까닭은 이 책이 어린 아이들의 삶을 다루고 있기 때문인데, 아이들은 고맙게도 이런 방식을 좋아한다. 때로 이 책은 지나치게 진지하거나 분노를 표현할 수도 있다. 왜냐면 이 책이 결국에 가서는 매우 중요할 수밖에 없는 특정 쟁점들을 다루고 있기 때문이다. 그 가운데 가장 큰 쟁점은 우리가 그토록 수많은 어린 생명을 소홀히 내던져버리는 이런 사회를 만들어냈다는 사실이다. 때로 그 일은 곳곳에서 버젓이 일어난다.

또 누군가에게는 이 책이 내 개인적인 편견으로 가득 차 있는 것처럼 보일지도 모른다. 한 예로, 유기농 텃밭을 고집하는 열광적인 원예가인 내가 인생을 채소밭 가꾸기에 비유하려는 유혹을 뿌리치려고 최선을 다한다 해도 나의 시각이 다음에 열거하는 유기농 원예가의 신조에 언제나 영향 받고 있다는 사실을 눈 밝은 독자들은 눈치챌 것이다. 언제나 좋은 씨와 강한 묘목을 심는다. 영양이 풍부하고 건강한 토양을 유지한다. 자라나는 식물들이 충분한 공기, 물, 그리고 햇빛을 골고루 나누어 갖도록 살핀다. 자기가 돌보는 식물에게 자주 말을 걸고 노래도 불러준다. 그리고 나서는 편히 쉬면서 주의 깊게 관찰할 뿐 될 수 있는 대로 간섭하지 않는다. 최종 산물은 우리의 인간적인 통제를 넘어서 있다.

그리고 나는 라이히언이다. 무슨 뜻이냐 하면, 젊은 시절 프로이트의 제자였고 지금은 이 세상에 없는 빌헬름 라이히의 이론에 한때 깊이 몰두했다는 뜻이다. 한편으로는 같은 시기에 라이히가 그의 이론을 만들어내는 과정에서 발전시킨 일종의 강력한 신체 지향성 치료기법(body-oriented therapy)의 효과를 여러 해에 걸쳐 체험하기도 했다. 라이히의 주요한 관심사 중 하나는 아이를 정서적으로 건강하게 키움으로써 심각한 불행(신경증)을 미리 막자는 데 있었다. 라이히는 '자율 self-regulation'이라는 용어를, 아이들이 자신만의 필요가 무엇인가를 깨닫고 그 필요를 충족시키며, 또 자기 힘으로 내적 한계를 설정할 수 있도록 하는 일이 얼마나 중요한가를 강조하기 위해 썼다. 그는 늘 아이들에게 깊은 관심을 가지고 있었고, 그런 까닭에 죽는 날까지 서머힐 설립자 닐과 우정을 나누며 함께 도왔다. 서머힐은 바로 자유를 학교의 모든 바탕으로 삼는 전 세계 수많은 학교의 본보기가 된 바로 그 학교이다.

더 최근 들어 나는 프로이트의 또 다른 제자였던 칼 융의 영향을 받게 되었다. 융에게는 원형적이고 신비적인 차원에서 삶을 검토하는 참뜻을 배웠다. 한 인간이 자신의 인생 행로를 따라가며 이루어내야 하는 첫번째 임무는 자기 자신만의 고유한 신화를 창조하는 일이다. 융의 생애와 평생을 통한 작업은 인생을 그런 시각에서 보는 일이 얼마나 중요한가를 보여주는 지울 수 없는 증거가 되고 있다.

나는 반아카데미적 성향이 강한 사람이다. 이 말은 물론 반지성적이라는 뜻이 아니다. 고등학교 이후의 공부를, 어떤 형식으로든 전적으로 대학 강의실 바깥에서 추구해온 나는 아카데미 세계의 가치를 거의 인정하지 않는다. 그 세계는 자기들끼리만 살아가기 위해 짜놓은 곳이며 자기 잇속이나 차리는 직업적 전문용어로 요란한 세계다. 그에 반해 나의 교육관은 삶의 경험에 기초하고 있고, 또 삶이란 반드시 우리 모두에게 그 자체가 지닌 교훈을 가져다준다는 개인적 신념 속에 깊이 뿌리 내리고 있다.

나는 이 책에서 내가 짚는 문제들 가운데 어느 하나도 결론이 나기를 바라지는 않는다. 다만 지금껏 오랜 세월을 거치며 확립되어온 교육이라는 관념에 대해, 내가 바라본 관점과 프리스쿨의 존재가 말해주는 것으로 다시 한 번 질문을 던지고 싶었을 따름이다.

마지막으로 이 책이 학교를 다니는 나이의 아이를 둔 부모들과 머지않아 그 시기를 맞이할 부모들에게 가치 있는 읽을거리가 되었으면 좋겠다. 또 지금 가르치는 역할을 맡고 있거나 그런 부름에 응답해볼까 생각 중인 사람들, 자기들만의 고유한 학교를 이미 열고 있거나 또 그런 학교를 꿈꾸고 있는 단체나 개인들, 현재 아이들의 교육을 학교가 아닌 집에서 펼치고 있거나 미래에 그런 움직임에 도전해보려 하는 사람들, 나아가 아이들이 건강하고 전인적인 인간으로 자라는 데 관심이 있는 모든 분들에게 이 책이 의미가 있었으면 한다.

1

함께 만들어온 역사

다사다난한 시대를 살아가시길!

_고대 중국의 저주

　프리스쿨이 시작된 1967년은 캄보디아 사태가 터졌고 학생 데모가
한창이었으며 제1회 지구의 날이 제정된 해이기도 했다. 바로 그 전
해에는 마틴 루터 킹과 로버트 케네디가 암살되었다. 다사다난했던 시
대였다. 희망의 탄생과 희망의 죽음이 충돌하는 상황은 불가피한 현상
으로 보였다.

　바로 그 와중에서 우리의 학교도 탄생했고, 독립적이고 실험적인 다
양한 형태와 크기, 나름의 철학을 지닌 수많은 학교들이 우후죽순처럼
앞다퉈 생겨났다. 이 학교들은 모두 지난 세기 동안, 생동감을 빼앗는
강제를 기본으로 아이들의 마음을 꽁꽁 묶어왔던 교육모델의 진정한
대안을 만들어보고자 했다.

　프리스쿨이 차차 그 겉모습을 갖추어갈 무렵인 1969년에는 급진적

인 사회변화를 꾀하는 각양각색의 운동이 거의 그 정점에 이르러 있었다. 거기에는 어떤 통일된 예정표도 없었다. 차라리 시대의 보편질서가 있어 베트남 전쟁을 종식시켰고 인권 운동이라는 일을 해냈다. 더구나 인종분리 체제의 원인인 경제적 불평등 구조를 깨트리려 애를 썼다. 그리고 점점 심해져가는 공립학교 체제와 같은 주요한 사회 시스템들의 획일적 통제력을 분쇄해나갔다.

근본적인 사회변화를 시도하는 운동가들 중에는 문제를 예방하는 데 초점을 두는 것이 사후에 문제를 해결하는 것만큼이나 중요하다고 믿는 사람들이 언제나 존재했다. 또한 다음과 같은 이상적인 바람도 처음은 아니다. 인종이나 계급에 대한 편견이 아예 없는 세대를 키워낼 수 있다면! 행복한 삶을 위해 지나치게 물질에 의존하는 마음에서 벗어나 있고, 전쟁의 필요성을 믿지 않는 세대를 키워낼 수 있다면! 그리고 이 사회가 교육을, 순수하게 배움 그 자체가 목적인 배움을 북돋우는 과정으로 받아들이고 또 아이들이 충분히 제대로 성장하도록 돕는 과정으로 받아들이기 시작한다면 어떻겠는가!

미국뿐 아니라 세계 곳곳에서 이와 같은 본질적 질문을 여러 세기 동안 여러 사람들이 던져왔다. 교육에 대한 사회의 개념과 실행 방식을 근본부터 개혁하려는 가장 최근의 시도는 처음에는 '자유학교(free school) 운동'으로 알려졌고, 조금 후에는 더 순화된 표현인 '대안학교(alternative school) 운동'으로 이름을 바꾸어 알려져왔는데, 지금은 '홈스쿨(homeschool) 운동'이 여기에 합류해 수많은 가지를 뻗으며 뿌리를 깊게 내리고 있다.

이러한 급진적 교육실험과 그 변화의 역사를 더듬는 것은 이 글의

범위를 벗어나므로 여기서는 이 정도에서 그치고자 한다. 폴 애브리치 (P. Avrich), 론 밀러(R. Miller)가 쓴 것처럼, 그 역사를 온전하게 다룬 뛰어난 책들이 이미 나와 있다. 이 장에서 내가 얘기하고자 하는 것은 프리스쿨이 영감을 얻었고 또 지금에 와서는 어느 정도 지도력을 보여주기도 하는, 더 큰 움직임의 맥락 속에 프리스쿨을 놓으려 하는 것이며, 동시에 그 큰 움직임 역시 더 큰 역사적 상황에서 솟아나왔음을 조망해보려는 것이다.

영감의 원천이 된 많은 공통분모가 있었다. 예를 들어 어떤 학교는 마리아 몬테소리(M. Montessori)나 루돌프 슈타이너(R. Steiner) 같은 19세기 교육이론가들의 이론에 정체성의 바탕을 두기도 했다. 그 중 슈타이너는 인간의 발달이 어떤 영적 힘에 인도된다고 믿었다. 또 두 사람은 한결같이 모든 아이들은 배우고자 하는 내적 욕구를 갖고 있다고 믿었고, 따라서 그 욕구를 창조적 활동과 실제 경험을 통해 북돋는 것이 교육의 임무라고 여겼다. 결론적으로 두 사람은 배움의 과정을 추상적인 지적 과목의 나열을 훨씬 뛰어넘는 일로 보았는데, 몬테소리가 지성의 감각 차원에 주목하는 경향을 보인 데 견주어 훨씬 비교적 (esoteric)으로 사고했던 슈타이너는 상상력에 더 우선 가치를 두었다.

아이로니컬하게도 두 사람 모두 인간정신의 해방을 위해 헌신했음에도 아이들이 저마다의 개인적인 발달과정에서 갖게 되는 고유한 요구를 위한 여지를 남겨두지 않는 고도로 구조화된 방법론을 발전시킨 데 일말의 책임이 있다. 어쨌든 그들의 가르침—그 대부분은 이 사회의 주류를 이루는 중산층의 문화적 기준과 많은 점에서 일치하고 있다—에 기초한 학교들은 계속 인기를 얻고 숫자를 늘려가고 있으며, 어떤 사례들은 공립학교 시스템 속으로 잠식해 들어가고 있을 정도다.

그보다 수는 훨씬 적지만 몇몇 학교는 19세기 문화의 패러다임 중 하나였던 초월주의나 아나키즘 사상에 동조했다. 유명한 초월주의 철학자이자 작가인 헨리 데이비드 소로(H. D. Thoreau)와 브론슨 올콧(B. Alcott)은 둘 다 한때 학교를 설립했는데, 그들은 지식을 아이들에게 떠안기기보다는 저마다 타고난 천부적 자질을 자연스럽게 북돋아주려고 했다. 그들의 궁극 목적은 단순히 지적, 기술적 숙달보다는 전인성을 회복하는 데 있었다.

정치적으로 급진적인 아나키스트 가운데 일부는 그들만의 고유한 학교를 만들었다. 정부가 교육을 제도화하는 첫째 이유가 교육을 사회적이고 이데올로기적인 통제 도구로 이용하기 위해서라는 믿음이 그 일을 재촉했다. 올바른 사회로 나아가는 가장 확실한 길은 올바른 원칙에 따라 아이들을 키우는 것이라고 그들은 믿었다. 스페인의 아나키스트인 프란시스코 페레(F. Ferrer)는 1901년 바르셀로나에서 모던스쿨(Modern School)이라는 이름의 학교를 시작했는데, 그 학교는 1906년 국가의 명령으로 문을 닫기까지 6년밖에 지속되지 못했다.

페레는 크로포트킨, 바쿠닌, 톨스토이 저술에 영감을 받았는데, 아이들의 타고난 자발성을 보호하고 아이들 스스로 생각하는 힘을 키울 수 있도록 자유로운 분위기를 만들고 유지하는 것을 학교의 사명으로 삼았다. 그는 또 중산계층과 노동계층의 아이들을 융합하고 남녀 아이들 사이의 차별을 없애고자(그 시절 스페인에는 남녀공학이 아직 알려지지 않았다) 많은 노력을 기울였다. 1909년 당시 정권에 의해 그가 처형된 뒤 모던스쿨은 미국에 있는 많은 학교의 본보기가 되었다.

나머지 다른 학교들은 1920년 영국에서 설립된 서머힐 같은, 현대적이고 급진적인 학교 형태를 모델로 삼았다. 서머힐 설립자 닐은 일관되게 어떤 추종자도 거절했지만, 그 뒤로 반세기에 걸쳐 많은 이들이 아이들의 민주적 자치와 자유에 기초한 서머힐의 원칙을 차용했다. '서머힐식' 학교의 확산은 오늘날까지 계속되고 있는데, 서머힐은 현재 닐의 딸 조이가 운영하고 있다.

마침내 1980년대가 되자 집에서, 가족과 공동체 안에서, 그리고 존 테일러 개토의 말을 빌자면 '정부가 독점하는 학교교육'의 주도권 밖에서 배울 수 있도록 아이들을 학교에서 빼내는 가정들이 나날이 늘어갔다. 그들은 이반 일리치 같은 사회사상가나 존 홀트 같은 교사의 저술에서 도움을 얻었다. 이 두 사람은 학교가 어떤 형태이든 학교라는 것이 본질적으로 바탕에 깔고 있는 개념 자체에 의문을 제기했다. 홈스쿨 운동은 알려진 것처럼 그 본질상 리더가 있을 수 없는 진정한 풀뿌리 운동으로, 일리치와 홀트가 강제적이고 인위적인 학습훈련을 뜻하는 스쿨링(schooling 학교교육)과 참된 배움(real learning) 사이의 확실한 차이점이라 부른 바로 그 점을 증명하는 데 헌신하고 있다.

이미 자리를 잡았거나 지금 새롭게 시작되고 있거나 이 넓은 영역에 걸쳐 있는 대안교육의 다양성은 실험을 하고 있는 학교나 가정의 숫자만큼이나 각양각색이다. '인간적인' '자유의' '열린' '새로운' '대안의' '전일적인' '민주적인' '공동체적인' 같은 말들이 이 다양한 형태의 학교들이 걸치고 있는 형용사들이다. 어떤 이들은 좀더 조직적이고 또 몇몇은 창조성과 자유로운 표현에 역점을 두며, 또 어떤 이들은 민주적 의사결정 과정을 중시한다. 어떤 이들은 완강할 정도로 비정치적인

데 반해 일부는 이런저런 정치적 실천 과제를 표방하고 있기도 하고, 좀더 학업을 중요하게 여기는 학교도 있다. '홈스쿨링(homeschooling)' '디스쿨링(deschooling)' '언스쿨링(unschooling)' 같은 말들이 가정에 뿌리를 둔 배움의 형태에 붙여진 이름으로, 디스쿨링과 언스쿨링은 형식적 방법론에서 훨씬 많이 벗어나 있음을 가리키는 말이다.

이러한 움직임 사이에 존재하는 다양한 방법론적 차이점, 바로 이 다양성이야말로 미국인들의 교육에서 일어나고 있는 새로운 해방 운동을 하나로 묶어주는 원칙 가운데 하나가 되었다. 온갖 철학과 이데올로기가 제 나름의 빛을 비추는 이 넓은 스펙트럼을 아우를 수 있는 하나의 테마는 '교육을 하는 데 올바른 방법이 단 하나만 있는 것은 아니다'라는 것이다.

• • •

1960년대의 격변과 혼란의 와중에서 알바니 프리스쿨은 메리 루에 의해 1969년 뉴욕 주의 작은 수도 알바니 시의 중심부에 세워졌다. 이일은 메리에게 실제로 필요한 일이기도 했다. 그 당시 남편과 함께 5남매 중 두 아이를 데리고 영국에서 막 돌아온 메리는, 알바니에서 그런대로 괜찮은 공립학교 5학년에 들어간 막내 마크가 날이 갈수록 적응을 못하고 있다는 사실을 알게 되었다. 메리는 담임교사나 교장뿐 아니라 학부모회에도 여러 번 그 문제로 이야기해보았지만 결과는 마찬가지였다. 결국 마크는 학교에 가는 것 자체를 거부하게 되었고 집에서 공부하게 해달라고 엄마를 졸랐다. 메리는 동의했고 바로 그 시점에 미래의 프리스쿨의 기본 운영방침이 탄생했다. '먼저 행동하고 행정적인 승인은 나중에 받자'가 그것이다.

마크가 다니던 학교의 교장한테서 위협에 찬 소환을 받기까지는 오랜 시간이 걸리지 않았다. 양호교사가 마크가 학교에 나오지 않는 것이 병으로 인한 장기결석이 아니라고 판단을 내린 것이다. 메리는 집에서 아이를 가르치는 문제를 적법한 일로 만들고 싶었고 이윽고 두 번째 전략을 개발했다. '행정 승인을 얻고자 할 때는 안 된다는 답을 받아내지 말라. 계획을 실행에 옮길 수 있도록 자진해 나서는 '천사'를 만날 때까지 관료들 사이를 헤집고 다녀라.'

메리의 끈질긴 집념과 결단력은 결국 보상을 받게 되었다. 주교육부의 일반교육 담당국에 근무하는 어떤 사람을 만났는데, 그는 집에서 아이를 교육하는 것은 부모의 당연한 권리라고 메리를 격려하면서 '주 정책 지침'을 복사해주었다. 그 지침서 덕택에 아이를 학교에 보내지 않는 일로 이런저런 문제를 제기할지도 모르는 학교담당 행정관에 대처할 수 있게 된 셈이었다.

으레 그렇듯 지역 장기결석생 조사관이 바로 다음날 메리를 불러서 온갖 험악한 경고를 해대기 시작했다. 메리는 조용한 어조로 주교육청에서 새로 사귄 그 천사의 이름을 댔다. 조사관은 실제로 그 지역 학생 출결 지도 사무국의 국장이었는데 얼마 지나지 않아 사과 방문을 했고 도움을 주겠다고 나섰다. 아이로니컬하게도 이 사람은 나중에 프리스쿨과 교육장 사이에서 행정상의 연락원 역할을 해주었고 힘 있는 협력자가 되어주었다. 그리하여 이야기의 첫 장은 마크 루가 뉴욕 주 최근

역사상 첫 번째 합법적 홈스쿨링 학생이 됨으로써 끝나게 된다.

그로부터 2주 뒤 메리는 우연히 한 친구를 만나게 되었는데, 그 친구에게는 마크처럼 학교 다니기를 싫어하는 세 아이가 있었다. 친구는 메리에게 아이들을 맡아달라고 사정했다. 메리는 마크가 집에서 엄마와 단둘이 외롭게 지내기를 바라지 않았기 때문에 그 자리에서 승낙했고 그 순간 한 학교가 탄생했다.

그리고 그 해는 메리의 말을 빌면 일사천리로 지나갔다. 일 년이 지나고 이듬해 여름이 되었을 때 메리와 다른 네 명의 패거리는 다음 해에도 학교를 계속하자고 만장일치로 결정했다. 이 새 학교의 이름을 짓는 데도 다섯 명 모두 마음이 맞았는데, '알바니 프리스쿨'이라는 그 이름을 오늘날까지 쓰고 있다.

메리가 한 걸음 물러서서 학교의 미래에 대해 이런저런 생각을 하기 시작한 것은 이 시점이었다. 메리는 다른 곳에 있는 프리스쿨들을 찾아보기 시작했는데 그 중에는 매사추세츠의 캠브리지에 있는 조너선 코졸(J. Kozol)의 '록스베리 공동체학교'와 뉴욕 시에 있는 오손 빈(O. Bean)의 '15번가학교'도 있었다.

메리는 『서머힐』을 읽었고 당시 이미 노년에 이른 설립자 닐과 친교도 맺었다. 메리가 도시 빈민층 아이들을 대상으로 서머힐식의 자유를 추구하는 학교를 만들려는 자신의 구상을 어떻게 생각하냐고 묻자 닐은 그 특유의 어법으로 이렇게 대답했다고 한다. "나도 그런 미친 짓을 해볼까 했지."

메리가 과거에 받은 이런저런 수많은 영향들 역시 새로운 학교에 대한 구상에 형태를 더해주었다. 예를 들자면 메리는 소녀 시절 루이자

메이 올콧(L. M. Alcott)의 소설을 읽었는데, 그 책 속에 묘사되어 있는 초월주의자였던 루이자의 아버지 브론슨 올콧(B. Alcott)이 한때 운영했던 학교의 모습에 매혹당했다. 또 메리의 할머니 역시 메리가 초등학교 일학년 나이였을 무렵 메리와 함께 홈스쿨링을 했다. 어린 시절의 그 경험은 메리가 꿈꾸는 비형식적이고 자발적인 배움이라는 올콧식 모델을 더욱 강화해주었다. 그 배움의 형태는 자유로운 놀이와 자연 속에 파묻혀 보내는 자유로운 시간이 큰 몫을 차지하고 있었다. 메리의 가족은 매사추세츠의 콩코드 근방에 살았는데, 초월주의 철학자 소로 때문에 유명해진 월든 호수에 수영을 하러 가기도 했다.

몇 년 뒤 하버드 대학의 여름 강좌에 다니면서 메리는 19세기 러시아의 아나키스트인 프린스 크로포트킨(P. Kropotkin)의 사상을 배우게 되었다. 동시대의 여느 아나키스트들과 마찬가지로 크로포트킨은 개인의 고유한 발달이 자연스럽게 펼쳐지도록 내버려 두어야 한다는 믿음과, 문화에 의해 조건지어진 편견의 구속에서 인민을 해방시켜야 한다는 믿음을 갖고 있었다.

그리고 영국에 머무는 동안 메리는 데이비드 보델라(D. Bodella)와 같이 일했는데, 라이히파의 심리요법가인 보델라는 그 당시 조그마한 시골 초등학교 교장직을 맡고 있었다. 보델라와 함께 심리치료 작업을 해나가는 한편으로 메리는 라이히의 방대한 저서를 탐독했는데, 닐이 그러했듯 메리 역시 어린이의 건강한 사회심리적 발달에 관한 라이히의 이론에 깊이 매혹되었다. 앞에서 말한 이 모든 배경은 프리스쿨이 재빨리 형태를 갖추어가는 데 큰 역할을 하게 된다.

학교가 시작된 지 일 년이 지난 뒤 여름휴가를 보내는 동안 메리는 교육영화 제작자인 알랜 리트먼(A. Leitman)을 우연히 만났다. 알랜은 메리에게 자신이 처한 조건에 가장 알맞은 방법론을 발견할 때까지 온갖 가능성을 계속 탐색해보기를 권했다. 그리고 무엇보다 천천히 해나갈 것을 권했고, 다음 성장 단계로 넘어가기 전에 지금 단계를 확실하고 완벽하게 마무리하는 것이 중요하다고 조언했다. 메리는 성공적인 대안교육 사례에 관한 리트먼의 영화 세 편을 가지고 돌아왔고, 알바니 시내를 돌아다니며 사람들에게 영화를 보여주었는데 시간이 갈수록 관객이 점점 불어났다. 어느덧 학생은 일곱 명이 되었고 두 명의 교사가 합류했다. 그렇게 되자 학교 건물이 절실하게 되었다.

애타게 찾아다니던 끝에 알바니 남쪽에 있는 빈민가에서 한 흑인교회 건물을 발견했는데, 그 교회는 마침 시내 반대편에 있는 번화가로 이사를 하는 중이었다. 목사는 그 낡은 건물을 한 달에 100달러만 받고 빌려주겠다고 했다. 그리하여 두 가지가 해결되었다. 첫째 이제 갓 시작된 학교에 충분한 공간이 생겼고, 둘째는 인종과 사회계층이라는 두 측면에서 통합을 시도할 수 있는 위치에 학교가 자리 잡게 된 것이다. 남은 여름휴가 기간은 건물을 고치고 기금을 조성하느라 눈코 뜰 새 없이 지나갔다. 9월 학기가 오자 프리스쿨은 마침내 세상을 향해 문을 열었다.

그 해는 정말이지 격정적이고 소란스런 한 해였다. 부모들은 교육철학과 실천을 두고 서로 싸웠고, 사회경제적인 면에서 양극단의 배경을 가진 아이들은 저마다의 문제들을 마구 쏟아냈다. 게다가 시 당국의 여러 분과(건축, 소방시설, 교육)는 이 파격적이고 급진적이고 돈 없는 구멍가게 같은 단체를 문 닫게 하려고 경쟁하듯 덤벼들었다. 관료주의라는 올가미가 학교의 목을 졸라오던 그 무렵, 알바니 시장에게 엉터리 같은 프리스쿨을 문 닫게 하라는 요청이 점점 기세를 높이고 있을 때 구조의 손길을 뻗친 사람은 다름 아닌 시장이었다.(당시 42년 간 이어진 민주당 체제 말기에 시장을 역임하고 있던 코닝은 악명 높은 시카고 시장 데일리에 견줄 만한 권력을 갖고 있었다.) 코닝 시장은 직원들에게 변화가 필요한 부분이 무엇이든 메리와 협조해서 해나가라고 지시했다. 속속들이 아나키스트요 히피였던 우리를 시장이 보호해준 것은 그 때만이 아니었다.

끝없는 시련을 통해 그 해 두 가지 중요한 발전이 있었다. 하나는 교사와 부모들의 열띤 토론을 거친 뒤 학교 안에서 실제로 생활하는 사람들만 나날이 시행되는 학교의 운영방침을 결정할 수 있다는 데 합의를 본 일이다. 나머지 사람들은 회의에 참석하는 것은 환영이지만 조언이나 제안을 하는 정도로 권리가 제한되었다.

그 다음은 아이들이 '허락이 아닌 자유'(『서머힐』에 나오는 유명한 닐의 말)를 누릴 수 있는 힘을 강화할 수 있도록, 또 아이들 사이의 분쟁(첫 해에는 많은 분쟁이 있었다)을 해결할 수 있는 비폭력적인 길을 제시해주기 위해 메리를 비롯한 교사들이 '전체모임'을 만든 일이었다. 누군가 갈등을 해결하고 싶거나 학교의 방침을 바꾸고 싶을 때는 언제든지 전체모임을 소집할 수 있었다. 학생이나 교사를 막론하고 자기 입장을 옹호해줄 충분한 지지자를 끌어모을 수만 있으면 누구나 이 장치를 통해 새로운 규칙을 만들거나 낡은 규칙을 바꿀 수 있었다.

전체모임은 서로에게 화가 나 있는 아이들 사이의 갈등을 해결하는 데 아주 훌륭한 공개토론장이 되었다. 그리고 무엇보다 소중한 점은 아이들에게 확실한 안정감을 가져다주었다는 것인데, 사태가 손쓸 방도가 없을 만큼 진전되었을 때 일종의 안전장치로 작용했다. 서로 간의 불화가 초점이 될 때면 회의는 심리치료의 분위기를 띠었다. 그럴 때면 회의는 불화를 일으키고 있는 당사자의 감정이 자유롭게 흘러나오고 문제의 실마리가 그 근본 원인에 이를 수 있게 되는 감정이입의 장이 되었다.

전체모임 제도는 이 몇 살 안 되는 학교의 심장이자 영혼으로 빠르게 자리 잡았다. 그것은 무엇보다 학교 내에서 모든 사람들이 동등한 몫을 지니고 서로에게 책임을 지고 서로 의지하는 하나의 공동체로서 학교가 기능할 수 있도록 해주는 장치가 되었다. 게다가 나이 차가 많이 나는 학생들이 모두 질서 있고 조리 있게 모임을 운영하는 일에 익숙하게 되면서 전체모임은 상황통제력을 훈련할 수 있는 훌륭한 장이 되어주었다.

그 다음 해가 되자 학교는 점점 커졌고 더 넓은 공간이 필요하게 되었다. 건물을 구하기 위한 새로운 탐색이 시작되었고 같은 지역의 오래된 이태리 이민 구역에 있는 낡은 교구 부속학교 건물을 찾아냈다. 당시 그 건물은 이탈리아계 미국인 재향군인회의 본거지였는데 빠른 속도로 해체되고 있던 이민사회의 사교장으로 쓰이고 있었다. 어머니한테서 물려받은 적은 유산을 활용해서 메리는 재향군인회의 불평을 무릅쓰고 그 건물을 사들였는데, 그 사람들은 흑인과 라틴계 새 이주자들의 물결에 쫓겨가야 한다는 생각에 몹시 속상해했다.

새 건물은 완벽했다. 건물은 견고한 19세기식 사층짜리 벽돌 연립주택들이 늘어서 있는 거리 중간에 자리 잡고 있었는데, 머지않아 학교가 더 커질 경우에도 충분할 만큼 여유 공간이 있었다. 일층은 몇 개의 교실로 나누어져 있었다. 그 중 가장 넓은 교실에는 새로 짜 넣은 부대시설이 남아 있었는데, 멋진 모양을 한 6미터 길이의 이 목재 바는 초창기에 많이 열렸던 연극에서 훌륭한 무대 소품이 되어주곤 했다.(그 목재 바는 뒤에 공간을 더 넓히고 돈도 마련할 겸 팔았다.) 이층은 탁 트인 하나의 공간으로 되어 있었는데 사방 12미터 넓이로, 메리가 마음속에 그리고 있던 여러 연령이 섞인 취학 전 아동을 위한 유아원 공간으로 이상적이었다.

이미 백 년 넘게 사용된 건물은 낡을 대로 낡아 대충이라도 손을 봐야 할 상황이었다. 그렇지만 아쉬운 대로 쓸 수는 있었기 때문에 수리하는 데 추가자금이 많이 필요한 건 아니었다. 행운이었던 점은 그 건물에 완벽하게 짜맞추어진 조립식 부엌이 붙어 있다는 것이었는데, 덕분에 학교는 연방정부가 관할하는 무료급식(아침, 점심) 프로그램에 참여할 수 있었고, 그리하여 하루에 두 번 훌륭하고 따뜻한 식사를 할 수 있게 되었다.

국세청의 세금 감면 혜택을 받게 되자 이 햇병아리 학교는 앞으로 계속 해나갈 수 있으리라는 전망을 얻었다. 이제 학교의 미래에 가장 심각한 결정권을 쥔 두 가지 문제와 맞붙어야 할 때였다. 바로 돈과 철학이었다. 돈은 당장 시급한 문제는 아니었다. 학교를 운영하는 데 드는 경비가 그만큼 적었다. 메리는 대학교수인 남편의 봉급으로 어떻게든 생활을 꾸려나갔고, 건물세도 낼 필요가 없었으며, 초창기 교사들은 적어도 초기에는 거의 대가 없이 일했다.

하지만 학교를 오래 유지하려면 교사들에게 급료를 지불할 수 있는 방법을 찾아내야만 했다. 학교의 방침은 경제적인 이유로 못 오는 학생이 있어서는 안 된다는 것이어서, 수업료는 부모의 수입에 따라 어느 정도 차등을 두고 절충되었다. 때문에 재정 상황을 개선하는 데는 도움이 되지 않았다. 설상가상으로 프리스쿨은 개인 재단의 후원을 받는 행운을 얻지도 못했다.

메리는, 처음에는 고마운 것 같지만 사실 그렇지도 않은 보조금을 받는 일이 실패를 부르는 경우를 많이 보았다. 새로 탄생하는 많은 학교들이 그 길을 따라갔다가 보조금이 바닥나자 학교를 접어야 하는 운명에 놓인다는 사실을 알았다. 확고한 재정 기반 위에 학교를 세워야겠다고 결심하며 메리는 조녀선 코졸의 주장을 받아들였다. 코졸은 학교가 학부모들이 내는 수업료나 정부 보조금에 전적으로 의존하는 것을 피하려면 어떤 식으로든 자체 사업을 개발해야 하며, 또한 백인 중산층 아이들 비율을 제한해야 한다고 주장해왔다.

재정 사업으로 시작한 두 번의 시도, 대학 교과서 배급 사업과 작은 상점 운영에서는 이익을 보지 못했다. 그러던 참에 황금의 기회가 말 그대로 문 앞에서 기다리고 있었다고 할 만한 일이 일어났다. 그 구역의 주거 환경이 점점 나빠지면서 학교와 같은 구역에 있는 수십 채의 낡은 건물이 헐값에 새 주인을 기다리고 있었다. 메리는 남은 유산으로 건물을 사들였다. 그리하여 학교는 모두 열 채의 부동산을 소유하게 되었다. 차츰 차츰 그 건물들은 우리 힘으로 새로운 쓰임새를 갖추게 되어 지금은 프리스쿨 교사나 아이들의 가족이 거주하는 주택이나 여러 가지 주변 사업 용도로 쓰이고 있다. 학교의 자산을 사용한 대가로 재정상의 기부금이 바로 여기서 들어온다.

· · ·

학교 운영의 방법론을 정착시키는 것은 돈보다도 훨씬 골치 아픈 문제였다. 이전에 학교가 있던 동네에서도 마찬가지였듯이 호기심이 동한 이웃 아이들은 즉시 우리 학교의 비전통적인 운영방식에 관심을 갖기 시작했다. 어디서 왔는지도 모르게 갑자기 나타난 이 학교는 아이들이 익히 알고 있는 학교와는 닮은 점이 거의 없었다. 입학요건이라야 부모의 동의와 얼마 안 되는 수업료를 지불하려는 성의 있는 노력뿐이었기 때문에 학생 수는 급격하게 늘어 중산층 아이들과 가난한 아이들이 거의 반반에 이르게 되었다.

이 사실은 이데올로기 측면에서는 훌륭했지만 학교에 수많은 철학적 난제를 안겨주었다. 메리를 비롯한 모든 교사들이 곧 알게 되었지만 사회경제적 계층이 서로 다른 부모들은 아이들의 학업 면에서 너무나 다른 기대를 가지고 있었다. 여기에 이르자 이제 아마도 무엇보다 어려운 운영원칙, 곧 모든 사람을 만족시킬 수는 없다는 그 원칙을 배우는 것이 필요했다.

메리와 교사들은 절대적인 내적 자발성이라는 방침을 확고하게 세우고는, 서로 반목하는 목적과 이상의 뒤엉킨 숲을 뚫고 길을 내기 시작했다. 노동계층의 부모들은 프리스쿨을 지역 공립학교와 다를 바 없이 여겼고 또 학교가 그렇게 기능해주기를 원했다. 그 공립학교가 실제로 자기 자녀들을 계속되는 가난의 고리 속에 붙잡아 두는 역할을 해 왔다는 사실을 눈치채지 못한 채. 그들의 기대는 세대를 두고 자신들을 괴롭혀 왔다고밖에 할 수 없는 계층체제의 가치기준에 지배되고 있었는데, 그 기준은 성공의 척도를 신분상승에 두고 있었다. 그들은 아이들에게 학교 책상과 교과서, 의무수업제, 경쟁, 성적평가, 충분한 숙제 따위가 주어지기를 원했다. '진짜' 학교가 지닌 그런 장신구가 없다는 것은 이런 학교를 계속 다니다가는 아이들이 사회의 저쪽 편에 대항해 경쟁적인 우위를 차지하지 못하고 '뒤처질지도 모른다'는 공포를 기르는 데 충분한 토양이 되었다.

한편 메리는 경쟁이나 강제 학습, 사회계층에 기반을 둔 기득권 교육과는 바탕이 다른 인류평등주의(equalitarian)에 기초한 학교 모델을 그리고 있었다. 학교란 학생들이 자기 책임 아래 자유로운 선택권을 가질 수 있는 장소가 되어야 한다고 생각했다. 그것은 오직 이 방법을 통해서만 아이들이 자신의 인생행로를 스스로 그리는 법을 배울 수 있으리라 믿었기 때문이다.

짐작할 수 있듯 이런 메시지를 백인이든 흑인이든 라틴계든 간에 보수적인 하층계급의 부모들에게 전하는 것은 쉬운 일이 아니었다. 특히 학교의 엄청나게 떠들썩한 분위기라든가 중고품 가구, 물려받은 책과 비품, 거의 뭘 하는지 표시가 나지 않는 하루 일과, 그런 모든 것들이 그들에게는 전혀 학교도 뭐도 아닌 것처럼 보이게 만들었다. 프리스쿨에선 애들이 하루 종일 논다더라, 걔들은 욕을 해도 된다더라 하는 동네 아이들 사이의 소문은 더더욱 도움이 못 됐다.

의심에 가득 찬 이런 부모들에게 우리 학교는 실패와 하층 인생으로 떨어지는 지름길로 보였다. 그들은 이 불확실성을 떨쳐내지 못한 채 앞서거니 뒤서거니 하며 원래 다니던 공립학교나 교구학교로 아이들을 도로 데려가는 것으로 끝을 맺곤 했다. 하지만 몇몇 특이한 경우에는 학교와 직접적인 관계 속에서 다른 학교에서 볼 수 없는 깊이 있는 인간적 보살핌이 있는 곳이라는 믿음을 갖게 되면서 학교와 충분히 오랜 유대관계를 맺게 되었다. 그리하여 궁극에 가서는 자신들을 해방시켜줄 방식으로 아이들이 자라고 있다는 사실을 발견하게 되는 부모들도 있었다.

그와 같은 비약적인 신뢰를 갖게 된 사람들은 아이들이 학교에서 보내는 하루하루에 얼마나 완전히 몰입해 있는지를 알게 되면서 감명을 받게 되었다. 뿐만 아니라 학습 태도가 전반적으로 개선되고 인격 성숙에서도 분명한 진전을 보이는 데 역시 감명을 받았다. 초창기의 선구자가 되어주었던 학생들 중 많은 이들이 어른이 되어 아직도 계속 학교를 찾아오는데, 그들이 저마다 세상 속에서 자신만의 독특한 세계를 만들어가는 모습을 볼 때면 놀라울 뿐이다. 그들은 모두 의미 있는 삶을 살고 있다.

학교가 출발했을 때보다는 그래도 형식을 갖추어야 되지 않겠느냐고 문제를 제기하는 사람들은 어떤 사회계층에 속하든 실제로 신분상승 욕구가 있는 사람들이었다. 그들은 자기 자녀가 공립학교 다니는 아이들과 보조를 같이하며 발전해가고 있다는 증거를 원했다. 반면 신분상승이 삶의 우선 목표가 아닌 부모들은 학교에서 진행되는 일 전반에 훨씬 여유를 갖는 편이었다. 그들은 아이들이 보이는 행동이나 태도의 변화에 즐거워했고 숙제나 성적에는 관심을 덜 두었다. 그들에게는 아이들의 행복과 지금 여기에서 맛보는 성취감이 사회의 편견에 찬 평가기준에 따른 미래의 보상보다 더 소중했다.

'훈육'은 양극화로 달리게 될 잠재성을 지닌 또 하나의 분야였다. 여기서도 부모가 어떤 계층에 속하는가에 따라 서로 다른 차이를 보이는 경향이 있었다. 중산층 부모들은 대체로 학교가 더 자유방임적인 태도를 보이길 원했고 필요한 경우에는 설득이나 격려하는 방식으로 아이들 행동을 규제했으면 했다. 반면에 노동계층의 부모들은 분명하게 정해진 행동규율을 엄격하게 적용하기를 원했고 우선적인 제지책으로 벌을 주기를 원했다.

이 같은 문화적 양분 현상은 '공격성'이라는 논쟁의 여지가 있는 분야에서도 나타났는데, 공격성을 표출하는 방식과 공격성을 다루는 방식에서도 양분 현상이 일어났다. 좀더 진보적인 많은 중산층 부모들에게 공격성은 실제로 터부였고 학교에서 몸싸움이 있었다는 이야기를 듣게 될 때면 점점 더 불안해했다. 그들은 인종과 계층이 다양한 학교에 자녀를 보낸다는 '생각' 자체는 좋아했지만, 때때로 일어나기 마련인 분노의 육체적 표현이 통제되지 않는 상황에 아이들이 노출되는 현실은 좋아하지 않았다.

결국 오전 시간 동안은 아이들이 기본적인 학습력을 높일 수 있도록 수업이나 과제학습에 참여하게 하는 편이 바람직하겠다는 결론이 나왔다. 오후 시간은 아이들이 원하는 것을 하도록 열어두기로 했다. 학교 안이나 밖에서 자유롭게 놀거나 그림을 그리고, 도자기를 빚고, 목공실을 들락거리고, 짐승을 돌본다. 또는 공원이나 박물관, 다른 흥미가 가는 장소를 찾는다, 이런저런 일로 지루하다는 문제가 대두할 건덕지는 조금도 없었다. 이 새내기 학교가 점차 확고한 위치를 잡고 경험을 얻게 되고, 또 훨씬 큰 규모의 공동체 내에서 상당한 지위를 차지하게 되면서 점점 더 여유 있는 교과학습 방식이 채택되었다. 그러나 당시에는 학부모들 대다수가 이 초기의 절충안에 만족했다. 이제 남은 과제는 학교라는 장치 안에서 읽기, 쓰기, 셈하기를 익히도록 강요받는 데 이미 넌더리를 내고 있는 아이들이 때때로 보이는 강한 거부감에 교사들이 어떻게 대처해나가느냐 하는 것이었다.

메리는 공격성 문제에 대해서는 어떤 절충안도 채택할 의향이 없었다. 이 점에서 라이히가 끼친 영향은 분명했다. 라이히의 심리치료 모델은 신경증적 행동이나 심신상관 질환의 많은 부분이 특정한 충동, 기억, 감정 억압에서 비롯한다는 프로이트식 명제에 기초를 두고 있었다. 라이히는 억압된 정서의 에너지는 신체의 근육조직에 쌓이는데, 그것은 서서히 근육조직을 굳게 해서 감정의 흐름을 따라 행동하지 못하도록 막고 그 결과 정서적 표현을 피하려는 경향을 갖게 된다는 사실을 발견했다. 이렇게 근육조직 속에서 에너지가 막히게 되는 최종 단계를 라이히는 '무장화(armoring)'라 부르는데, 이는 내면에서부터 공허하고 고립되어 있다는 느낌을 불러온다.

라이히에 따르면 이러한 현상이야말로 사람들로 하여금 심리치료의 도움을 찾게 만드는 일련의 기능장애를 일으키게 하는 주된 요인이다. 그 과정을 되돌려보려는 시도로 라이히는 자신의 심리치료 형식에 활동적인 요소를 첨가했다. 활동적인 요소는 전통적인 프로이트 체계에서는 소홀히 다루어졌다. 라이히는 환자들에게 심리치료용 의자에서 일어나 자기표현을 하도록 했고 가능하다면 오래되고 굳어버린 감정들을 재현해보게 했는데, 그렇게 하는 것이 변화를 촉진시키는 가장 빠르고 효과적인 길이라고 믿었다.

그런 까닭으로, 중산층 부모들의 불안을 무릅쓰고라도 메리는 프리스쿨이 감정 표현이 허용될 뿐 아니라 적절한 때는 장려되기도 하는 안전한 공간이 될 수 있어야 한다고 굳게 믿었다. 학교는 아이들이 마음껏 '분노를 터뜨릴 수' 있게 해주는 한 가지 방안을 마련했다. 아이가 분노를 터뜨릴 때 기꺼이 응대해줄 준비가 되어 있는 동정심을 지닌 어른이 자기 무릎에 그 아이를 앉히고는 무조건 폭발하려는 아이를 잘 붙잡아서 안전한 상태에서 마음껏 버둥거리고 차고 고함을 질러 분노의 에너지를 소진할 수 있게 해주는 것이다. 그런 다음에야 흔히 그런 분노의 밑바닥에 깔려 있기 마련인 고통과 슬픔의 눈물이 터져 나올 수 있다. 몇 해에 걸쳐 이런 식으로 아이들을 붙잡아주면서 바로 내 무릎 위에서 그 아이들의 무장화된 근육이 풀어지는 현상을 여러 번 경험했다.

학교에서 몸싸움을 벌이는 것 역시 금지하지 않기로 결정을 보았다. 만약 두 아이가 서로 간의 다툼을 해결하기 위해 치고받고 싸울 때, 그 싸움이 공정하고 또 상대방에게 심각한 상처를 입히는 게 아니면 계속하도록 허용했다. 가까이에 어른 한 명이 있으면서 안전한지 확인도 하고, 필요하다면 그 결투가 서로에게 완결된 느낌을 주게 하고 화해에 이르는 길이 되도록 도움을 주기로 했다.

놀라운 일도 아니지만 싸움을 허용하는 방침은 너무도 진보적이어서 오래지 않아 어떤 단체들로부터 프리스쿨은 '싸움을 가르친다'는 평판을 듣기 시작했다. 이 그럴듯한 비난에 대해 학교는, 이런 싸움을 대신할 수 있는 전체모임 같은 대안이 얼마든지 있으며, 몸싸움은 어쨌든 그렇게 흔한 일이 아니라는 점을 강조하며 대처해나갔다. 더군다나 태도가 온순한 많은 아이들은 자기방어를 위해 손가락 하나 쳐들지 않고도 학교생활을 순조롭게 해나갔다.

메리는 스스로 '경험의 정치역학'이라고 부르는 지점에 아이들이 도달하게 되는 것이 얼마나 중요한가를 역설하곤 했는데, 프리스쿨은 난삽할 정도로 이질적인 학생들이 마구 섞여 있는 상황 속에서 거의 언제나 그런 경험의 풍부한 보고가 되어주는 것 같았다. 따라서 한 아이의 독특한 자기주장 방식이 발전해가는 것은 다른 모든 아이들에게 중요한 학습거리가 되었다. 얼마 지나지 않아 프리스쿨은 또래 아이를 훨씬 앞서는 자신감과 성숙도를 보여주는 졸업생들 덕분에 빠르게 주목받기 시작했다.

학교는 세 해 정도 지나자 최소한의 재정 자립을 이루게 되었다. 그리고 나름대로 탄탄한 운영 형태를 갖추면서, 서머힐의 닐도 해보고 싶어 했다는 그 도전해볼 만한 소명을 계속 이어나갈 기회를 얻은 것 같았다. 학교가 커지면서 점점 더 많은 문제가 생겨났지만 그 매듭을 풀기 위해 메리와 다른 교사들 그리고 핵심적인 몇몇 가정이 아이들 하나하나를 충분히 회복시킬 수 있을 만큼 깊이 헌신했다.

이 모든 일이 시작된 첫째 원인이었던 마크 루는 어떻게 되었을까? 공립학교와 사립학교를 거치면서 고등학교를 졸업한 마크는 한 학기 정도 대학생활을 해보기도 했지만 자신의 인생목표에는 대학이 맞지 않다는 사실을 알았다. 뒤에 그는 목공 장인으로 자기만의 수련을 쌓기 시작했고, 지금은 매사추세츠 주의 현악기 제조업자 가운데 최고 장인 중 한 사람이 되어 있다.

•　•　•

　　나중에 내 아내가 된 벳지와 나는 1973년 늦가을, 피부색도 나이도
체격도 가지가지인 마흔다섯 명쯤 되는 아이들과 어른들로 가득 찬,
한창 번창하고 있는 이 학교를 찾아왔다. 이상주의에 불타는 순진한
열아홉 살짜리 둘은 그 해 봄 메리에게 편지를 띄워 학교에서 자원봉
사를 할 수 있는지 알아보았는데, 언제라도 좋다는 대답을 듣고서 여
름 동안 돈을 모으려고 일을 한 뒤 낡은 포드 밴으로 집시 생활을 두
달 남짓 한 다음에야 학교를 찾았다.

　　편지를 보낼 무렵, 나는 남부에 있는 한 대학을 다니고 있었다. 성
적은 좋았지만 욕구불만에 차 있었던 교양학부 학생 생활을 청산해 버
려야겠다는 결정과 씨름하고 있었다. 그 때 나는 두 가지 자원봉사 과
제에 참여했는데 하나는 흙바닥 그대로의 오두막에 살고 있는 열 살짜
리 흑인 소년의 '큰형님'이 되는 것이었고 또 하나는 학습능력이 떨어
지는 같은 또래의 가난한 백인 소년의 가정교사가 되는 일이었다. 그
때는 미처 깨닫지 못했지만 그 두 가지 일은 이미 여러 점에서 나를
급진적으로 만들어가고 있었다.

　　이윽고 나는 존 듀이나 폴 굿맨, 닐, 이반 일리치, 파울로 프레이리
책을 읽고 있는 자신을 발견했고, 그 독서는 존 홀트를 거쳐 마침내는
조너선 코졸의 『자유학교 Free Schools』에 이르렀다. 우리를 알바니로
이끈 것은 바로 그 코졸의 책이었다. 그는 책 뒤편에 슬럼가에 자리 잡
은 자유학교 명단을 실어 두었는데 그 중에 메리의 학교도 있었다. 우

리는 명단에 실린 학교 하나 하나마다 편지를 보냈지만 단 한 군데 말고는 모두 '수취인 불명' 딱지가 붙어 되돌아왔다. 그 한 군데가 바로 메리의 학교였다. 메리의 답장은 대충 이랬다. "두 분은 우리와 꼭 맞는 것 같군요. 한번 찾아오시면 어떨까요? 우린 돈은 없지만 묵을 곳은 제공할 수 있지 싶어요."

프리스쿨은 우리가 찾고 있었던 바로 그 학교였다. 그 한 해 전 나는 징병위원회에 양심적 병역거부자로 등록했다.(그렇지만 닉슨 체제의 징병추첨제는 어떤 식으로든 결국 나를 끌고 갈 것에 틀림없었다.) 그래서 학교에서 자원봉사를 하는 일은 내게는 일종의 비행정직 대체복무가 된 셈이다. 벳지는 고등학교 시절 다양한 분야에서 아이들과 생활했는데, 자신이 타고난 교사임을 바로 알아차렸다. 나중에 지방대학에서 간호사 과정을 수료한 뒤 벳지는 학교의 양호교사가 되기도 했다.

나는 학교가 인종과 민족이 마구 뒤섞인 조악한 게토 지구 한 가운데 자리 잡고 있음을 발견하고 마음이 설렜다. 이런 지역은 정부지원의 어떤 자원봉사 프로젝트(비스타 Vista, 미국의 빈곤지역 봉사활동) 못지 않게 빈민가의 가난이라는 현실에 맞닥뜨려야 하기 때문이었다. 게다가 더욱 고무적인 것은 비스타와 달리 프리스쿨은 누구를 위해 뭔가를 해주는 것이 아니라 '함께 나아간다'는 쪽이었다. 탐색 방문을 마친 뒤 벳지와 나는 추수감사절을 지내고 곧장 다시 학교를 찾았고, 교사와 교생, 봉사자들을 위해 학교가 새로 구입한 사층짜리 건물에 만든 합숙시설로 짐을 옮겼다.

초창기의 교사들은 모두 거의 비슷한 식으로 학교를 찾았다. 브루스는 메리와 손을 잡은 최초의 교사였다. 턱수염을 길렀다는 엄청난 죄로 동료교사가 면직당하는 것을 보고 항의 표시로 교사직을 던져버린 브루스는 때마침 메리의 큰아들한테서 프리스쿨에 관해 듣게 되었다. 키가 크고 태평한 성격에 콧수염을 기른 브루스는 새로운 학교가 발전해가는 데 깊숙이 개입했는데, 목구멍에 거미줄을 치지 않으려고 밤과 주말에는 교회 관리인으로 일했다.

다음에 도착한 사람은 바바라였다. 바바라는 양손에 두 어린아이를 데리고 왔다. 알바니 토박이인 바바라는 정식 교사 경험은 없었지만 훌륭한 어머니였고, 메리만큼이나 대단한 사람이었다. 캘리포니아 버클리까지 히피로서 순례를 이미 끝낸 뒤라 이제 고향에서 뿌리를 내려보려고 돌아온 참이었다. 브루스와 바바라는 함께 이층에서 유아 프로그램을 만드는 작업에 뛰어들었다. 이 프로그램은 주위 이웃들의 다급한 필요에 맞추어 저렴한 탁아시설로 빠르게 자리 잡아갔다.

그 다음 루가 왔고, 이어서 로잘리가 왔다. 두 사람 모두 이탈리아계 미국인이었고, 자신이 성장한 로마 카톨릭 토양에서 벗어나 있다는 점 또한 닮았다. 바바라처럼 루도 알바니 출신이었는데 학교가 자리 잡은 바로 그 동네에서 성장기를 보냈다. 루는 처음에 할아버지의 유산인 고풍스런 펌프 오르간을 학교로 옮겨왔다. 이 일은 학교 건물에 특별한 카르마적 요소를 보태주었다. 학교 건물은 애초에 루터파인 독일 이민자들이 지었고 초기 40년 동안 루터파 교회로 사용되었는데, 루가 이른 아침 서곡을 연주할 때면 다락 어딘가에서 유령들이 음악을 들으며 웃고 있을 것만 같았다.

로잘리는 프리스쿨에 오기 바로 전 한 해 동안 노스다코다에 있는 인디언 거주 지역에서 아이들을 가르쳤다. 그 전 두 해 동안은 고향인 브롱크스에 있는 교구 학교에서 일했다. 로잘리는 나중에 프리스쿨의 경험을 바탕으로 듀이와 피아제의 사상과 빈민가 프리스쿨 환경의 관계에 관한 박사학위 논문을 쓰기도 했다. 로잘리는 자기 아이를 가질 생각이 없었는데, 부드럽고 사랑에 넘치는 그녀는 따뜻한 물속에 잠긴 스펀지처럼 아이들을 적셔주었다. 아이로니컬하다고 말하기는 어렵지만 학교는 카톨릭의 배교자를 끌어들이는 데 자석 같은 힘이 있었다. 거기에는 물론 나 자신도 포함된다.

이 사람들이 벳지와 내가 나타났을 때 우리 둘을 맞아주었던 교사들 중 중심이 되는 사람들이었다. 그밖에 수많은 사람들, 자원봉사 부모들, 교생들, 뜨내기 젊은이들, 이웃사람들, 외국인 방문객들이 오갔으며 또 계속 오가면서 끊임없이 변화하는 학교의 정취에 저마다 고유한 방식으로 이바지하고 있다.

• • •

한편 학교는 시간이 갈수록 점점 긴장을 더해갔다. 많은 아이들과 가족들이 오랫동안 난국을 헤맬 때가 잦았고, 학교에서 하루 종일 일을 했던 우리들 역시 근근이 버티고 있는 것이 분명했다. 봉급이라고 해봤자 보잘것없었고, 대부분은 오로지 생존하기 위해서 학교 소유의 공동주택에 집단으로 모여서 살았는데 이는 학교에서 인간관계가 삐걱거리게 만드는 데도 큰 영향을 미쳤다.

아이들과 가깝게 지내는 일은 교사들 자신 속에 숨어 있는, 채 해결되지 않은 어린 시절의 상처와 어쩔 수 없이 직면하게 만들었다. 우리 중 많은 사람들이 기능장애를 가진 가정에서 성장했고 무관심과 학대를 경험했다. 우리 모두는 학교에서의 인간관계, 아이들끼리의 관계, 아이들과 어른들, 또 어른들끼리의 관계가 지닌 친밀성의 깊이와 그 관계가 가져다주는 정서적 만족감에 엄청나게 자극받고 시험받는 느낌이었다.

어른들이 서로의 갈등을 해결하고 자신과 상대방에 대한 이해를 높이는 데 도움이 되는 일종의 공개토론장이 필요하다는 것은 점점 분명해졌다. 해결 못한 채 서로 간에 쌓여 있는 문제도 깨끗이 풀고 내적 성장이라는 영역을 안전하게 탐구할 수 있도록 '인격성장을 위한 모임'을 주마다 가져 보자고 메리가 제안했다.

이 모임은 1974년부터 지금까지 수요일 밤마다 네 시간씩 열리고 있다. 그 모임의 시작은 학교를 중심으로 한 영속적인 공동체를 탄생시키는 체계적인 발걸음의 첫 단계가 되었다. 한편으로는 심리치료와 정서적 도움을 위한 단체로, 한편으로는 갈등 해결을 위한 장으로, 또 어떤 때는 공동체 회의장으로 이 '그룹'(이렇게 부른다)은 학교와 공동체 모두에 절대적인 지표가 되고 있으며 의심할 여지없이 이 둘의 장수 비결이 되고 있다. 우리는 서로에 대한 연민과 배려하는 마음을 갖고 서로를 또 진실을 똑바로 바라보려고 노력한다. 이렇게 감정의 정직성을 실천해보려고 애쓰며 '인도주의적 능력'을 갈고닦고 있다.

그 뒤 몇 년 동안 우리는 학교를 개선하고, 그 구역 안에서 하나씩 취득한 건물을 고치고, 또 우리 자신의 성장을 위한 일들에 이것저것 가리지 않고 우리 자신을 모두 던져 넣었다. 우리의 이웃으로 계속 남아준 이탈리아계 주민들과 오랫동안 거주해온 또 다른 주민들인 흑백의 노동자들 덕분에 학교 둘레는 시골 마을 같은 특색을 지니고 있다. 우리가 기성 가치에 반하는 저항문화적인 독특함을 덧붙이게 된 것은 이처럼 잘 조성된 기반 위에서였다.

오래지 않아 우리는 이 구세계의 동네에 살고 있는 진정한 축복이 무엇인지 알게 되었다. 편견이 있다 하더라도 그것이 가식 없이 표현되는 한, 개인적인 차이는 그야말로 기꺼이 받아들인다. 이 점은 따뜻한 계절이면 알게 되는데, 따뜻한 계절이 오면 우리의 진짜 일거리는 문간이나 계단머리에서 거의 이루어진다. 좋은 이웃 관계를 위해 우리는 문 앞에 나와 앉아 있는 이웃사람들을 방문하는 데 충분한 시간을 들였다. 오늘날 우리는 이 큰 공동체와 조화롭게 어우러져 있는데, 때로는 공동체에 문젯거리가 생길 때 강력한 지지자 노릇을 해주기도 했다. 1980년 중반에 대유행한 주택고급화 시기에 대두했던 빈곤층의 주택권 확보 같은 문제가 그 예다.

학교에 계속 머물렀던 교사들은 훨씬 군건한 인간관계를 맺으면서 자리를 잡기 시작했다. 이러한 유대는 학교 소유의 여러 건물들 사이사이로 퍼져갔다. 건물들은 나란히 나 있는 두 도로 사이에 자리 잡고 있었기 때문에 뒷마당이 붙어 있는 경우가 많았다. 건물을 어느 정도 수리하고 난 다음 우리는 이 뒷마당을 일구어 공동 텃밭을 만들고, 야외 모임 장소로 삼기 시작했다. 식사를 같이 하는 횟수가 늘어났고 서로의 생일과 축일을 축하했으며, 벳지와 나의 아기가 둘이나 죽어서 태어났을 때 함께 장례를 치르기도 했다. 당시에는 누구도 명확하게 깨닫지 못했지만 이렇게 삶과 일을 가깝게 나누는 것은 공동체를 이루는 또 하나의 씨앗이었다. 공동체는 이미 싹트고 있었다.

교사들이 자기 아이를 낳기 시작했고(벳지는 그 후 훌륭하게 살아 있는 두 딸을 낳았다) 그 아이들의 탄생과 더불어 훨씬 더 영속적으로 뿌리를 내리려는 욕구가 생겨났다. 학교 초창기에 그랬던 것처럼 우리는 그 블럭에서 못 쓰게 된 낡은 건물들을 각자의 소유로 사기 시작했다. 벳지와 나는 그 중 하나를 5백 달러에 샀는데, 당시 그 '집'은 비가 줄줄 새는 뚜껑이 얹혀 있는 커다란 벽돌 상자에 지나지 않았다.

다들 넉넉한 형편이 아니었으므로 필요한 기술과 장비만으로 집을 고치기 위해 서로를 도울 수 있는 협동조직을 창안했다. 주말 전부를 투자한 '일잔치'(이렇게 불렀다)가 벌어질 때도 흔했다. 예를 들어 두 번의 주말을 이용하여 애미쉬 스타일의 헛간을 우리 집 뒷마당에 세우기로 하고, 나흘을 전부 투자해서 이층짜리 헛간과 건초다락을 완성했다. 그 헛간에는 지금 젖염소 세 마리(학생들이 젖 짜는 일을 배운다)와 알 낳는 닭 스물댓 마리가 살고 있다. 닭들에게는 학교 급식에서 남은 찌꺼기를 먹인다. 이렇게 기술과 노동을 나누는 일은 지금에 와서야 분명히 깨닫게 된 공동체 정신에 극적인 공헌을 했다.

조산원이 될 꿈을 가지고 있었고 지금은 훌륭한 조산원이 된 벳지의 도움을 받아가며 메리가 학교 옆에 '패밀리 라이프 센터'를 연 것도 이 무렵이었다. 센터는 프리스쿨 자체의 베이비 붐에 어느 정도 부응해 생겨난 새로운 부산물이기도 했는데, 그 목적은 임신한 여성에게 상담도 해주고 출산 전의 건강도 보살피며 부모와 같은 도움을 주고 또 새롭게 가정을 꾸린 사람들에게 자가의료법도 가르치자는 것이었다.

패밀리 라이프 센터는 학교와 관계를 맺고 뻗어나가게 된 사람들이 서로 의지하며 뭔가를 주고받을 수 있는 기회를 마련해주었다. 서로에게 도움이 되는 내적 기반을 만들어내는 일과 함께 센터는 새로운 가정들을 학교로, 또 막 피어나고 있는 공동체로 끌어들이기 시작했다. 이윽고 센터 회원인 두 가정이 우리가 하고 있는 일에 끼어들었고 이 블럭에 집을 구했다. 곧이어 이 가정들은 서너 살 된 아이들을 우리에게 보냈고, 그리하여 학교는 벳지와 메리가 출산을 도왔던 일의 연장선에서 그 보답을 거두게 된 것이다.

우리는 금방 알 수 있었다. 표준에 맞춘 기계적인 병원 분만 과정을 거쳐 태어난 아이들보다 센터 아이들이 대체로 더 나은 모습을 갖추고 있는 것 같다고나 할까. 탄생 직후 부모와 완전한 유대가 허용된 신생아들이 그렇지 않은 경우보다 훨씬 높은 성장 곡선을 그린다는 것은 많은 연구에서 입증되고 있다.

그즈음 메리의 사고에 크로포트킨식 아나키즘이 미친 영향이 눈앞에 드러나기 시작했다. 일차 세계대전 직후 태어나 뉴잉글랜드 양키의 철두철미한 자립 전통을 이어받은 메리는 요즘 세대가 점점 더 전문가에게 의존하는 것을 우려했다. 크로포트킨처럼 메리는 사람들이 지속 가능한 작은 공동체 안에서 살아가는 방식으로 돌아갈 필요가 있다고 보았다. 그런 공동체 안에서만 사람들은 자신들의 필요에 따른 독특하고 지역적인 지원 체제를 발전시켜가는 데 동참하는 법을 익힐 수 있다. 메리는 우리 스스로 의도적인 공동체를 조직하자고 제안했다.

주택 구입 자금 때문에도 그랬지만, 공동체 구성원이 점차 불어나면서 우리들 각자가 지닌 몇 푼 안 되는 돈을 불릴 필요가 있었다. 뿐만 아니라 적절한 이율로 돈을 빌리는 것도 필요했다. 메리는 우리 각자가 감당할 수 있는 만큼의 돈을 모으자는 안을 갖고 있었는데, 그렇게 하면 더 높은 이자를 받으며 투자할 수도 있고 동시에 대부 받을 수 있는 자본금을 창출해낼 수 있다는 것이었다. 이자로 지급된 것은 다시 재투자가 되고 그래서 '돈이 공동체 내부에서 빠져나가지 않게' 된다. 메리는 이 합동 투자 사업을 '돈놀이(Money Game)'라고 이름 지었다. 오늘날 그 투자는 튼튼한 실체를 갖게 되었다.

또한 이 시기에 우리는 두 가지 부가사업을 시작했는데, 공동체 내부에 도움을 주자는 것이 첫째 목적이었고 또 외부를 위한 목적도 있었다. 메리와 낸시—벳지와 내가 학교에 합류한 얼마 후에 교사로 왔고 패밀리 라이프 센터에서 첫 번째로 출산했다—두 사람이 자연식품 가게를 열었다. 라이프 센터 지하에 있는 생협과도 협력했는데, 메리는 조금 지나자 작은 서점을 여기에 덧붙였다. 몇 년 뒤 오랜 공동체 멤버인 의상 디자이너 코니가 조합식 공방과 옷가게를 열었다.

프리스쿨 식구 중 저소득층 가정들이 '노동 부가 소유권'[2]을 통해 적은 비용으로 주택을 마련하는 것을 돕기 위해 우리는 순환식 주택공급 대부자금과 건물 재활용 원조단을 결성했다. 낮은 이자율로 담보를 설정할 수 있도록 개인 투자자들을 충분히 모으고, 그동안 쌓은 기술과 경험을 바탕으로 각 가정에 집을 수리하는 값싼 방법과 가능하다면 스스로 그 일을 해내는 법을 가르쳤다. 프리스쿨의 많은 교사들도 그렇게 해서 집을 마련했다.

---

2) 노동 부가 소유권(sweat equity): 노후 건물을 입주자가 노동력을 들여 수리한 뒤 일정 기간 싼 집세로 거주하게 하고서 소유권을 주는 정책._옮긴이주

1980년대를 거치면서 점점 친밀해진 관계는 조금씩 더 뚜렷한 윤곽을 갖게 되었다. 그 시기에 우리는 스스로를 간단히 '프리스쿨 공동체'라고 부르기 시작했다. 학교 소유의 건물뿐 아니라 각자의 주택도 어느 정도 마련되고 온갖 다양한 공동체 프로젝트가 꾸려지면서 이윽고 우리는 영적인 문제로 눈길을 돌렸다. 유대교, 로마 카톨릭, 프로테스탄트, 불교 그 밖의 다양한 종교적 배경을 갖고 모였기에 자연스럽게 저마다 어른이 될 때까지 지키고 있었던 기도법이나 수행법, 축일을 함께 나누었다. 우리는 또한 다른 종교체계에서도 여러 가지를 빌어 왔는데 특히 아메리카 원주민과 고대 모계사회의 다양한 의식에서 종교의식을 행하는 방식을 빌어 왔다. 우리가 저마다 나름의 고유한 영적 정체성을 확립해가기까지 이처럼 계속 발전해가면서 함께했던 전통에서 자양분을 얻었다.

이러한 영적 차원이 더해짐으로써 학교와 관련된 다양한 근린 사업에 점차 기반을 두게 된 열두 가구 남짓의 공동체는 영속성과 활력을 띠게 되었다. 공동체와 학교 사이에 계속적인 교류가 이루어지는 그 시점에 프리스쿨 공동체는 엄격한 의미에서 학교와는 독립된 삶을 열어가기 시작했다.

• • •

학교와 공동체는 여러 사람들이 오가는 가운데, 또 우리가 새로운 차원의 내용을 덧붙일 때마다 계속해서 진화해갔다. 이런 변화들 중 가장 중요한 변화는 1985년에 일어났다. 그 해 메리는 계간지를 펴내기 위해 정규 교사 생활에서 은퇴했다. 메리는 이 일에 남은 생을 바치고 있다. 잡지의 이름은 '학교'를 뜻하는 고대 그리스어에서 빌어와 대안교육지 『ΣΚΟΛΕ 스코레이』라고 지었다. 몇 해를 보내면서 『스코레이』는 독자와 기고가들로 이루어진 강력한 국제적 지지자들을 갖게 되었고 그 영향력은 계속 확산되었다.

얼마 지나지 않아 메리는 학교의 교장직을 물려주어야 할 때가 왔다고 결정했다. 처음에 그 횃불은 바바라에게 넘겨졌다. 그 다음으로는 벳지와 내가 공동교장직을 맡았다. 벳지가 전임 조산원 일을 하기 위해 교장직을 그만둔 뒤에는 낸시와 내가 공동책임을 맡고 있다. 변화가 있을 때마다 문제가 없었던 건 아니다. 하지만 우리를 감싸고 있는 공동체의 지지와 헌신 덕분에 사실상의 새로운 지도체제가 자리를 잡게 되었다. 물론 메리는 스승이자 조언자로서 의미 있는 역할을 계속하고 있다.

『스코레이』의 성공으로 메리는 두 번째 계간지를 구상했다. 공동체 식구들의 더 광범위한 요구에 역점을 두고 교육의 일반적 한계를 넘어서는 쟁점들과 넓은 영역에 걸친 프리스쿨의 경험을 결합시켜보자는 의도였다. 그리하여 창간된 『가족생활 Journal of Family Life』은 오늘날 『스코레이』와 마찬가지로 프리스쿨 공동체 안에서 제작되고 출판된다.

공부만 하고 놀지 않으면 아이들이 둔해진다는 말의 참뜻을 깨닫고 있던 터라 우리는 가끔 도시를 벗어날 수 있는 장소가 필요하다는 데 뜻을 모았다. 공동체 식구인 래리는 싸면서도 괜찮은 물건을 잘 알아보는 사람이었는데, 마침 팔려고 내놓은 캠프 하나를 용케 찾아냈다. 그 캠프는 알바니에서 동쪽으로 약 25마일쯤 떨어진 벅세어 산맥 기슭 작은 호숫가에 자리 잡고 있었다.(뉴욕 주 북부 지방에서 캠프라면 숲속이나 물가에 있는 휴가용 오두막이나 별장을 가리킨다.) 커다란 거실 두 개, 침실 여섯 개, 부엌이 둘 있는 이 건물을 집주인은 싼 가격에 선뜻 내놓았는데 대대적인 수리가 필요했기 때문이다. 우리가 찾던 바로 그 조건에 때맞춰 그 집을 샀다.

오늘날 레인보우 캠프(우리가 붙인 세례명이다)는 다목적용 편의시설이 되었다. 공동체는 피정이나 휴가용으로 사용하고, 학교는 아이들을 데리고 떠나는 하루 코스 여행이나 주말여행 때 이용한다. 프리스쿨 공동체 식구들로 구성되어 있는 레인보우 캠프협회는 주말 워크숍 프로그램 운영을 위해 이 장소를 쓴다. 워크숍은 인격 성장이나 영적 성장을 위한 다양한 주제를 모두 다루는데, 워크숍 주제나 주제를 이끌 지도자는 보통 우리의 영혼과 정신이 필요로 하는 이를 선정한다. 워크숍에서 생기는 수익금은 전부 캠프를 수리하고 세금을 내는 데 쓴다.

레인보우 캠프를 구입하면서 우리는 캠프에서 언덕 하나 너머에 약 30만 평의 토지를 소유하고 은퇴해서 살고 있는 행크 해즐톤과 우정을 나누게 되었다. 행크는 남은 여생을 아메리카 원주민의 권익을 옹호하는 데 바치고 있었는데, 그 무렵 뇌졸증으로 고생을 하고 있었다. 그러나 아직 그에게는 자기 땅을 자연교육센터로 바꾸어 영원히 야성이 살아 있는 성소로 만드는 꿈을 현실화하는 일이 남아 있었다.

프리스쿨로서는 큰 행운이라 할 수 있었는데, 행크는 죽기 전에 그

땅을 우리에게 남겨 우리가 그 책임을 이어 받아 자신의 꿈을 대신 실현시켜주기를 원했다. 우리는 최근 직경 7미터가 넘는 팔각형 집 '가르침의 오두막'을 숲속 작은 공터에 지었다. 그리고 뉴욕 주의 오듀본 협회 도움을 받아 야생생물 보호구역을 만들고 있는 중이다. 고공 코스와 저공 코스가 모두 마련된 줄타기 시설도 만들고 있다. 언젠가는 행크의 집과 창고를 프리스쿨 학생들을 위한 준주거용 부속 건물로 바꾸려고 구상하고 있다.

이 평범하지 않은 학교가 스스로를 몰아가며 앞으로 나아가는 한 그 미래가 어떻게 펼쳐질지는 알 수 없는 일이다. 새로운 전환기가 올 때마다 학교와 공동체의 발전은 그 본질상 필연적으로 유기적인 모습을 보여왔다. 어떤 경우에도 마스터 플랜이나 주도적 철학이나 모델이 있어본 적은 없다. 그보다는 단계마다 기능성과 필요성이—때로는 외부의 영감의 받아—형식과 과정을 지배했다. 시대와 환경의 변화와 함께 학교와 공동체가 성장하고 진화해감에 따라 프리스쿨의 교육이념을 이루는 심장이라 할 수 있는 사랑과 정서적 정직성, 동지애적 리더십, 그리고 협력과 같은 기본 원칙을 일상이라는 기반 위에서 살려내는 일이 늘 큰 과제로 있다.

2
문제아는 없다

무마사토! 무마사토!

모하메드의 어린 여왕,

보석 눈동자의 왕녀, 아프리카의 꿈꾸는 소녀,

분노로 들끓는 제멋대로인 이글대는 불꽃.

세 살짜리 어린 살갗은 공포를 숨기려 팽팽하게 당긴다.

얘, 꿈속의 괴물들을 조각내버려.

조각난 악마들이 다시는 나타나지 못하게.

넌 살아 있어! 온통!

네가 타는 전차는 사하라 사막을 넘어 새벽을 달린다.

졸로페 전사의 딸. 브루클린 정글에서 난

야생의 아이. 넌, 이렇게 말하도록 배웠지.

"입 닥쳐! 새끼! 뒈져버려!"
하지만 그 때 넌 이렇게 말하고 있어
"날 봐요! 내 말 좀 들어요!
날 멈춰줘요! 날 위해 있어줘. 진짜로 있어줘!"
언제나 가운데로 파고들며…
"모두들 날 봐! 난 무마사토!
날 무시하지 마. 나쁜 일이 생길 거야!"

그 지옥불을 끄려면 족히 삼 년은 짓밟고 부수어야 할 것 같은 아이 무마사토는 아무 예고도 없이 우리 학교의 문턱을 넘었다. 프리스쿨은 그 어떤 곳보다 에너지로 넘치는 장소였고(아, 보통 사람이 그 소란을 어찌 견딜까!) 무마사토 또한 엄청난 에너지로 팽팽하게 차 있는 아이였기 때문에 우리는 처음부터 '우리가 얼마나 준비되어 있는지 완전히 시험에 들었구나!' 싶었다.

최초의 소동과 혼란이 가라앉기 시작하자 두 개의 의문이 오롯이 떠올랐다. 이 별난 아이는 도대체 무엇을 바라는 걸까? 우리에게 무엇을 가르치러 나타났을까?

이 번개처럼 재빠르고 사람의 넋을 빼놓는 꼬마 아가씨는 자기에게 필요한 것은 다름 아닌 통제와 보호라는 것, 그것도 충분할 만큼 많이 필요하다는 것을 즉시 우리에게 보여주었다. 무마사토는 사실 다른 아이들에게는 전혀 관심이 없었고, 2층 홀(유아들을 위한 공간)에 있는 모든 어른의 관심을 끌기 위한 끝없는 레퍼토리를 가지고 있었다. 그 아이가 가장 좋아하는 놀이는 깨지기 쉬운 여러 가지 물건들이 놓여 있는 근처의 탁자를 덮쳐서 팔을 한 번 휘둘러 그 모든 잡동사니들을 얼마나 멀리 보낼 수 있나를 보는 것이었다. 물론 그러는 동안 내내 우리를 보고 웃으면서.

진정한 인간관계가 부족한 가운데 자라난 아이들은 언제나 부정적으로 관심을 끌어 전혀 관심을 받지 못하는 것을 상쇄해보려 한다. 불행히도 이 부정적 관심 끌기는 아주 중독성이 강하다. 무마사토는 열 명이나 되는 형제들 가운데 아홉째였다.(당시는 한 언니가 낳은 조카까지 해서 아이가 모두 열하나였다.) 아버지는 아프리카에 살면서 일 년에 한두 번 잠깐 아이들을 보러 오는 형편이었다. 어머니는 말이 통하는 사람으로, 자기가 할 수 있는 최선을 다하는 유능한 여성이었지만, 누군가 자기 가정을 소재로 현대판 '할머니와 빨간 구두'를 쓸 수 있다고 나서면 수긍할 수밖에 없는 처지였다. 무마사토가 충분히 성장하는 데 필요한 사랑을 얻기 위해서는 얼마나 긁고 갉고 계략을 짜내야 할지 이해하기 어렵지 않은 상황이었다.

겉치레만의 풍요는 20세기말의 미국 전역에 살고 있는 수백만에 이르는 이른바 '평균 네 식구 가구' 속에 소리 없는 결핍과 빈곤을 키우며 유행병처럼 번져갔다. 그리하여 학교는 점점 죠셉 칠턴 피어스가 그토록 퉁명스레 묘사하듯이 '망가진 물건들'로 넘쳐나면서 거의 가망 없는 관리 업무 속에 던져져 있다.

무마사토처럼 철저하게 자유로운 영혼들을 사회화하는 일에 우리가 나름으로 터득해온 온갖 방법을 활용하게 된 것도 그다지 오래지 않은 일이었는데, 이제 그 방법들을 두고 내기를 할 만한 때가 왔다고 생각되었다. 이 작은 암호랑이는 우리의 계몽 프로그램에 들어오거나 적응할 마음이 전혀 없었다. 우리의 후퇴 작전은 단순했다. 네 아이의 엄마이자 25년 경력의 노련한 교사인 낸시가 학교에서 있는 동안 많은 시간을 무마사토를 안고 어르고 데리고 다니는 데 쓰기 시작했다. 매우 육체적인 성향인 데다가 애정에 굶주려 있던 무마사토는 곧장 우유접시에 코를 박은 새끼 고양이처럼 이 일대일의 접촉에 빠져들기 시작했다.

긍정적인 관심을 얻는 방법을 익힐 수 있도록 끊임없는 통제가 필요할 뿐 아니라 보호 또한 필요했다. 때를 가리지 않고 분노를 폭발시키는 정말이지 무서울 것 없는 싸움쟁이―이빨과 손톱을 모두 써서 덤볐다―무마사토를 진정시키기 위해서도, 그 통제불가능의 충동에서 다른 아이를 지키기 위해서도 우리가 필요했다.

시도 때도 없이 물려고 덤벼드는 아이들의 내면에는 공포가 있다. 무마사토 안의 분노와 공포는 때로 그 아이 스스로를 무섭게 만들었다. 무마사토는 태어나서 두 살 때까지 브루클린의 피폐한 공영주택에서 살았다. 그 곳에서는 날마다 총격전이 벌어진다. 무마사토는 어딘가에 머리를 부딪힐 때마다 재빨리 두 손으로 머리를 싸매고는 위로할 길 없는 비명을 질러댔다. "피 나요. 피 나요!" 뭐라고 그 광경을 형용할 말이 없다. 지금에 와서 슬럼가에 사는 어린아이들이 실제로 외상 후 스트레스 장애[3]를 앓고 있다고 인정되고 있긴 하지만 참으로 믿을 수 없는 일이었다. 하지만 우리의 이 작은 '야성의 아이'[4]에게 이 일은

---

[3] 전쟁, 고문, 자연재해, 사고 등 심각한 사건을 경험하고 그 뒤에도 지속적으로 고통을 느끼는 정신 장애. 사회 부적응을 겪는 퇴역 군인에게 흔히 나타난다._옮긴이주

진짜로 일어나고 있었다.

무마사토와 하루 종일 붙어 지내는 일은 몸과 마음 모두를 지치게 만들 만했다. 학교에 처음 나타났던 순간처럼 늘 불굴의 모습을 보여 주던 낸시도 결국은 더 이상 어찌 해볼 수 없는 지점에 이르고 말았다. 내가 다음 차례를 자청하고 나섰다.

나는 곧 여러 가지 사실을 알아차렸다. 첫째, 무마사토는 자신을 둘러싼 환경 사이에 아주 얇은 경계를 가지고 있어 마치 갓 태어난 아이 같았다. 주위의 분위기와 느낌에, 또 어떤 순간 '공기 속'에 무엇이 존재하든지 지나치게 민감하게 반응했다. 또 아무리 미묘한 것이라도 어떤 종류의 변화나 전환에, 특히 그 시작과 끝에는 그 아이로서 제대로 대처하기가 너무도 어렵다는 점을 발견했다.

내가 무마사토를 품에서 내려놓고 혼자서 놀 수 있는 자리를 찾아보게 할 때는 아이의 기분이 어떤지 어느 만큼 흥분되어 있는지 잘 살펴봐야 했다. 처음에 무마사토는 흥분된 감정이나 기분을 전혀 조절하지 못했다. 이 시절에 무마사토는 스스로 에너지를 조절하는 방법으로 악을 쓰고 화를 내는 것밖에 몰랐는데, 이것은 갓 태어난 아기에게나 볼 수 있는 현상이었다. 내 목표는 이런 현상이 일어나기 전에 아이를 거두고 진정시켜서 가능하면 자신이 스스로를 다스릴 수 있도록 하는 방안, 곧 덜 드라마틱한 대안물을 만들어보게 하는 일이었다.

이런 목적에서 메리는 무마사토가 안고 싶어 할 만한 큼직한 곰인형

---

4) 야성의 아이(enfant sauvage). 늑대가 키운 한 소년의 이야기를 담은 프랑소와 트리포의 고전적인 영화의 제목._옮긴이주

하나를 가져다주었다. 우리는 유사시를 대비해서 늘 그 곰인형을 손에서 놓지 않았다. 무마사토는 스스로를 조절할 수 없는 순간이 오면 이 의사 가운을 입은 닥터 베어를 품에 안고 흔들거리며 스스로를 진정시킬 수 있다는 사실을 알게 되었다.

어린아이들이 자신의 내부에 도사린 공포를 스스로 진정시킬 수 있는 능력을 개발하는 것은 아주 중요하다. 그래서 우리는 언제나 아이들이 좋아하는 '러비 lovey'들과 친하게 지내도록 권한다. 러비란 하버드대 소아과 전문의인 브라즐레톤(T. B. Brazlaton)이 아이들이 같이 데리고 자고 뒹굴기도 하는 봉제완구를 일컬어 부른 말이다.

아침 일찍부터 낸시가 계속 있어준 덕분에 오래 지나지 않아 나는 무마사토에게 계속 관심을 주는 데서 벗어나 다른 방향으로 그 아이를 이끌 수 있게 되었다. 돌이켜보면 무마사토 스스로가 갇혀 있다고 느끼는 내면의 방을 여는 일차적 열쇠는 전적인 육체적 접촉(여성과 남성 양쪽 모두)에 있었다고 확신한다. 이런저런 원인으로 초기 성장과정에서 빠졌던 몇몇 단계를 그 아이가 재빨리 통과하기 시작하는 것을 지켜보며 우리는 전율을 느꼈다.

무마사토는 비밀스런 자신만의 세계에서 한 발짝씩 빠져 나오기 시작했다. 내가 충분한 거리를 두고 지켜보는 가운데, 그 아이는 매우 주저하며 은근슬쩍 몇몇 세 살배기들의 놀이에 어울려보기 시작했다. 다행히 그 때 우리 유아부에는 무마사토 또래의 꼬마 왈패가 둘 있었는데, 무마사토가 여러 번 기선을 제압하려고 하는데도 기세가 꺾이지 않아 결국 서로를 인정하는 건강한 상호존중심이 아이들 사이에 싹트기 시작했다. 나는 가능한 한 이런 과정을 바깥에서 지켜보기만 하려고 애썼는데, 가끔 대판 싸움이 벌어질 때면 입술을 깨물어야 했다. 고 맙게도 이 때에는 뭐든 찾아서 부숴버리는 무마사토의 나쁜 버릇이 훨씬 사회적인 공격성으로 원만하게 바뀌어가는 중이어서 보통은 당하는 쪽에서도 다룰 수 있는 정도였다. 그 일이 여의치 않을 때는 내가 끼어들곤 했는데, 나는 구명요원이 되어 격렬한 분노의 깊은 물 속에서 아이들이 헤엄쳐 빠져 나와 안전한 곳에 이를 수 있도록 도왔다. 그 안전한 장소에서 다시 이야기하고 고함지르고 몸부림치며 삼킨 것을 토해낼 수 있도록.

학년말이 가까워졌을 무렵 무마사토는 점점 더 긴 시간을 혼자서 보낼 수 있게 되었다. 이것은 그 아이를 다른 유아과정 교사에게 부탁하고 그동안 게을리 했던 몇 가지 학교 업무를 돌봐도 된다는 사실을 뜻했다. 한시름 놓은 것이다.

• • •

사람을 어리둥절하게 만들고 애를 태우는 아이이기도 했지만 무마사토는 내게 일종의 살아 있는 메타포가 되어주었다. 이 장의 첫 부분에 있는 시를 쓰게 된 영감도 여기에 있다. 날이 갈수록 내가 더욱 더 확신하게 된 것은 우리 모두 각자의 내부에는 제멋대로인 야성의 어린 아이가, 아무도 지키고 있지 않다 싶으면 쏜살같이 달려나가 인기를 가로챌 기회만 엿보는 어린아이가 도사리고 있다는 사실이다. 이 교활한 악당은 스스로를 우주의 절대적인 중심이자 가장 강력한 힘을 지닌 존재로 본다. 나 역시 내 안에 이런 존재가 있음을 알고 있다.

어떤 사람들은 운 좋게도 내면의 이 몰아치는 힘을 남들보다 훨씬 잘 처리해 나가는 것 같다. 그러나 대부분은 한 방향으로 치우치는 경향이 있다. 그 귀찮은 놈을 억눌러 찌그러뜨려 인생을 온통 너무나 심각하게 만들거나, 아니면 그 놈을 제멋대로 날뛰게 만들어서 이런저런 종류의 문제에 빠진 자신을 구출하는 데 엄청난 시간과 에너지를 써버린다.

그와 같은 수수께끼와의 투쟁이 인생을 만드는 원료가 아닐까? 동서양의 온갖 주요한 정신수행이나 심리치료는 그 체계마다 처방도 가지각색이지만 한결같이 우리 안에 있는 강력하고 흔히 반사회적인 부분, 원하는 것만 하려 하고, 자신을 제외한 모든 이를 괴롭히는 이 부분을 다루는 데 역점을 두고 있다. 많은 체계 속에서 이것은 '자아 the ego'라 불리는데 어떤 이는 E를 대문자로 쓰고 어떤 이는 소문자로 둔다.

여기서는 이 내면의 힘을 '무마사토 동인 Mumasatou principle'이라 부르겠다. 이것은 인간이 지닌 활력과 창조력의 풍부한 근원이기도 하지만, 한편으로는 이것보다 훨씬 큰 어떤 힘이 존재한다는 사실을 우리에게 알려주기도 한다. 달리 말하면 멈추는 것이 필요할 때는 멈출 수 있는 다른 힘이 있다는 사실을 알 필요가 있는 것이다. 자신이 그런 큰 힘을 가지고 있다는 사실을 알아차리는 것보다 더 어린아이들을 놀라게 하는 일은 별로 없다.

우리 세대의 아킬레스건 가운데 하나는 우리 부모 세대의 엄격하고 권위적인 육아법에 대해 우리가 극단적으로 반감을 갖고 있다는 것이다. 프리스쿨에는 인종과 민족이 작은 학교가 수용할 수 있는 한 가장 복잡하게 뒤섞여 있기에, 나는 이러한 경향이 인종과 계층을 막론하고 팽배해 있음을 보아왔다. 내가 관찰한 바로는 오늘날 많은 아이들이 권력이란 면에서 지나치게 기름진 식사를 제공받으며 살아가고 있다. 그리고 이 문제는 내 또래의 많은 어른들이 개인적인 권력이건 정치적 제도적 권력이건 권력의 문제를 너무 간과하고 무시한다는 사실 때문에 훨씬 더 복잡해진다. 나는 내 아이들 두 명을 기르는 동안 이 점에서 크게 배워야만 했다.

내가 아는 50대 초반의 한 여성은 '자신에게나 타인에게 위험한 상태'라는 판정을 받고 억지로 집에서 끌려 나와야만 했다. 앞에 나온 행크는 병이 심해지자 프리스쿨에 자기 소유의 땅을 넘겨주고 지금은 침상에 누워 지내는데, 그 여성은 행크의 간호사였다. 어느 해 몹시도 춥고 길었던 겨울 동안 그 여자는 잠시도 쉬지 않고 억척같이 행크를 돌봐야 했는데, 그 겨울이 끝나갈 무렵 이 가슴 아픈 일이 일어났다. 여러 해 동안 서로 알고 지내던 내가 보기에 그 여자의 행동이 뭔가 점점 이상해 보이고 행크의 상태도 급속도로 나빠지는 게 걱정스러워 도움을 줄 사람을 찾아보라는 조언을 여러 번 했지만 불행히도 그 여자는 도움이 필요 없다고 믿고 있었다. 마침내 도와주겠다는 사람이나 찾아오는 사람들에게 심하게 화를 내며 분노를 터뜨리는 식으로 상태가 악화되자 지역 판사는 그 여자에게 72시간짜리 정신감정 명령을 내렸다. 물론 그녀는 이 조치가 필요 없다고 믿었다.

내가 이 이야기를 하는 이유는 두 명의 기동경찰대원과 구급요원 여러 명이 그 간호사를 병원에 데려가려고 했을 때 내가 보게 된 광경 때문이다. 그 여자는 그 일곱 명의 어른들이 놀라울 만치 침착하고 끈기 있게 기다리고 있는 것이 자기를 집에서 끌어낼 방도가 없기 때문이라고 확신했다. 자신이 그들 여러 명을 합친 것보다 더 힘이 세다고 여러 번 말하기조차 했다. 나는 그 여자가 불가피한 사태를 늦추어보려고 놀랍도록 정교하게 별별 작전을 다 구사하는 모습을 놀라서 쳐다보며 그 자리에 서 있었다. 결국 요원들은 어쩔 수 없이 완력으로 그 여자를 사로잡아 들것에 묶어 앰블런스에 실을 수밖에 없었다.

이 사건을 나는 '무마사토 동인'의 특징적 예로 삼고 싶다. 이 경우 그것은 인생의 후반에 접어들고 있는 어른에게 나타났다. 당연한 일이 겠지만 그 간호사는 어린 시절—세 살짜리 무마사토처럼—어머니의 보살핌을 제대로 받지 못했다. 그 여성이 자신을 회복하기 위해서는 그렇게 대단한 광경을 연출하며 제지를 당하는 바로 그 상황이 필요했음이 밝혀졌다. 그녀는 그 뒤 72시간 동안 긴장을 풀게 되었고, 아무런 처치도 받지 않고 약도 먹지 않고 자신이 그토록 원하는 돌보는 이의 역할로 돌아갈 수 있었다.

· · ·

9월 새학기가 되자 무마사토는 언제나처럼 그 '무마사토 동인'이 가득 찬 모습으로 우리에게 돌아왔다. 다행히 두 꼬마 왈패 애실리와 티아라 역시 지지 않았다. 그 해 들어 세 아이는 서로 떨어질 수 없을 만큼 친해졌는데, 무마사토가 나날이 친교를 나누느라 애쓰는 모습을 지켜보는 것은 재미있는 일이었다. 무마사토에게 그 일은 쉽지가 않았다. 지금까지처럼 자기 식대로 하고자 하는 욕구는, 이 나이의 아이들에게 흔히 그렇듯이 또래들과 친해지는 데 가장 큰 장애물이 되었다.

나는 무마사토가 지닌 반사회적 행동이 많은 부분 습관적임을 점차 깨닫게 되었다. 그 행동은 무사마토가 워낙 욕구 많은 성격을 타고난 데다가 빈민가, 비좁은 셋집, 복작대는 가족들, 더군다나 언제나 새 아기가 태어나 엄마의 관심을 빼앗아 가버리는 환경이 복합적으로 작용한 데서 생겨났다. 물론 끊임없이 동생들에게 잔소리를 해대는 자매들이 층층이 있는 사다리의 맨 아래 칸에서 자라난 영향도 있음이 분명했다.

불행하게도 다른 아이들을 공격하는 짓은 무마사토가 머리 꼭대기까지 찬 불안과 욕구불만을 터뜨리는 가장 좋은 통로로 계속 남아 있었다. 우리로서는 조용히 물러앉아 결과를 지켜보는 수밖에 달리 도리가 없었다. 우정은 가르칠 수 없는 것이다. 아이들이 저마다 너무 바빠 서로 자연스레 관계 맺을 기회가 없도록 만들고, 성적이나 시험, 보상 따위를 이용해서 서로 경쟁하도록 몰아부치고, 또 나이별로 분리시켜 (아마 가장 간단한 방법일 텐데) 우정이 싹트는 것을 막을 수는 있겠지만 말이다.

프리스쿨의 유아반 아이들이나 좀더 나이가 많아도 바로 이 관계 문제를 잘 풀지 못하는 아이들은 하루 중 많은 시간을 스스로 짜낸 놀이를 하면서 노는 경우가 흔하다. 낡았지만 튼튼한 피아노를 즐겁게 두들겨대며 가락에 맞춰 노래도 하고 춤도 추며 그림도 그린다. 책을 읽고 또 읽어주는 걸 듣기도 하며 글자와 숫자를 익히고 이름 쓰기를 배운다. 또 아이들은 과자와 빵을 굽고 신선한 크림으로 버터를 만든다. 물론 이런 활동은 교사들이 구성해내고 아이들은 원할 때 참여한다.

아이들은 주로 스스로 창조한 세계 속에서 놀고, 교사들은 아이들이 필요할 때 쉽게 찾을 수 있도록 주변을 돌아다닌다. 우리가 이렇게 하는 데는 여러 가지 이유가 있다. 첫째, 아이들은 노는 동안 여러 수준에서 끊임없이 배운다는 사실이다. 시간과 공간, 비례, 언어의 힘, 그리고 자기 자신이나 서로에 관해서. 하지만 가장 중요한 이유는 자유롭게 교류할 수 있는 기회가 주어지고 서로의 차이점을 해소해낼 자기들만의 고유한 방법을 발견하게 되면 서너 살짜리일지라도 종종 서로 매우 단단한 유대를 형성한다는 사실이다. 이것은 두 살짜리도, 더 어린 아이들도 마찬가지이다.

기분이 좋은 날이면 무마사토는 사교계의 나비가 되었다. 애실리, 티아라, 무마사토 이렇게 셋이서 시간가는 줄 모르고 즐겁게 소꿉놀이를 했다. 또 다같이 우아한 가운을 차려입고 온갖 보석과 관으로 장식하며 수선을 떨기도 하고 높은 굽이 달린 구두를 신고 어쩌면 그렇게 즐겁게 퍼레이드를 벌이는지 그 끝없는 의기투합에 질릴 정도였다. 아이들은 지칠 줄 모르고 아기인형을 돌보고 흙으로 만든 상상의 밥상을 차려주고 어르기도 하고 이야기책을 읽어주기도 한다. 이렇게 하는 동안 무마사토는 다른 사람이 필요하다든가 다른 사람에게 뭔가를 요구하는 문제에 차츰차츰 참을성을 갖게 되었다.

무마사토는 새로운 방문객이 나타날 때면 누구보다 먼저 그 가느다란 갈색 팔을 벌려 그 사람을 껴안곤 했다. 무마사토는 몇 년 동안 가장 훌륭한 외교 사절 노릇을 했는데 방문객에게 애교 있는 미소를 띠며 연달아 누구냐, 뭘 하는 사람이냐, 어디 사느냐, 왜 왔느냐 하고 물어대는 가운데 그 사람으로 하여금 얼마 지나지 않아 편안한 느낌을 갖게 해주었다. 그러는 중에 무마사토는 공동체에 거주하는 목수인 리차드와 아주 친해졌다. 리차드는 학교 건물을 개축하는 작업에 계속 참여해온 사람이었다. 거의 날마다 점심 식사 때면 둘이 같은 자리에 앉아 즐겁게 얘기하는 모습을 볼 수 있었는데, 그럴 때면 무마사토는 으레 리차드의 무릎에 앉아 있곤 했다.

기분이 좋지 않은 날 아침이면 무마사토는 어둡고 도전적인 표정으로 학교에 들어선다. 그 표정은 뭔가 문제가 있음을 뜻했다. 이런 날 아침이면 무마사토네 온 집안 식구의 기분도 말이 아닌 상태일 것이 틀림없었다. 때로는 오자마자 이런저런 이야기를 늘어놓기도 했는데, 어떤 사람이 집에 뛰어 들어와 언니에게 칼을 던졌다거나, 마약을 팔았다는 이유로 경찰이 오빠를 끌고 갔다거나 하는 게 그 내용이었다. (그것은 늘 사실이었다.)

그런 날이면 무마사토는 다시 예전의 폭력적인 성향으로 돌아가곤 했다. 하지만 그런 가운데서도 우리는 그 아이가 폭발하는 감정을 다른 사람에게 퍼붓기보다는 말로 표현하도록 하는 데 어느 정도 성공했다. 그래도 때로는 안전한 상태에서 분노를 폭발시키고 터뜨릴 수 있도록 그 아이를 껴안고 있는 것밖에는 달리 도리가 없을 때가 많았다.

이제까지 지내오면서 무마사토의 기분이 몹시 언짢을 때는 밖에 나가 놀거나 교사들 집 가운데 조용한 장소에서 혼자 그림을 그리거나 흙장난을 하면서 지내는 편이 훨씬 낫다는 사실을 알게 되었다. 실비아 애쉬톤 워너(Sylvia Ashton Warner)는 한 때 뉴질랜드 원주민인 마오리족 아이들이 다니는 한 시골 학교에서 단독교사로 있었는데, 그 첫 해 꼭 같은 발견을 했다. 마오리족은 전투 종족이어서 아이들의 성격이 격하고 다혈질이었다는 점에서 무마사토와 흡사했다. 애쉬톤 위너는 자신의 독특한 체험을 바탕으로 『교사 Teacher』라는 제목의 멋진 책을 썼는데, 여기서 그녀는 '창조적 배출구(Creative vent)'와 '파괴적 배출구(Destructive vent)'라는 용어를 만들어냈다. 그녀는 이 용어를 써서 교실 하나짜리 작은 학교에서 일어나는 극적인 변화를 설명해낸다.

한 때 애쉬톤 위너는 학교에서 가르치도록 명령받은 딱딱한 영국식 커리큘럼에 매달리기를 잠시 접고 대신 아이들에게 마오리족인 그들 자신의 이미지와 언어를 써서 칠하고 제본해서 그들만의 책을 만들어 보도록 했다. 그녀의 통찰은 설명이 필요 없다. 아이들이 지닌 타고난 열정을 훈육으로 다스리고 끝없는 일상과 바쁜 일과로 통제하려고 애쓰면 애쓸수록 그 넘쳐나는 에너지는 종국에 이런저런 파괴적 행동으로 표출구를 찾고야 말았다. 아이들은 자기들끼리 싸우거나 그렇지 않으면 공들여 꾸며놓은 교실을 엉망으로 만드느라 바빴다. 하지만 그녀가 그림이나 음악, 시, 춤과 같은 창조적 배출구를 열어놓을 때면 격렬한 행동은 사실상 사라졌다.

무마사토 역시 마찬가지였다. 창조적인 배출구를 찾을 수 있도록 해주면 제지하거나 통제해야 할 필요성이 줄어들었다. 그리고 무마사토가 지니고 있는 긍정적인 속성을 인정하는 일이 무엇보다 중요했다. 마오리족 아이들과 꼭 같은 그 호전성은 양날의 칼이었다. 단적인 예를 들어보자. 하루는 내가 다른 네 살짜리들과 무마사토를 함께 데리고 공설운동장에 간 적이 있었다. 그 운동장은 마침 알바니에 새로 생긴 한 마그넷 스쿨 근처에 자리를 잡고 있었다. 여섯 명이 놀이터에서 즐겁게 놀고 있을 때 마그넷 스쿨에 다니는 약간 큰 아이들 몇이 슬그머니 끼어들어 무마사토 일행 중 한 명밖에 없는 남자애를 놀리기 시작했다. 이 아이 애브는 나이에 비해 몸집이 아주 작았다. 애브는 분명히 위협을 당하고 있었지만 계속 친구들과 놀면서 괴롭히는 아이들을 무시하려고 애를 쓰고 있었다. 이윽고 상대방들은 한번 끝까지 괴롭혀보자는 심산으로 서서히 움직이는 기미를 보였다. 내가 적당한 거리를 두고 떨어져 앉아 이 광경을 바라보면서 끼어들까 말까를 망설이고 있는데 순간 애브와 그 애들 사이에 무마사토가 불쑥 끼어들었다. 그리고는 마치 고대 중국의 태극권 고수들처럼 처음에는 아무것도 모르는 양 짐짓 애브나 다른 친구들과 재잘대기를 계속했다. 그 바보 같은 녀석들은 무마사토의 존재에 대해 전혀 눈치를 못 채고서 애브를 계속 놀려댔다. 무마사토가 그 아이들에게 그런 식으로 말하지 말라고 하는 소리가 들려왔다. 그러자 녀석들의 시선이 무마사토에게로 쏠렸는데, 그것은 무마사토가 처음부터 바라던 일이었다. 운수 사나운 불량배들이 큰 실수를 하게 되는 때가 왔다. 무마사토를 두고 "바보 계집애"니 뭐니 입에 담지 못할 욕을 해댄 것이다.

중국 무술 영화처럼 눈 깜짝할 사이에 모든 일이 끝나버렸다. 무마사토는 그 아이들에게 그 전매특허의 눈빛을 번쩍 보내고 한 번 위협하는 몸짓을 해보인 것뿐인데—해병대 훈련 담당 하사관이라면 누구나 자랑으로 떠벌이는 바로 그런 몸짓이었다—그 남자애들은 재빨리 사태를 알아차리고서 걸음아 날 살려라 달아나버렸다. 무마사토는 잠시 쫓아가더니 태연히 제자리로 돌아와 원래 모습을 되찾았다.

그러니 그토록 고집스럽고 이기적이며 난폭하기도 한 바로 그 꼬마 아가씨가 한편으로는 아이들이 바라는 최고의 친구가 될 수도 있었던 것이다. 무마사토가 지닌 의리와 배려는 그 분노와 꼭 같았다. 언제나 두 걸음 전진하면 한 걸음 물러서는 식이었지만 우리와 지낸 지 두 해가 지나자 무마사토의 격렬한 폭발은 횟수가 줄고 지속시간도 짧아졌으며 스스로 욕구불만을 다루는 능력도 빠르게 자라났다.

• • •

무마사토는 공격성을 솔직히 드러내는 모습을 통해서 아이들과 함께 지내는 사람들은 누구나 이 공격성과 내면의 힘이 짝을 이루는 현상을 깊게 이해할 필요가 있다는 사실을 날마다 우리에게 가르쳐주고 있는 참이었다.

하지만 이 일이 결코 말처럼 쉽지 않음을 명심해야 한다. 1970년대 『창조적 공격성 Creative Aggression』을 쓴 조지 바흐(G. Bach)는 또 다른 책에서 이야기하기를, 오늘날 미국의 중류사회는 공격성을 으뜸가는 금기사항으로 붙들어 매기 시작했다고 말한다. 이 일반화된 금기는 한 세대를 통해 그 으뜸 욕구가 갈등과 공격성을 피하는 일이 되어버릴 지경에 이르렀는데, 그런 만큼 분노와 적의를 표현하는 온갖 숨겨진 간접적인 방법이 확산되면서 어떤 친밀한 관계도 엉망으로 만들어버린다는 것이다.

무마사토 같은 아이들은 그들이 지닌 아이다운 힘의 표현을 받아주고 그것에 꼭 맞는 반응을 보일 줄 아는 정서적으로 깨어 있는 어른들이 자기들을 생각해줘야 한다고 떼를 쓰고 있는 셈이다. 그들은 벌이 아니라 관대하게 받아들여지길 요구한다. 그것도 마지못한 허용이 아닌 동정심과 진실하고 친밀한 관심을 지닌 관대성을 요구한다. 다시 말해 아이들은 어른들이 자신들의 공격성을 다루어낼 수 있기를, 또 언제 끼어들어야 할지 언제 내버려두어 아이들 스스로 문제를 해결하게 해야 할지 그 시기를 알 수 있게 되기를 바란다. 하지만 갈등 상태가 진행되어 자연스런 결말에 이르도록 내버려둘 때는—프리스쿨에서는 흔히 그렇게 한다—교사들이 각각의 상황이 지닌 다양한 수준에 민감하게 대처할 뿐 아니라, 갈등 중인 아이들의 내적 상태에 특별한 관심을 기울여야 한다. 그런 역할을 맡은 어른들은 아이들이 분노를 쏟아내고 다른 사람에게 상처를 입히려고 기를 쓰는 시기를 알아차릴 수 있도록 인간 감정의 전 영역에 통달해 있어야 한다. 또 그 시기가 되면 재빨리 창조적이고 효과적으로 대응할 수도 있어야 한다.

　내가 최근에 유아반 아이들을 데리고 앞서 말한 공설운동장에 갔을 때 일어난 일이다. 나는 어른들이 속수무책의 처지에 빠져 있는 어떤 상황을 우연히 관찰하게 되었다. 근처 마그넷 스쿨에 다니는 열 살 가량 되어 보이는 여자아이 둘이 갑자기 싸우기 시작했다. 믿기지 않는 일이지만 열다섯 명쯤 되는 반 아이들을 인솔하고 있는 세 명의 교사는 그 싸움을 멈추게 할 수가 없었다. 교사들은 어쩔 줄 몰라 하며 속절없이 서 있었는데, 상황은 『파리대왕』[5]의 생생한 실제 장면으로 발전해갔다. 폭발하고 있는 여자아이들 주위를 나머지 아이들이 점점 가깝게 에워싸고는 비웃고 충동질해댔다. 남자아이들 몇이 원 안으로 끼어들어서 그 중 한 여자아이를 공격했는데 그 아이는 비만 직전의 몸매로 이른바 '왕따'를 당하고 있음이 분명했다. 점점 추하게 변해가는 이 장면을 멈추어보려고 교사들이 계속 시도해보았지만 아무 소용이 없었다. 어른들이 마침내 그 성난 벌떼들을 건물 속으로 몰아넣을 때쯤에는 나 역시 우리 아이들을 떼어놓고 막 끼어들려던 참이었다. 그러는 와중에도 아이들의 주먹은 마구 날아다녔다.

그 소동이 어떻게 막을 내렸는지 알 길이 없었기에 나는 우리 아이들이 한창 놀고 있는 곳으로 돌아와 그 일을 다시 곰곰이 생각해보았다. 사소한 갈등 하나를 해결하는 데 한 무리의 인간이 그토록 완전한 무능함을 드러내는 것을 보자니 슬픈 생각이 들었다. 학교생활 속에서 공격성을 드러내는 것이 철저히 금지되어 있으리라 추측이 되고, 그래서 불가피하게 그 공격성이 터져 나오면 한 학급 아이들이 완전히 몰입해버리는 중대사가 되는 것 같았다.(바로 이것이 파리대왕 이야기 속에 담긴 주제임이 분명하다.)

한편 교사들은 갈등을 해결하는 경험을 해볼 기회를 완전히 놓쳐버린 셈이다. 그 운동장 싸움판의 결말을 알지는 못하지만 그 다음 일을 짐작하는 것은 어렵지 않다. 건물 안으로 일단 들어간 뒤에 그 두 명의 전사는 학급 아이들로부터 격리되어 정해진 학교 방침에 따라 은밀히 벌을 받았을 것이다. 그리하여 교사들을 포함해 그 학급 전체는 어떤

---

5) 윌리엄 골딩이 쓴 소설. 무인도에 고립된 아이들 집단의 공격성을 적나라하게 묘사하고 있다._옮긴이주

진정한 해결에도 이를 수 없게 된 셈이다.

공격성의 문제는 일반화할 만한 요소가 거의 없다는 점 때문에 다루기가 어렵다. 곧 모든 아이들은 저마다 다 독특하다. 게다가 모든 상황 역시 다 다르다. 예를 들어 어떤 아이들은 너무 수동적이거나 순응적인데, 이럴 때는 자기 감정을 억눌러서 모든 문제를 해결하려는 경향을 풀도록 도와주어야 한다. 사실상 우리가 더 염려하는 쪽이 이런 아이들인데, 이 아이들은 자신의 내면에서 권리를 주장하는 것을 허용하지 못하고 불만스런 상황을 너무나 기꺼이 참고 있는 것으로 여겨진다.(이런 일은 무마사토에게는 절대로 일어날 수 없는 일이다.) 그리하여 이런 아이들은 종종 미래에 어떤 성취도 이루지 못하는 사람으로 운명지어지며 스스로를 환경의 희생자로 인식하게 된다. 쉽게 말해 그 아이들에게 필요한 것은 자신을 주장할 줄 아는 법을 어린 시절에 배우는 것이다.

이것은 싸우는 것을 배우는 것이나 마찬가지다. 하지만 아이들 스스로 규칙을 정하고 그 규칙에 따라 서로 투쟁하도록 허용하는 데는 많은 위험이 도사리고 있음을 우리는 잘 알고 있다. 그래서 우리는 여러 해에 걸쳐 물리적인 폭력을 예방하고 해결하기 위한 이런저런 수단들을 강구하고 있다.

예를 들어 폭력사태를 예방하기 위해 버몬트 주 벌링턴에 있는 제리 민츠 세이커 마운틴 스쿨(Jerry Mintz's Shaker Mountain School)에서 쓰는 '그만 규칙(Stop Rule)'을 우리도 차용했다. 이 규칙은 매우 간단한 데다가 우리의 전체모임 제도에 딱 들어맞는 보완책이 되어주었다. 누구나 스스로 받아들일 수 없는 일, 이를테면 놀림을 당하거나, 밀쳐

지거나, 위협당했을 때 좋은 말로 분명하게 "그만!" 하고 말하면 되는 것이다. 만약 상대방이 즉시 행동을 멈추지 않는다면 기분이 상한 당사자는 전체모임을 소집할 수 있다.

앞으로 일어날 수 있는 갈등을 예방하고 현재 일어나고 있는 갈등을 해결하는 역할을 하는 전체모임은 이렇게 운영된다. 누구나 언제든지 전체모임을 소집할 수 있다. 전체가 동의하면 회의 주제 역시 언제나 바뀔 수 있다. 한 번은 여섯 살짜리 아이가 회의 중간에 끼어들어 전체모임 회장 선출 조항을 투표에 부치기도 했다. 일단 모임이 소집되면 우리는 하던 일을 모두 멈추고 학교 건물 아래층에 있는 가장 큰 방으로 모여서 카페트 위에 큰 원을 그리며 앉는다. 모일 때마다 그 날의 의장을 뽑는데, 추천 받은 세 명의 후보 가운데 한 명을 선출한다.(보통 학생 중 한 명이 맡게 되는데 여섯 살짜리가 맡을 때도 있다.) 발언자를 지명하고 토론이 옆길로 새지 않게 질서를 유지하는 일이 의장의 책무다. 재미있는 점은 학교 분위기가 특히 자유분방할 때면 전체모임에서는 언제나 더 엄격한 예의가 요구되고 모두들 진지하게 이 예의를 지킨다는 것이다.

일반적으로 전체모임은 달리 대안이 없는 급박한 경우에만 소집하는 것이 원칙이다. 모임을 소집한 사람이 누구든 의장은 그의 문제가 무엇인지 묻는 것부터 시작한다. 문제가 다른 사람들이 보기에 너무 사소하다고 여겨지면 모임은 보통 바로 끝난다. 누군가 계속 양치기 소년처럼 "늑대다!"를 반복할 경우 일정한 기간 동안 그 사람은 더 이상 모임을 소집하지 못하는 규제가 발의될 수도 있다.(때로는 이 자체가 규약 제정에 관한 의미 있는 논의로 발전되기도 한다.) 다수결로 방책을 결정하고 또 수정하며, 결과를 평가한다. 쟁점의 성격이 특히 심각할 때는 어떤 식으로든 합의에 이를 때까지 토론을 계속한다. 그러나 꼭 그래야 한다는 건 아니다. 모임은 대체로 소집한 사람이 문제가 해결되었다고 여기고 해산에 동의할 때 끝이 난다. 물론 모든 모임이 해피엔딩으로 끝나지는 않는다. 때로 진정한 결론에 이를 때까지 여러 번 격론이 거듭되기도 한다.

전체모임 체계는 나날의 학교생활에 여러 가지 중요한 역할을 한다. 하지만 그 진정한 특질은 공격성이 독성을 지닌 힘으로 바뀌지 않도록 막아주는 데 있다. 전체모임이 어린아이들에게 나이 많고 몸집 큰 아이들 못지않은, 아니 더 크다면 큰 권력을 부여하기 때문에(어린아이들 수가 더 많으므로) 불량스럽게 을러대거나 괴롭히는 짓은 쉽사리 통제된다. '그만 규칙'을 누군가 위반하는 것은 다른 아이들에게 언제나 아주 심각하게 받아들여진다.

심리치료의 장으로서 전체모임의 잠재력은 실제로 무한하다. 개인의 사생활과 비밀이 존중되는 가운데 모임은 문제의 근원을 검토할 수 있는 안전하고 유용한 장이 된다. 갈등은 며칠 전 학교에서 일어났던 어떤 사건에서 비롯될 수도 있고 집에서 있었던 어떤 말썽, 괴롭히는 언니, 부모의 싸움 따위에서 생겨나기도 한다. 모임 도중에 눈물 바다를 이룰 때도 있다.

겉으로 드러난 규칙이나 규율이 거의 없는 환경에서 그토록 높은 내적 조화가 어떻게 이루어질 수 있는지 의아해 할지도 모르겠다. 그 해답은 전체모임 시스템 고유의 논리에 있다고 생각한다. 중요한 쟁점이 오랫동안 드러나지 않는 경우는 드물다. 더군다나 일정한 수준의 신뢰와 그에 따른 공동체 정신이 형성되면 그 자체만으로도 대부분의 학교에서 그토록 힘들여 없애고 싶어 하는 공격적인 행동에 대한 자연스런 억제책이 된다.

내가 볼 때 공격성에 관한 일반 학교의 접근 방식에는 단점이 있다. 평화를 유지하기 위해 외부에서 규칙과 벌칙을 정해서는 이러한 목표를 이루기 어렵다. 왜냐면 분노를 터뜨리는 것이 습관이 된 아이들은 다음 두 가지 중 하나의 모습으로 반응하는 경향이 있기 때문이다. 자기 자신을 다 던져버릴 때까지(요즘은 자기 감정을 모두 끌어낼 때까지) 공격적 행동을 가속화한다. 아니면 분노와 함께 지하로 숨어들어 인간 시한폭탄이 된다.

그런 일이 일어나지 않기 위해 이 아이들에게 필요한 것은 외부의 규칙이나 벌칙이 아니라, 그들이 대가를 치러야만 하는 문제를 가지고 있다는 사실을 스스로 발견하는 일이다. 그 대가란 벌을 받거나 어떤 불이익을 당하는 것이 아니라 우정을 잃고 공동체 안에서 자신의 위치를 상실하고 자기만족을 손상당하는 것을 말한다. 아이들은 이런 사실을 자기 또래들 사이에서 훨씬 더 쉽게 알아차리고 깨닫게 된다.

만약 아이들 사이의 갈등이 어른이 만들어놓은 방식 속에서 항상 깔끔하게 조정되게 되면 어린 적대자들은 갈등 상황 속에서 스스로를 다룰 수 있는 자신들만의 독특한 방법을 발전시켜나갈 기회를 잃게 된다. 그리고 무엇보다 중요한 점은 갈등을 풀 수 있는 해법을 찾아낼 기회를 잃게 된다는 사실이다.

프리스쿨은 탈선 행위에 대해 어떤 표준화된 대응책도 마련해놓고 있지 않기 때문에 아이들은 시련과 고난에 바탕을 둔 자신의 독특한 체험을 통해 중요한 자아인식을 얻는 기회를 가진다. 물론 이런 종류의 일은 현대의 기준이 되는 거대한 중앙통제식 학교에서는 불가능하다는 말을 여기서 덧붙일 필요는 없겠다. 폴 굿맨은 자신의 출생지인 뉴욕과 같은 거대도시에 구역마다 작은 학교를 하나씩 두어 온갖 문제를 스스로 다룰 수 있고, 또 진정한 공동체가 이루어질 수 있도록 1960년대의 방식으로 돌아가야 한다고 말했다.

· · ·

무마사토는 다섯 살에서 여섯 살로 넘어가면서 그 열정적이며 재능에 가득 찬 모습으로 한 해 더 우리를 축복해주었다. 여러 가지 점에서 무마사토는 이제 다른 아이가 되었지만 또 많은 점에서는 전과 마찬가지였다. 다행한 일은 관심을 얻어내기 위해 싸우지 않아도, 또 다른 사람 몫을 빼앗지 않아도 관심을 얻고 보살핌을 받을 수 있다는 사실만큼은 잘 알게 된 것처럼 여겨졌다.

그러나 거의 변화가 없는 영역이 하나 있었다. 교사가 무마사토를 끼워 넣어서 무슨 종류든지 그룹 활동을 이끌어보려 할 때면, 특히 그 활동이 좌절감을 불러일으킬 경우면 더욱 더, 무마사토는 재빨리 퇴행했고 자신이 열망하는 어른의 관심을 독점하고 있음을 실질적으로 보장받으려 했다. 예를 들어 무마사토는 이야기 듣기를 좋아해서 마음에 드는 이야기 몇 개는 외울 정도로 익혀가는 중이었는데 어른이 책을 읽고 있을 때 아이들 사이에 끼어 앉아 조용히 듣고 있으려 하는 법이 없었다. 이런저런 예능 활동이나 솜씨를 필요로 하는 학습에서도 마찬가지였다. 선생님을 단 한 아이와도 공유해야 하면 곧 질투에 파묻혀 만사를 결단 낼 이런저런 이유를 만들어냈다.

앞서 말한 목수 리차드는 이혼하고 공동체에서 혼자 살고 있었는데, 하루는 새로 사귀게 된 예쁜 여자친구에게 점심을 같이 하자며 학교로 초대했다. 그 날의 일을 나는 결코 잊을 수 없을 것이다. 눈 깜짝할 사이에 무마사토는 두 원앙새 사이에 자기 음식 접시를 들고 슬그머니 끼어들어서는 천천히 리차드 무릎 위로 올라갔는데 그러는 동안 내내 그 여자친구를 쏘아보고 있었다. 게다가 당연하다는 듯이 리차드의 접시 위에 있는 음식을 먹겠다고 떼를 썼고 계속 자기 접시는 거들떠보지도 않았다. 마침내 깜짝 놀랄 한 방이 날아왔다. "리키. 이 여자랑 할 거야?" 무마사토는 입이 찢어져라 사악한 미소를 흘리며 물었다. 그 시점에 이르러서는 완전히 궁지에 빠진 두 사람이 적어도 식사라도 끝낼 수 있도록 내가 끼어드는 수밖에 없었다. 여자친구가 떠난 뒤 리차드는 안고 매달리는 무마사토한테서 빠져 나오느라 진땀을 흘려야 했다. "제발 가지 마, 리키. 제~발." 두 연인은 그 뒤로는 학교가 아닌 다른 곳에서 따로 만나는 수밖에 없었다.

무마사토가 유치원 과정에 가끔씩이나마 흥미를 보이기 시작한 것은 올해 들어서였다. 유치원 과정은 기초적인 읽기와 쓰기, 셈을 익히기 위한 학습과 다른 특별활동을 하려고 보통 하루에 한두 시간 정도 큰방의 반쯤 가려진 코너에서 따로 열린다. 유아과정에 있는 나이 든 아이들은 준비가 되고 스스로 원하면 함께 참여한다. 무마사토는 그날 그날의 기분에 따라 참여했다 말았다 종잡을 수 없었다.

다행스럽게도 마침 데브가 그 때 유치원을 맡고 있었다. 데브는 그 나이 또래의 아이들 특히 여자애들을 다루는 데 능숙한 진짜 전문가였다. 온화하고 부드러운 영혼을 지닌 여성으로, 학교 일이 끝난 뒤에는 포크음악 가수로 활동했는데 듣는 이의 마음을 어루만져주는 훌륭한 음성을 갖고 있었다. 하지만 이런 데브도 무마사토의 질투의 발작을 피해보려 했지만 쉽지 않았다. 그 방에는 관심을 기울여줘야 할 다른 아이들이 예닐곱 명이나 있었는데, 무마사토가 자기 성질을 못 이겨 일찍 나가버리는 일이 언제쯤 일어날지 거의 예상할 수 있는 지경이 되었다. 데브를 도우려고 다른 어른 한 명이 같이 있었지만 무마사토가 약간이라도 좌절하게 되면 끊임없는 일대일의 관심 말고는 그 무엇도 소용이 없었다.

예상치 못한 일은 아니었지만 무마사토의 어머니는 아이의 발달 상황이 어떤지, 이듬해 학교에 입학할 준비가 되어 있는지 묻기 시작했다. 우리는 대여섯 살 또래 아이들 특히 빈민 가정의 아이들을 이 시기에 많이 잃어버린다. 여섯 살이면 이제 '놀기만 할 나이가 아니다'고 여기는 문화 풍조, 보편화된 의무교육이 가져다준 문화적 유산이 틀림없는 이 풍조는 너무도 강력해서 많은 부모들이 다른 시각을 갖기 어렵게 만든다. 부모들은 아이들이 게을러지고 못쓰게 되고 '뒤처지게' 될까봐 염려한다. 더군다나 공립 초등학교 일학년은 전혀 비용이 들지 않는다. 우리가 학부모들에게 감당할 수 있을 정도만 수업료를 내면 된다고 아무리 이야기해도 몇몇 사람들은 무료 초등교육을 제공하는 공립학교를 더 선호한다.

무마사토가 실제로 공립학교로 가게 될 때 그 아이가 맞닥뜨리게 될 위험에 대해 내가 지나치게 염려하는 것은 아니었다. 그건 내가 무마사토의 어머니에게 여러 차례 주지시키려고 했던 사실이다. 참여하건 말건 제 뜻대로 할 수 있는 곳에서 몇 안 되는 다른 아이들과 교사의 관심을 같이 나누는 데도 문제가 있는 아이가 서른 명의 아이들로 가득 찬 교실에서, 선택의 여지가 실제로 막혀 있는 곳에서 어떻게 제대로 해나갈 것인가?

비록 무마사토가 다음 해에 어떻게 할 것인가 정하지는 않았지만 우리는 만약에라도 무마사토가 공립학교로 옮겨 가게 될 경우를 대비해 도움이 될 만한 일은 해놓는 게 좋겠다고 결정했다. 학기 중간의 짧은 한 때, 데브는 무마사토더러 유치원 방에 매일 아침 들어오게 하려고 우기기조차 했는데, 일단 출석만 하면 그 아이가 원하는 것이면 무엇을 하든 자유롭게 내버려 두었다. 전략은 처음에는 아주 잘 되어가는 것처럼 보였다. 무마사토는 자진해서 다른 아이들과 함께 참여했다. 그 때 데브는 자극적이고 창조성이 풍부한 초보자용 특별활동에 중점을 두었다. 대부분 호기심은 무마사토를 좋은 상태로 이끌었고, 일단 참여하게 된 이상 그 아이는 전 과정을 완전히 즐겼다. 어떤 날은 나머지 아이들과 떨어져서 자신만의 활동에 빠져 있거나 아니면 약간 거리를 두고 참여할 경우도 있었는데 그 때 역시 좋아 보였다.

불행히도 얼마 뒤 새로움이 사라지자 무마사토는 수업에 참여하는 것 자체를 거부하기 시작했다. 데브가 부드러운 태도로 은근히 강요했지만 역시나 무마사토에게 순종을 고집하는 것은 완전히 역효과만 낳는다는 것이 판명되었다. 이런 상황이 되면 아이들이 흔히 그러듯이 무마사토는 더 새롭고 멋지게 파괴하는 방법을 고안해내는 방향으로 그 풍부한 재능과 창조성을 쏟아 붓기 시작했다. 오래된 악습을 다시 강화시키기를 바라지 않았기 때문에 우리는 아이가 그 습관에서 벗어날 수 있도록 힘을 기울였다. 데브는 곧바로 예전의 체제로 돌아갔고 무마사토는 기분이 날 때만 유치원 과정에 참여했다.

· · ·

"학교는 다른 어떤 것도 아닌 바로 학생에게 맞추어져야 한다"고 닐은 『서머힐』에서 말했다. 우리의 경우 무마사토가 우리의 습관적 패턴에 동참하기를 완벽하게 거절한 그 일이 우리를 또다시 시험에 몰아넣었다. 무마사토를 순응시키기 위해 우리의 노력을 더 기울여야 할까, 아니면 그 아이만의 고유한 색다르고 고집스런 방법 속에서 배우고 자랄 수 있는 여지를 다시 허용해주어야 할까.

우리는 그 아이의 집중 불능, 짧은 주의력, 쓰기와 읽기에서 이렇다 할 발전이 없는 것, 높은 에너지 수준, 협동심 부재, 충동적이고 공격적인 행동을 문젯거리로 열거해볼 수도 있었다. 그리고는 어머니더러 그 아이를 이런저런 병리학적 꼬리표 붙이는 일을 전문으로 삼는 '교육심리학자'에게 데려가 '검사'를 받아보라고 말할 수도 있었다.

아마도 십중팔구 그 심리학자는 '주의력 결핍 장애'라는 꼬리표를 고를 테고 거기에 '행동과다(hyperactivity)'의 H를 덧붙이리라. 이 모두를 합치면 물론 그것은 ADHD[6]가 된다. 미리 짜여진 표준 속에 아이들을 맞추려는 사회의 요구를 고집스럽게 무시하는 무마사토 같은 아이들에게 붙여진 가장 최근작 꼬리표이다.

하지만 우리는 그런 일을 하지 않았다. 대신에 우리는 무마사토의 발전 궤도는 그 아이 자체만큼이나 독특하다는 점을 인정하는 편을 택했다. 그리고 더 중요한 일이겠는데, 우리는 그 아이가 싫다고 표현할 수 있는 권리를 존중했다. 진심으로 그 아이와 함께 했기에—그 아이도 그토록 전적으로 우리와 함께 했듯이—우리는 무마사토가 단순히 부적응 유형이 아님을 분명하게 이해하고 있었다. 만약 부적응이었다면 그토록 기막힌 집안 환경 속에서 살아남지 못했을 것이다. 같은 반의 다른 아이들이 하고 있는 일을 무마사토가 거절한다고 해서 아이가 뭔가 잘못되었다고 누구도 생각지 않았다. 무마사토는 하고 싶지 않은 것이지 할 수 없는 것이 아니라는 점을 우리는 분명히 알고 있었다. 아니면 단지 아직 준비가 되지 않았거나.

무마사토의 주의 지속 시간에는 문제가 없음이 확실했다. 날이면 날마다 무마사토는 몇 시간이고 계속해서 진흙공작을 하거나 인형놀이에 골똘하게 집중했다. 그 아이의 활동 수위가 너무 높다고, 곧 행동과다라고 누가 말한단 말인가? 우리는 무마사토의 독립적이고 활동적인 태도가 어떤 종류의 '장애'를 가지고 있는 표시라고는 생각지 않았다. 나는 현대의 '과학적' 진단 방식에 의해 부정적으로 평가받는 수많은 아이들 역시 마찬가지라고 믿는다. 그들이 보이는 반항은 무지나 불량스러움이 아니라 고집스런 개성과 비순응성이다. 그것이 죄가 되는 사

---

6) Attention Deficit and Hyperactivity Disorder. 주의력 결핍 과잉 행동 장애.
　_옮긴이주

회는 전체주의 사회뿐이라고 나는 배웠다.

무마사토로서는 바로 그 순간에는 준비가 안 되었거나 단순히 흥미가 없을 뿐인 일을 하라고 만약 우리가 강요했다면 그 애가 지닌 긍정적이고 훌륭한 자질을 발견하지 못하고 놓쳐 버렸을지도 모른다. 아이들은 모두 자신만의 고유한 자질을 지니고 있음이 사실 아닌가? 게다가 닐이 주장하듯이 바로 그 타고난 자질을 아이들 스스로 이끌어낼 수 있도록 필요한 것을 공급하고 돕는 일이 학교와 그 학교에 몸담고 있는 교사나 교장이 해야 할 일이 아니겠는가? 이러한 물음에 대해 훌륭한 교사라면 누구나 똑같은 점에서 일치하는 대답을 하리라 본다. 곧 아이들을 허약한 상태로 계속 머물게 하기(또는 허약하다는 죄를 선고하기)보다는 그 아이들이 지닌 힘을 계속 키워주는 것이야말로 참으로 중요하다는 점에서.

의사들이 환자를 다룰 때 사용하는 치료법이나 약물 자체가 환자에게 고통으로 작용할 때가 많다. 이 현상을 일컫는 용어를 지어내기조차 했는데 이름하여 '의원병'이다. 이제 아마 학교가 아이들을 기계적으로 다루는 바람에 생기는 문제를 설명하기 위해 비슷한 용어가 만들어질 차례인 것 같다. 어느 정도냐 하면 네모난 나무못인 아이들을 똑같은 둥근 구멍으로 쳐 넣으면 그대로 같은 모양의 둥근 못으로 바뀔 거라고 생각하는 것 같다. 학교가 아이들을 다루는 기계적인 방식이 병적 증상의 원인이 되는 일이 너무도 흔하다는 사실을 인정하려 들지 않는 이유가 도대체 무엇일까? 이 질문에 대한 답은 다른 이에게 남겨두고 간단히 한 마디만 하고 싶다. 우리가 만일 무마사토에게 '우리의' 섭생법을 따르라고 요구했다면 '우리' 역시 그 병적 증상의 원인이 되었을 것이다.

프리스쿨에서는 어떤 특정한 해법을 종교적이다시피 너무 신봉하거나 하지 않으려 한다. 그보다는 효과가 있는 길이면 뭐든지 맞추어 나가는 편이다. 어떤 아이들은 자기만의 고유한 길을 발견할 수 있게 완전히 손을 떼야 한다. 반면에 또 어떤 아이들이 두렵거나 자신감이 없어서 물러서고 있다면 용기를 북돋우고 길을 열어주는 일이 필요하고, 덧붙여 한두 번 밀어주는 것도 필요하리라 본다. 하지만 이런 일들은 무마사토의 경우 효과가 없었다.

무마사토에게 필요한 것은 아이의 고유한 개성과 독특한 성장시간표를 참고 견디며 관대하게 봐주는 일이지 영구기록부에 또 다른 오웰식 꼬리표(Orwellian label)를 다는 일은 아니었다. 그런 비겁한 행위는 희생자에게 오히려 죄를 덮어씌우는 또 다른 방법일 뿐이다. 그런 일에 종사하는 전문가들은 스스로도 목에다 무거운 돌을 잔뜩 매달아 봐야 한다. 자신들의 지위가 지닌 만만찮은 무게를 미끼삼아 아이들이 이런저런 병리학적 상태에 있다고 선언함으로써 가뜩이나 상처받기 쉬운 아이들에게 자기들이 무슨 짓을 저질렀는지 스스로 느껴보려면 말이다. 그 무슨 엉터리 같은 짓인가.

• • •

무마사토는 또래들과 같이 유치원에서 시간을 보내진 않았다. 그렇다고 빈둥빈둥 할 일 없이 놀고 있었던 건 더욱 아니다. 무마사토는 게

으름뱅이가 아니었고 자신이 즐기는 선택의 자유를 이용해서 옆길로
새지도 않았다. 반대로 그 아이는 늘 뭔가를 배우고 있었다. 뿐만 아니
라 자기의 세계를 넘어서서 더 큰 학교 공동체의 가치 있고 소중한 일
원이 되느라 바빴다.

예를 들어, 어느 해 우리는 프랑스어와 영어를 섞어서 말하는 두 살
짜리 사내아이를 맡게 되었는데, 그 아이 마일즈는 학교에 와 있는 시
간이면 언제나 부모에게서 떨어져 있다는 불안에 떨었다. 무마사토는
마일즈가 느끼는 그런 버림받았다는 감정을 어느 누구보다도 잘 이해
하는 것 같았다. 그런 까닭으로 해서 마일즈는 무마사토를 눈에 띄게
따랐다. 우리 역시 무마사토가 예측할 수 없는 성질의 아이이긴 하지
만 마일즈 문제에 관한 한 그 아이를 신뢰했다.

마일즈의 기분이 저조한 날이면 무마사토는 학교에서 엄마 노릇을
했다. 두 아이들은 서로 기분을 북돋워주며 즐겁게 시간을 보냈다. 무
마사토가 마일즈에게 책을 읽어주고 노래도 불러주고 옷을 차려 입히
고 울면 달래주고 날씨가 좋을 때는 그네에 태워 밀어주고 모래밭에서
함께 놀았다. 바로 여기에 무마사토가 지금까지 꼭꼭 챙겨놓았던 딱
어울리는 역할인 엄마 노릇이 있었다. 그 역할을 하면서 무마사토는
중요한 공헌을 한 셈이고 우리도 그 점을 확실히 인정했다. 무마사토
없이 마일즈가 학교에서 처음 몇 달간의 시험기간을 잘 보낼 수 있었
으리라 생각하지 않는다.

무마사토는 다른 방향에서도 중요한 공헌을 했다. 그 아이는 우리
학교의 심리학 전문가였다고 말할 수 있으리라. 타고난 무서운 직관력
으로 다른 사람들의 내면에서 진행되고 있는 일을 정확하게 꿰뚫어보

았다. 말과 마음속에 품고 있는 생각이 일치하는지 안 하는지, 사실상 누가 인종차별적인지 아닌지 등등. 그리고는 각각의 특별한 경우에 맞게 처치를 하곤 했다.

나는 어느 날 마침내 깨닫게 되었다. 무마사토가 어른 아이를 가리지 않고 완전히 매달려서 철저하게 괴롭히고 있는 듯이 보이는 그 사람들은 사실상 일종의 우울 상태에 빠져 있는 사람들이라는 사실이었다. 무마사토는 심리치료사 역할을 하면서 그 사람들의 기운을 불러일으키려 애쓰는 중이었다. 무마사토는 심하게 처져 있는 사람들을 닦달해서는 그 사람들이 효과적인 재반격을 시도할 때까지 어떻게든 밀어붙이는 방법을 잘 알고 있었다.

다시 말해 무마사토에게는 심오한 지성이 있었다. 아이들을 유심히 관찰하며 대화를 나눌 수 있는 사람이라면 정말이지 수많은 아이들이 바로 그런 지성을 갖고 있다는 사실을 깨닫게 될 것이다. 무마사토는 날이면 날마다 자신의 실존을 시험해보고 또 시험해보기를 고집하는 가운데 진실, 존중, 개성의 힘, 책임감 같은 기초 원리를 아주 성숙하게 이해하는 수준까지 나아갔다. 우리는 우리 역할이 무마사토에게 이런 것을 '가르치는' 일이라고는 결코 생각지 않았다. 그보다는 아이가 스스로 그 길을 안전하게 발견해갈 수 있는 환경을 만들어주는 것을 우리의 일로 생각했다. 오직 그렇게 하는 가운데서 무마사토는 자신의 삶이 자신에게 속해 있다는 사실을 발견하지 않았을까.

우리가 성공을 했는지 어떤지의 문제는 여전히 어떻게 보느냐의 관점에 달려 있다. 학기말이 가까워 오자 무마사토는 다음 학기에는 집 가까이 있는 초등학교로 옮기겠다고 점점 더 강력하게 말하기 시작했다. 물론 그 학교에는 언니와 오빠들도 다니고 있었다. 무마사토가 완전히 준비되었다고는 생각지 않았지만 어머니와 의논해보라고 했다. 그 아이만 좋다면 우리로서는 6월에 '졸업'을 시킬 참이었다.

해가 거듭될수록 점점 더 깨닫게 된 사실이 있는데, 어떤 아이가 이제 옮겨야겠다는 생각을 하고 있을 때 그 아이를 붙잡아두려 해서는 안 된다는 점이다. 옮겨야겠다는 결정은 사람들마다 그 이유가 다르고 또 시점도 다르다. 앞장에 나온 티파니는 일곱 살밖에 안 되었을 나이에 자기 스스로 우리 학교를 떠나기로 결정했다. 부모가 심하게 반대했음에도 친구들이 모두 다니고 있는 집 근처의 조그만 시골 학교로 가고 싶다는 것이 그 이유였다.

프리스쿨의 마법은 우리가 어떤 볼모도 잡지 않기 때문에 일어난다. 누군가가 어떤 때에 프리스쿨에 몸을 담고 있는 이유는 그래야 하기 때문이 아니라 그렇게 하고 싶기 때문이다. 그리고 실제로 떠나는 것이 아이의 선택일 때 아이는 선택의 결과를 잘 감당해간다. 어떤 학교를 다닐 것인가에 대해 자기 스스로 진정한 선택을 했다는 사실 자체가 아이들을 앞으로 앞으로 나아가게 하는 것으로 보인다.

놀라운 일도 아니지만 무마사토는 어머니를 설득해서 학교를 옮겼다. 사실 떠난다는 결정을 무마사토가 한 것인지 어머니가 한 것인지 우리는 결코 알지 못한다. 친구인 애실리와 티아라 역시 9월이 되자 공립학교로 옮겨갔다. 무마사토가 좋은 패거리를 갖게 되었다는 뜻이다. 나는 무마사토가 상황을 더 잘 헤쳐나가고 기초 학습능력을 어느 정도 습득할 때까지 계속 우리 학교에 남아 있기를 정말이지 바랐지만 그럴 경우에 흔히 그렇듯이 무마사토는 생각이 달랐다.

외부에서 우리를 관찰하는 사람들은 거듭 우리에게 말하곤 한다. 프리스쿨 아이들에게는 눈에 띄게 다른 점이 있다고. 한 번은 일본에서 교사 한 사람이 우리 학교에 와 있었던 적이 있었다. 그는 고향에서 십 년 넘게 경험을 쌓은 훌륭한 교사였다. 그는 도착하는 즉시 우리 아이들을 보고는 놀라워하며 이렇게 말했다. "애들이 모두 어쩜 저렇게 눈이 반짝입니까!" 그는 여러 해 동안 아이들과 지내왔지만 이같이 생동감 넘치는 현장은 결코 본 적이 없다고 말했다.

무마사토는 가져가버린 것만큼 남겨두고 갔다. 아이들이 타고나는 풍요로운 생명력을 조금이라도 해치는 일 없이 성장할 수 있게, 적절한 한계와 안전한 경계 안에서 돕는 일이 가능하다는 사실을 그 아이는 우리에게 가르쳐주었다. 만약 우리가 프리스쿨의 나날 속에서 일어나는 예측할 수 없는 자유의 춤판을 기꺼이 받아들이지 않았더라면 무마사토의 변신은 결코 일어나지 않았다고 믿어 의심치 않는다.

3

책상 고치기, 마음 고치기

무마사토와 같이 다루기 힘든 아이들이 아직 어린 나이에 우리 학교로 오게 되면 우리로서는 반가운 일이다. 어릴 때는 그 아이들도 훨씬 순진한 상태이고 그만큼 바로잡기도 쉽다. 우리가 무엇보다 먼저 유아교육과정을 만든 것도 바로 이 때문이었다.

많은 아이들이 이미 큰 골칫거리가 된 뒤에야 비로소 우리를 찾아온다. 제시 역시 이런 경우로, 학습과 행동에서 모두 심각한 문제를 지닌 채 학교생활을 지칠 만큼 보내고서 열두 살이 되어서야 우리에게 왔다. 제시는 나이보다 큰 몸집에 입이 험하고 어린아이들을 괴롭히는 버릇이 몸에 밴 아이였다. 그나마 다행히도 성질이 드센 편은 아니었다. 제시에게는 뭔가 독특한 육체적 연약함이 있었는데, 이런 느낌은 내면에서도 엿보였다. 유행하는 속어를 마구 내뱉으며 다른 아이들을 을러대는 겉모습 밑에 감추어진 채, 마음의 영역 어디쯤엔가 그런 연약함이 숨겨져 있었다. 다시 말해 "너, 나한테 쓸데없는 참견 마!"라는 말버릇은 바로 이 점을 숨기려는 것으로, 아직 치유되지 않은 아픈 상처를 가리려는 방어막이었다. 그 상처는 아주 멀리 어머니의 뱃속까지 되돌아가봐야 그 원인을 발견할 수 있는 깊은 것일 수도 있었다.

상실감은 제시를 늘 따라 다녔다. 제시의 어머니는 지금은 완전히 회복되었지만, 제시가 어렸을 무렵 오랫동안 마약에 빠져 아이에게는 어머니가 없는 것과 다름없었다. 제시가 일곱 살 때는 형이 죽었다. 그리고 얼마 지나지 않아 아버지도 죽었다. 제시가 몹시 따랐고 사실상 아버지 같은 존재였던 삼촌 역시 제시가 우리 학교에 다니는 동안 죽고 말았다.

보통 사람들이 일생에 걸쳐서 겪게 될 상실을 어린 시절 짧은 시기에 모두 체험하게 된 아이의 내면에는 어떤 일이 일어날까? 대답은 물론 단순할 수가 없다. 아버지나 삼촌, 어머니한테서 전해진 삶을 부정하는 존재 양식에 자신도 삼켜져 버리든지 아니면 물들지 않고 다행히 살아남든지 여러 요소들이 그 아이의 존재성을 결정할 것이기 때문이다. 그 요소들 가운데 어떤 것은 자신의 내부에, 또 어떤 것은 바깥에 근거를 두고 있을 것이다.

제시는 부정적인 영향에 맞설 힘의 많은 부분을 어머니에게서, 곧 자신을 구렁텅이에 빠트린 마약이라는 악마와 대적해서 싸워 자신의 새로운 인생을 일구어낸 용감한 어머니에게서 얻었다. 또 한편으로는 제시와 비슷한 인생행로를 걸어온 새아버지에게 힘입어 자신의 고통과 맞설 수 있었다. 다행히 제시 어머니 역시 아들이 위험한 구렁텅이로 빠져 들어가고 있음을 알았고, 너무 늦기 전에 아이에게 올바른 대안을 찾아줄 수 있는 능력을 갖고 있었다.

제시처럼 깊은 상처를 입을 경우 그들을 둘러싼 환경이 어떻든지 대부분의 아이들이 실제로 겪는 일은 가장 저급한 형태의 대중문화에 크게 영향을 받는 것이다. 제시에게서도 이 점은 명백했다. 제시가 뭔가 입을 놀리고 있을 때 말하는 내용을 신경 써서 들어보면 대부분 최근 유행하는 랩 가사를 그대로 따온 것임을 알게 된다. 제시가 보여주는 태도와 버릇 역시 뒷골목에서 만들어진 것들이다. 한 번은 오래된 낡은 삐삐를 허리띠에 차고 와서는 아이들 앞에서 자랑을 하기도 했다. 하지만 아무도 관심조차 없다는 사실을 알았을 때 그 무선호출기는 나타날 때와 마찬가지로 언제 그랬느냐는 듯이 순식간에 사라져 버렸다.

그러는 동안에도 제시의 진짜 모습은 눈에 띄지 않고 숨겨져 있었지만, 어디를 봐야 할지 알고만 있다면 아주 쉽게 발견할 수 있었다. 제시는 그냥 봐서는 흔히 말하는 ADHD 어린이로 보였다. 충동적이고 공격적이며 주의력이 미치는 범위가 10미터 안팎밖에 되지 않았다. 그러나 제시가 지쳐 있을 때 잠시만 관찰해보면 (다행히도 제시의 배터리는 때때로 닳아 없어지곤 했는데) 우울, 슬픔, 고통, 불안, 분노, 불만 같은 성향을 쉽사리 발견할 수 있었다. 지나친 활동성이 주의를 흩어놓고 있을 뿐이었다. 제시 행동의 사분의 삼은 노련한 마술사처럼 자기 안에서 실제 진행되고 있는 상황이 무엇인지 모르도록 눈을 속여보려는 단순한 전환 행동에 지나지 않은 것이었다.

이 말은 제시가 정직하지 않은 아이라는 뜻이 결코 아니다. 사실 잘못된 교사의 억압이 '누르는' 수준에서 '짓뭉개는' 수준으로 바뀔 때 제시는 아마 자기 반에서 가장 정직하게 반응하는 학생이었을 것이다. 제시 스스로는 확실하게 깨닫고 있지 못했지만 오랫동안 그에게 고통을 안겨준 교사가 있었다. 그 교사로 말미암은 고통은 제시에게 깊이 뿌리박혀서 대부분의 아이들이 대수롭지 않게 넘겨버리는 일들에 심각하게 반응하도록 만들었다. 아이들도 제시의 이런 점을 이해했고 제시가 수업 시간에 너무 심할 정도로 발작적인 혐오감을 보이는 것을 참아주었다.

제시의 마음을 바로잡는 일은 그 아이가 우리에게 오던 날 시작되었다. 아니 사실은 제시 어머니가 자신의 삶을 다시 다잡아보기로 결심한 그 날 시작되었으리라. 하지만 이 글에서는 내가 직접 보고 들어서 알고 있는 부분만 다루어보겠다.

그 일은 우리가 제시더러 학교에서 원하는 대로 해도 좋다, 점잖게 행동하고 다른 사람의 권리를 침해하거나 신경을 건드리지 않는다면 뭐든지 괜찮다고 말해주었을 때 시작되었다. 학교에 와야 하기 때문이 아니라 스스로 오고 싶어서 학교에 날마다 오기 시작했을 때부터 시작되었다고도 할 수 있다. 제시의 부모에게는 제시가 일 년 정도 아무런 정해진 학습활동 없이 지낼 수도 있다고 말하고 그 아이가 학습에 스스로 투자할 마음을 먹기만 하면 언제든지 진도를 따라가는 이상의 성과를 거둘 수 있을 만큼 지적이고 능력 있는 학생이므로 그다지 염려하지 않아도 된다고 말해두었다.

그 후 몇 년이 지났어도 나는 때때로 걷던 걸음을 멈추고 의문에 잠기곤 한다. 종래의 학교 기준에 따르면 실패라고 공인된 아이를 두고 또 학습 면에서 몇 해나 뒤떨어진(이것 역시 전통적인 학교 기준에 따른 것이지만) 아이를 두고 어떤 수업도 할 필요가 없다고 어떻게 감히 말할 수 있었을까? 또한 여러 해에 걸쳐 구제불능 소리를 수없이 들어온 열두 살짜리의 학습발달 상황을 두고 부모더러 걱정하지 말라고 요구하는 뻔뻔스러움이 어디서 나왔을까? 이런 깊은 의구심이 일어날 때면 재빨리 결론을 낼수록 결과는 더 좋다. 그리고 그때마다 질문에 대한 해답은 한결같다.

'언제나 마음이 머리를 이끌어줄 것이다!'

우리는 단순히 제시를 해방시켜주는 것으로 시작했다. 무엇으로부터 해방이냐면, 학습시간표의 압력으로부터, 그 끝없는 수행평가의 압력으로부터, 그리고 끊임없는 행동 감시와 어른의 간섭으로부터 해방이었다. 그리고 아마도 그 무엇보다 중요한 것은 자기 스스로 생각하고 스스로 행동을 선택하고 평범한 보통 아이들(평범한 보통 사람들이 그렇게 함부로 단정하는)과 폭넓은 친구관계를 자유롭게 맺는 해방의 시간을 제시가 갖게 하는 것이었다.

약한 아이에게 으스대는 버릇은 처음에는 별로 큰 문제가 아니었다. 처음 우리 학교로 왔을 때는 제시보다 나이 많은 남자아이가 두 명 더 있어서 제시가 어린아이들을 괴롭히지 못하도록 하는 일을 자기들 책임으로 삼고 있었다. 그러나 이듬해에는 이야기가 달라졌다. 제시는 최고 학년이 되었고, 예상한 일이었지만 새 학기가 되자 즉시 자신의 육체적 우월성을 십분 이용해서 어린아이들을 지배하기 시작했다. 이러한 형세는 아이들이 전체모임에서 하나로 뭉쳐 고양이 목에 방울을 다는 방법을 찾아내게 될 때까지 계속되었다.

전체모임은 제시의 아래 학년인 잭이 용감하게도 소집했는데, 잭은 모임에서 "너는 왜 항상 이런 일을 하니? 또 왜 그런 일은 하니?" 하고 계속 질문을 퍼부어가며 제시를 심문한 후에, 만약 제시가 또 다시 몸집이 작은 아이를 괴롭힌다면 5달러의 벌금을 내게 하자는 안을 냈다. 이 안은 단 한 표의 반대표(누구의 표겠는가)를 제외하고 모두의 찬성으로 통과했는데, 다음 번엔 그런 일이 일어나지 않았음은 물론이다. 제시는 그 사건 이후 차라리 구원받은 것처럼 보였다.

· · ·

빌헬름 라이히는 한 때 이렇게 말한 적이 있다. 한 번 굽은 나무는 절대로 바로 자라지 못한다고. 물론 뼛속까지 심리학자였던 라이히는 이 비유를 아이들의 정신이 손상되는 것을 무엇보다 일찍이 막아야 한다는 사실을 강조하는 데 썼다.

오늘날의 상황은 라이히가 활동했던 격동의 시대보다 훨씬 황폐하다. 제시와 같은 이야기는 오늘날 평범한 현실이 되었다. 수많은 이유로 우리 사회는 오늘날 온통 굽은 나무들로만 가득 한 숲을 마구 만들어내느라 바쁘다. 대부분의 큰 도시들은 살아가기에 위험한 장소로 변했고, 그러한 도시 속의 학교들은 적의에 찬 아이들을 길러내는 교도소가 되고 있다. 사회 일반을 대상으로 계획되고 실행되는 해결책들이 하나하나 실패의 길을 걷고 있음을 우리는 끊임없이 목격한다. 틀로 찍어낸 학교개혁안이나 시범연구 따위는 겨우 반짝 효과를 볼 뿐이고 그마저도 단지 운 좋은 몇몇에게나 적용될 뿐이다.

굽은 나무들은 절대로 바로 자라지 못한다는 말은 진실이다. 그렇지만 그 나무들이 병이나 죽음에 이를 정도로 스트레스를 받지만 않으면 그들도 아주 놀라운 방식으로 그 불리한 조건을 이겨낼 수 있다. 도심지 슬럼가에 있는 우리 집의 제법 넓은 뒷마당에 자라고 있는 몇 그루 나무들이 그 좋은 예다. 이 나무들은 집 둘레 공터에서 야생으로 자라는 키 큰 나무들에 치여서 햇빛을 받아보려고 애쓴 나머지 터무니없이 구부러진 채 옆으로 치우쳐 한참을 자라 올라간 다음에야 겨우 탁 트인 하늘을 향해 위로 뻗을 수 있게 되었다. 그러는 동안 우리는 그 나무들을 돌보고 짚을 깔아주고 거름을 주었다. 그 결과 오늘날 그 나무들은 아름답고 건강한 수목의 표본이 되어 있다. 비록 좀 평범하지 않은 모습이긴 해도.

어린이들 역시 마찬가지다. 그들은 종종 가늠하기 어려운 탄력성과 적응력을 지니고 있다. 인간의 한계 너머로 내몰리지만 않는다면 말이다. 우리는 그 아이들이 더 곧게 자랄 수 있도록 도울 수 있다. 한 번에 한 나무씩.

그러나 어떻게? 제시의 경우, 단순히 사랑과 이해로 감싸고 탁 트인 세계를 향해 자라나갈 수 있게 충분한 자유를 주는 것으로 가능할까? 또 다른 아이들, 흔히 자기보다 어린 아이들에게 자신의 고통을 전가시키려고 할 때면 모른 척 외면하는 것으로 그 아이가 변화할 수 있으리라 기대했던가? 물론 그런 단순한 방식으로 한 아이가 변화하리라고 기대하기는 힘들다.

그러나 우리가 오랜 경험을 통해 알게 된 사실이 있다. '훈육'의 강도를 높이고 감시를 강화하고 외적 동기를 부가하는 식으로, 반항적인 아이들에게 대부분의 학교들이 보이는 이런 반응들은 흔히 돌이킬 수 없는 실패를 보장할 따름이거나, 기껏해야 실패가 아닌 것처럼 가장하거나 실패에 이르는 길을 연장시키는 방법밖에는 되지 못한다는 사실이다.

물론 우리가 그런 처방을 할 리는 없었다. 우리가 제시에게 복용시킨 약은 '진실'이라 부르는 편이 가장 좋겠다. 제시가 얼간이처럼 행동할 때면 그 자리에 있는 아무나 맞대놓고 지적을 한다. 반대로 용기 있고 통찰력 있게 행동할 때도 똑같은 방식으로 그렇게 한다. 그리고 제시가 우스운 농담을 하면 모두들 웃어준다. 농담이 전혀 우습지 않다면 웃지 않는다. 제시의 말과 행동이 수용한계를 넘어서면 누구라도—꼭 교사일 필요는 없다—더 계속하지 못하게 제지한다. 흔히 말하듯이 우리는 제시에게 언제나 '진지'했다. 그리고 제시는 차츰 그 사실을 믿게 되었다. 갑자기 제시는 자신이 이전에는 결코 해본 적이 없었던 새로운 행동을 시험 삼아 해보고 무슨 반응이 오나 기대를 하고 있다는 사실을 스스로도 깨닫게 되었다.

· · ·

제시는 태도나 품행 전반에서 극적인 개선을 보이기 시작했다. 그러나 일반 교과학습에서는 전혀 진전이 없었다. 특별활동—체육과 컴퓨터를 가장 좋아했다—에 참여하는 시간은 점차 길어지면서 흥미를 오래 지속하게 되었지만 무슨 과목이든 체계화된 학습에 대한 저항은 이

태째 되는 해의 한 학기가 다 지나도록 계속 남아 있었다. 불규칙하게나마 역사와 수학, 과학 수업에 참석하곤 했지만 결과는 늘 마찬가지였다. 제시는 쉽사리 흥미를 잃었고 전과 마찬가지의 기능장애를 보이며 남의 주의를 끌어보려는 행동을 일삼았다. 물론 그런 행동은 다른 학교에서와 똑같은 부정적 대가를 치르게 된다. 담당교사는 제시를 수업에서 쫓아내곤 했다. 여기서 다른 점이 꼭 한 가지 있다면 이러한 결과에 대해 우리가 어떤 부차적인 의미도 부여하지 않는다는 점이다. 제시는 그 위반행위 때문에 벌을 받지도 않았고 교실을 떠나라고 경고를 받은 후 어디를 가든 그 아이 자신의 결정에 맡겼다. 다른 아이들처럼 공부하겠다는 준비가 되는 즉시 언제든지 수업에 다시 참가하는 것이 허용되었다. 말하자면 우리 학교에서는 수업 참가는 의무가 아니라 권리다.

우리 학교에서 나이가 든 아이들은 적어도 일주일에 몇 시간 정도씩 일정하게 자신이 흥미를 느끼는 분야에서 도제수업 또는 조수수업을 받으면서 보낸다. 몇 해 동안 계속해서 아이들은 특정 분야의 전문가들과 같이 직접 일을 하는데, 수의사, 법률가, 예술가, 작가, 댄서, 모델, 만화가, 박물관 큐레이터, 마술사, 보트제작자, 사진작가, 말 조련사, 파일럿, 요리사, 컴퓨터 엔지니어 등 다양한 직종이 여기에 포함된다. 거의 모든 아이들이 언젠가 자기도 한 번 해보고 싶다고 생각하는 일을 실제로 하고 있는 어른들과 같이할 기회에 뛰어들지만 이러한 활동 역시 의무는 아니다. 다행히 기꺼이 아이들과 함께 하고자 하는 어른들이 부족한 적은 결코 없었다.

올해 제시는 프리스쿨 공동체의 일원인 프랭크와 함께 일하겠다고 했다. 프랭크는 예순이 넘은 목공예가로 전통적인 소형 목조 선박이나 소형 마차 제작을 전문으로 하는 작은 목공예 공방을 다른 사람과 공동 운영하고 있다. 프랭크의 공방이 학교 바로 옆에 있었기 때문에 제시와 프랭크는 서로 안면이 있었고 해서 나로서는 제시가 프랭크의 일을 같이 해나감에 따라 장성한 아들 다섯을 둔 프랭크의 인간성에 적어도 어떤 감화를 받지 않겠는가 하는 기대를 했다. 인간성의 교류는 도제수업이라는 교육 형태의 매우 가치 있는 양상 중의 하나이다. 도제수업 방식은 두 사람 사이의 개인적인 관계에 기초한 가르침과 배움의 교환이라는, 교육이 당연히 가져야 하는 요소를 회복시켜준다.

제시는 프랭크의 공방에서 일주일에 하루씩 오전 시간을 보냈다. 프랭크가 마차나 배를 만드는 것을 지켜보거나 돕고 목공소에서 조수들이 하는 허드렛일인 비질, 걸레질, 도구 집어주는 일, 목공 재료 정리일을 했다. 자신이 설계한 작품을 시작하게 되면 학교에서 열리는 '도제수업의 밤'에 학부모들과 학생, 교사들이 모두 모인 자리에서 그 계획을 발표하기로 되어 있었는데 뜻밖의 일이 일어났다.

제시는 자신의 학교 책상과 뭔가 독특한 관계를 갖고 있었다. 그 책상은 오래 전에 폐교된 빈민가의 공립학교에서 구해온 중고품 가운데 하나였다. 두루 구색을 갖춘 그 중고품들로 말하면 온갖 시대의 디자인 스타일을 다 갖춘 것들로 아름답게 구부러진 나무 다리 장식을 한 낡은 참나무 책상에서부터 철제 파이프 다리를 한 호마이카 의자에 이르기까지 다양했다. 제시는 그 중 진짜 멋진 낡은 나무 책상 하나를 자기 것이라 주장하며 지내 왔다.

제시에게 학교 책상은 학교 수업을 위해 필요한 소품 이상의 무엇이었다. 그 아이는 자기 책상을 소지품을 마음대로 쌓아놓을 수 있는 테이블이나 커피 테이블로 사용했다. 소형 카세트와 테이프, 비디오 게임기, 스웨터, 코트, 모자, 장갑이 여기저기 쌓여 있었다. 책상 위가 정돈되어 있을 때는 거의 드물었고 그런 드문 경우가 있을 때면 제시가 높은 의자처럼 사용해서 점점 견고성을 잃어가고 있었다.

여러 해 동안 관찰한 결과 제시의 교과서도 그 책상과 비슷한 운명에 놓인다는 사실을 알게 되었다. 어떤 아이가 수학에 어려움이 있다거나 아니면 수학을 단순히 싫어한다는 사실을 알려면 그 아이의 수학 교과서 꼴만 살펴보면 된다.(교과서 자체가 없어질 때도 있다.) 만약 교과서를 계속 갖고 있기는 하다면 그 책은 어느 새 백화점 에스컬레이터에 끼인 물건처럼 보이기 시작한다. 표지는 찢겨지고 책장 모서리는 접혀지고 페이지는 달아난다. 제시가 여지껏 자기 교과서를 갖고 있지 않았기 때문에 제시가 학교에서 보낸 시간이 실패와 좌절의 연속이었음을 확고하게 보여주는 상징이 그 책상이었다. 제시는 책상을 조각칼로 저미고 긁었고 구멍을 뚫고 걷어찼으며 넘어뜨렸다. 결국 하루는 좀 지나치다 싶게 호기롭게 그 위에 앉는 바람에 책상은 완전히 주저앉아 조각조각 나버렸고 제시는 그 더미 위에 앉은 꼴이 되었다.

그 어처구니없는 모습을 보고 어떻게 했겠는가? 학교 기물을 파손했다고 그 아이를 꾸짖었을까? 아니면 책상이란 이렇게 사용하는 것이 올바른 사용법이라며 훈계를 했을까? 사실은 나는 크게 웃었고 수십 년 학교에 있으면서 책상을 그토록 조각조각 만들어버리는 것을 본 적은 또 처음이라는 것 때문에 사뭇 즐겁기조차 했다. 그리고는 그 아이가 공방에서 도제수업을 받고 있다는 사실을 떠올리고 프랭크의 도움을 얻어 그 책상을 다시 쓸 수 있게 수선해보는 게 어떠냐고 물어보았다. 제시는 잠시 생각해보더니 다음 도제수업이 있는 날 이야기해보겠노라고 했다.

제시와 프랭크 두 사람 사이의 관계는 아주 친밀해져 있었기 때문에 프랭크는 제시가 책상을 고치는 일을 기꺼이 도와주려 했다. 도제수업을 통해 제시가 얻게 된 탄탄하고 정돈된 발전상을 드러낼 좋은 기회인 것 같았다. 배움과 성장, 변화 등은 보통 체계적인 방법을 통해서는 일어나기 어렵다는 점이 문제다. 성장과 변화는 갑자기 또 돌발적으로 일어나며 외부에서 작용하는 모멘트와 내부의 관성 사이의 적절한 상호작용이 이루어질 때 일어난다.

다음에 발췌한 기록은 나의 요청으로 프랭크가 적은 일기의 일부분인데 앞에서 말한 바를 잘 예증해준다.

제시는 우리랑 공방에서 지내는 것을 좋아한다. 제시는 내가 일하는 동안 쳐다보는 것만으로도 충분히 즐거운 듯하다. 기회 있을 때마다 나는 도구 이름이나 치수 재는 법, 디자인, 설계도 그리기, 영업 업무 같은 것들을 가르친다. 공방에서 일어나는 일은 무엇이든 가르침의 재료가 된다. 시험? 이렇게 본다. "제시, 직각자 좀 가져다 다오." "저기 저 판자 길이랑 넓이 좀 재줄래?"

제시가 자진해서 글을 쓰고 있다. 기록 면에서는 평균 이상의 실력이다. 학교생활 실패라는 낙인이 찍힌 아이에게는 희망적인 징조다. 나는 제시에게 날마다 빠지지 않고 기록하는 습관은 이런 도제수업에는 필수라고 말해주고 있다. 제시는 그저 기록한다는 것 이상으로 그 일과 조화를 이루고 있다.

제시 말로 자기는 수학이 엉망이라고 한다. 칫수를 계산하거나 디자 인하고 설계도를 그릴 때 보면 그래, 제시는 확실히 모자란다. 하지 만 기본적인 기량은 괜찮은 편이고 조금씩 조금씩 맨 처음 우리에게 보여주려 한 자기 실력보다는 훨씬 많이 안다는 사실을 인정한다. 제 시가 원할 때 발전의 여지가 충분히 있다.

제시의 학교 책상이 부서져버렸다(나중에 그 애 스스로 부서뜨린 꼴이란 것을 알게 되었지만). 그래서 공방에 가져와 고쳐도 되겠는가 묻는다. 멋진 계획으로 들렸지만 일과시간에 틈을 내기가 어려워 점심시간을 이용해 고치면 어떨까 하고 대답해준다. 제시는 기쁘게 동의하고 그 가엾은 책상조각 더미를 가져온다.

나는 제시에게 정규 도제수업에 오라 하고 점심 때 재빨리 한 숟갈 뜨고 책상을 고쳐보자고 말해주었다. 그런데 제시가 약속 시간에 나 타나지 않는다. 학교 바깥에 나가 있는 게 틀림없지 싶다. 그래서 한 손님과 점심 약속을 하고 공방 문을 나서려는데 제시가 나타난다. 계 획을 바꿀 수가 없어 목요일 날 그 일을 하자고 하고 시간을 꼭 지킬 것을 다짐한다. 제시의 실망이 눈에 보인다. 뭔가 불신의 기운도 느 껴진다.

목요일. 제시는 시간에 맞추어 왔고 목조 차체를 만드는 일을 돕는다. 점심 때 우리는 옆집으로 가서 한 술갈 뜨고 공방으로 돌아와서는 책상의 너덜거리는 부분을 떼어내고 접합부분을 다시 붙이기 쉽게 깨끗이 닦아낸다. 나는 일과 때처럼 가르치고 제시는 열의에 가득 차서 내 지시를 따라 열심히 작업을 한다. 그렇게 하던 중 제시가 덜렁덜렁 하나만 붙어 있는 책상다리를 가리키며 어떻게 고정시킬까 묻는다. 나는 제대로 되려면 그것을 떼어내고 깨끗이 손질한 다음 다시 붙이는 게 좋다고 말해준다. 나머지 부분이 접합되면 괜찮을 테니 신경 쓰지 말라고 했지만, 제시는 그처럼 복잡한 접합부를 어떤 식으로 분리할 수 있는지 알고 싶어 해서 그 방법을 나와 의논하는데 마침 전화벨이 울렸다. 내가 자리를 뜨고 잠시 후 제시가 "씨—"하는 소리가 들린다. 그 부분을 분리시키려다 접합부를 부러뜨려놓은 것이다. 그 책상을 고치려면 이제 어떤 미봉책도 소용이 없다. 나는 속이 상했고 그런 내 기분을 제시가 알아챘다. 그래서 이렇게 말했다. "괜찮아. 고칠 수 있어." 그래서 우리는 부서진 부분을 어떻게 때울까 의논했다. 십 분 후 제시가 그 속상한 부품을 손에 들고서 어두운 표정으로 투덜대는 모습이 보인다. 내가 물었다. "너 자신에게 화가 나니?" 그 아이가 그렇다고 수긍하므로 내가 말한다. "얘, 이런 일이 배울 기회가 되는 거야." 그리고는 계속해서 이야기를 들려준다. 나도 지금까지 살아오면서 이 비슷한 배움의 기회를 여러 번 가졌었다고. 제시는 내 말을 받아들이고 미소 짓는다.

나는 가끔씩 제자를 받아들이게 되는 이유를 새삼 깨닫는다. '도제수업의 밤'은 눈앞에 다가오고 제시는 어떻게 해야 할지 몰라 곤혹스러워 보인다. 그 때까지 책상 고치는 일이 완성될 것 같지 않다. 일이 이렇게 되어버리는 것은 그 아이에게는 너무도 익숙한 시나리오라는 느낌이 든다. 또 완성시키지 못했다, 끝까지 해내지 못했다는. "그럼, 책상 조각 사진도 찍고 일하는 모습도 찍어보는 게 어떻겠니. 책상 고치느라 한 일은 뭐든지 적어서 평소에 쓴 기록장과 함께 내면 훌륭한 전시 품목이 될 거라 생각되는데 어때?" 다시 제시의 얼굴에 미소가 떠오르고 나는 안도의 숨을 쉰다. "이번엔 난 해낼 거야!" 우리는 사진을 찍고 책상을 꿰어 맞춘다. 내일 조정하자….

도제수업 형태의 묘미는 한 번 팔매질로 여러 마리를 맞힌다는 데 있다. 참가해보는 것만으로도 아이들에게는 어른의 세계가 배울 만한 가치가 있다는 사실을 아는 기회가 된다. 그리고 그것은 배움에 가장 적절한 환경 곧 일터를 제공해준다. 뿐만 아니라 스승과 제자 사이에 특별한 애정이 오가는 교육의 장이 열릴 수 있는 환경을 제공해준다. 그리고 무엇보다 중요한 것은 이 수업 형태는 대부분의 학교가 고수하는 끊임없는 감독체제와 수행평가로부터 학생들이 쉴 수 있는 기회를 준다는 점이다. 도제수업을 통해 학교는 빠르게 성숙해가는 학생들에게 매우 중요한 메시지를 전해줄 수 있다. 아이들이 이제 독립적으로 일하고 배울 수 있을 만큼, 그리고 자신의 경험으로부터 그들 나름 가치를 이끌어낼 만큼 충분히 자랐다는 것을 학교에 속한 사람들이 알고 있다는 사실을 아주 적절하게 전달할 수 있다.

물론 이런 점도 덧붙이고 싶다. 도제수업은 아이들에게 미래에 어떤 직업을 가질 것인가 하는 문제를 탐색해볼 기회를 갖게 해주며, 직접적이든 간접적이든 지금 현재뿐 아니라 미래에 연결되는 일자리의 기회를 갖게 해준다. 그리고 그 과정에서 배우게 되는 경제학을 간과할 수는 없을 것이다. 가르침을 받는 대신 노동을 제공한다는.

프랭크의 기록은 이러한 장치가 서로에게 얼마나 유익한가를 분명하게 보여준다. 우리는 스승과 제자간의 깊이 있고 다차원적인 관계를 쉽사리 알아챌 수 있다. 이런 관계는 전통적인 교실에서 수업하는 교사와 학생 사이에서는 일어나기 어려운 일이다. 저 권위주의로 뭉쳐진 역학 관계에 의해 운영되는 온갖 케케묵은 인습들 때문에.

제시가 '도제수업의 밤' 내내 기를 쓰고 버텨냈다는 것을 나는 알고 있다. 하지만 그 시간이 점점 다가오고 있을 즈음 자기가 참가할 수 없는 이유를 이것저것 나에게 주워댔는데, 그런 아이에게 선생으로서 내가 해줄 수 있는 유일한 일은 그 아이가 만약 나타나지 않는다면 내가 대신 변명을 해주겠노라고 말해주는 정도가 고작이었다. 제시가 자신을 둘러싸고 있는 저항의 장벽을 뚫도록 도와줄 수 있었던 사람은 제시의 스승 프랭크였다.

프랭크의 도움을 받아가며 제시는 '도제수업의 밤'을 순조롭게 보내는 이상의 성과를 거두었다. 일부나마 완성되어 있는 자기 계획안을 발표하며 눈을 빛냈고, 사진에 찍힌 엉망으로 흩어진 부품들을 어떻게 조립해서 그토록 튼튼하고 안전하게 보이는 네 발 달린 구조물을 다시 맞추어냈는가 하는 연이은 질문에 대답하면서 얼굴이 달아올랐다. 그날 밤 제시는 그 책상을 재조립할 뿐만 아니라 말끔하게 다시 칠할 것이라고 선언했다. 그때 나는 제시가 말쑥하게 칠을 해서 반짝반짝 윤이 나는 그 골동품 책상 앞에 다시 앉는지 어쩐지 보려고 기다릴 필요는 없다는 것을 깨달았다. 왜냐면 그 순간 아마 그 아이의 짧은 생애에서 처음으로 자기 동료들 앞에서 충분히 자랑할 만한 완벽하게 정당하고 온전한 근거를 가지게 되었기 때문이었다.

그런 생각이 들자 나에게는 이제 열세 살에 이른 제시가 부서진 가구를 고치는 법을 배우고 있을 뿐 아니라 손상된 마음을 고치는 데 필요한 모든 과정을 밟고 있는 중이라는 깨달음이 왔다. 게다가 제시가 그 많은 시간을 들여 애쓰고 있는 대상이 낡은 공립학교용 책상이라는 점, 수많은 아이들—그 중 몇몇도 아마 제시가 지금도 겪고 있는 부정적인 상태 때문에 고통스러워했을지도 모른다—이 쓰고 물려주었던 그 책상이라는 점이 또한 더할 나위 없는 상징이 아닌가.

4

치료의 학교

현명한 사람은 역설 속에서 진리를 본다.
— 프로테스탄트 찬송가 중에서

우리 학교가 다른 학교와 다르다는 사실은 의심할 필요가 없다. 예를 들어, 인근에 있는 다른 유아원이나 보육원 아이들과 길에서 마주칠 때면 언제나 나는 그 아이들이 둘씩 짝을 지어 수동적인 모습으로 걷고 있는 그 질서정연함에 충격을 받는다. 우리 아이들이 길 가는 모습을 익히 알고 있는 나로서는 아이들이 어떻게 그토록 순종적일 수 있는지 상상하기가 어렵다. 하지만 그 중 한 아이가 줄 바깥으로 한 발짝이라도 나오는 경우 바로 옆에 있는 어른이 꾸짖을 만반의 준비를 갖추고서 모든 행동을 감시중이라는 사실을 알게 되면 그다지 이해 못할 일도 아니다.

내 말을 오해 말길 바란다. 지금 어린아이들이 교통질서가 무엇인지 스스로 익히도록 거리를 마구 뛰어다니도록 내버려 두어야 한다고 주장하는 게 아니다. 말하자면 우리 프리스쿨은 아이들에게 마음대로 어슬렁거릴 수 있는 충분한 여유를 주고 있다는 점을 얘기하려는 것이다. 우리가 공원에 갈 때의 광경은 자동차 경주의 출발점을 방불케 한다. 십여 명의 아이들이 출발선을 마구 벗어나서 소리를 내지르며 다음 골목길까지 내달아서 늦게 꾸물거리고 있는 다른 아이들이 따라올 때까지 기다리고들 있다. 안전을 위해서 우리는 아이들에게 확실한 어조로 간단하게 이렇게 말해준다. 길에 나서는데 어떻게 해야 할지 잘 모르는 사람은 제대로 판단이 설 때까지 선생님 손을 꼭 잡고 있으라고. 백에 구십구는 그것이 전부다.

그런저런 일로 해서, 즉 우리 학교가 무마사토나 제시 같은 말썽꾸러기 아이들을 예사로 받아들이고, 우리가 교사들까지 포함해서 이토록 얼룩덜룩한 패거리 모습을 하고 있기 때문에 그런지 모르지만 곧잘 이런 질문을 누군가로부터 받게 된다. "프리스쿨은 특수학교의 일종입니까?" 하는. 아시겠지만, '특수한 (문제가 있는)' 아이들이냐는 뜻이다. 물론 나는 늘 이렇게 답하고 싶다. "그렇습니다!" 왜냐하면 놀라운 일이지만 모든 아이들은 특수하고, 또 모든 아이들은 문제를 가지고 있기 때문이다. 또 그런 뜻이라면 우리 모두는 문제를 가지고 있고, 그것이 인간이라는 동물의 특성이다.

하지만 실제로 우리 학교는 특정한 아이들을 위해 특수하게 고안된 학교가 아니다. 우연히 우리 학교를 찾게 된 아이라면 누구나 받아들이려고 할 뿐 별다른 조건이 없다. 이십오만이 넘는 인구가 살고 있는 도시지역에서 전통적인 학교 형태에 대안이 될 수 있는 거의 유일하다시피 한 학교이기 때문에, 입학 조건이라고 해봤자 학교생활에 완전히 참여하겠다는 진정한 욕구를 가져야 한다는 것뿐이며, 그런 이유로 해마다 매우 흥미로운 성향을 지닌 아이들을 만나리라는 기대가 가능하기도 하다.

간단하게 말해, 우리 학교는 오십여 명의 아이들(두 살에서 열네 살 사이에 있는) 중 삼분의 일에게는 '최상의 쉼터가 되는 학교'이다. 또 다른 삼분의 일은 아이들이나 부모들이 우리가 지닌 교육에 대한 비권위적인 방법론에 매료되어 우리를 찾았고, 나머지 삼분의 일은 우리 학교가 단지 집 가까이에 있다는 이유로 왔다. 이 세 번째 그룹은 우리의 평범하지 못한 방식에 맞추느라 대단히 애를 쓰는데, 우리는 가능한 한 그러한 의견 차이를 메우려고 노력한다.

우리는 스스로를 '치료의 학교'라고 생각한다. 메리는 프리스쿨이 로르샤흐 테스트[7]와 같다고 말한다. 누군가 우리 학교에서 뭔가를 경험한다는 것은 그 사람의 내부에서 원래부터 부글거리고 있던 그 무엇이 외부로 나타난 것에 불과하다는 뜻에서 하는 말이다. 다시 말해, 누군가 학교에 대해 또는 일반적으로는 삶에 대해 어떤 선입견을 가지고 있다면 조만간 그 사람은 그 선입견을 입증할 수 있는 실제 경험을 하게 되리라는 것이다. 이러한 이유로 해서 우리는 기대에 가득 차 있는 부모들에게 늘 이렇게 말한다. "만약 아이들이 그 전 학교에서 문제가 있어서 우리에게 올 경우, 프리스쿨에서도 역시 이런저런 형태로 바로 그와 같은 문제가 불거져 나올 거라는 점이 확실합니다. 물론 우리 학

---

7) 1921년 로르샤흐(H. Rorschach)가 정신병 진단과 성격 연구를 목적으로 고안한 검사법. 좌우 대칭의 모호한 형태의 잉크 얼룩 같은 도형을 이용한다._옮긴이주

교는 다른 학교와는 아주 다르지만 말입니다." 하고. 여기서 다르다고 하는 것은 우리는 그 아이들이 진짜 해결점을 찾을 수 있도록 도와줄 거라는 점이다.

우리는 일이 그런 식으로 진행되기를 원하고 있고 또 그것이 우리가 고정된 규칙과 방침을 될 수 있는 한 정하지 않는 이유이기도 하다. 우리는 사태가 나빠지는 기회가 있기를 바라며, 그것을 통해 아이들이 자기 자신을 다시 올바르게 가다듬는 방법을 배우길 원한다. 여기에서 '치료'의 학교라는 생각이 도출된다. 내가 이 용어에 인용부호를 단 이유는 우리 학교가 문제아들을 위한 학교라는 것을 시사하기 위해서가 아니라, 다시 한 번 그런 학교가 아니라는 점을 강조하기 위해서이다.

우리 학교는 어떤 곳이냐 하면, 자기 문제를 가져오는 것을 환영하며, 좋은 심리치료사라면 누구나 하는 방식으로 기꺼이 '치료'에 응하는 곳이다. 우리는 한 인간의 정신 속에서 꿈틀대고 있는 문제점이 '드러날 수 있도록' 용기를 북돋우고 이끌어내려 한다. 그럴 경우 같이 노력하거나, 경우에 따라서는 혼자서 고민하게 해서 그 치료의 드라마가 진행되어 논리적 귀결에 이르도록 돕는다. 여기서 논리란 아이러니와 패러독스를 바탕에 깔고 있는 논리를 말한다.

쉽게 말하자면 그것은 자신의 실수로부터 배우는 것이라고 하겠다. 많은 경우가 말해주듯이 그것은 가장 최선의 배움이 이루어지는 방법이다. 흔히 말하는 문제아를 맞아들일 때 우리는 그 아이들이 가능한 자유를 맘껏 누리고 난 다음 자기만의 개인적인 시련과 실수에 근거를 둔 풍부한 상상과 가속력을 지닌 공부과정에 뛰어들기를 바란다.

· · ·

　지금은 이미 20대 중반이 되었을 테리라는 아이가 기억난다. 타는 듯한 눈동자를 가진 매력적이지만 강퍅한 성질의 이 열 살짜리 꼬마는 타고난 대장이었다. 알콜중독의 이혼한 부모 사이에 외아들로, 이 세상에 대해 알아야 할 건 벌써 다 알고 있다고 스스로 확신하고 있는 아이였다. 자기만의 방식을 주장하는 고집스런 태도 때문에 집 근처에 있는 학교에서 모두 거부를 당하게 되고 어찌어찌해서 우리 학교로 오게 되었다. 자부심에 가득 찬 만큼이나 장난기로 가득 찬 소년이었다.

　테리는 스스로 무슨 일이든지 앞장서길 좋아했고 다른 아이들은 누구든지 그 아이 뒤를 기꺼이 따르길 좋아했다. 아이들이 그런 상황에 휘말릴 때 나오는 전형적인 반응이 있다. "제가 안 그랬어요. 걔가 그랬어요." 또는 "걔가 그러자고 했어요."

　테리가 출현하자마자, 이런 내용의 대화가 오갈 때면 거의 모든 아이들의 입에서 테리의 이름이 튀어나오기 시작했다. 테리에게 다행스런 일은 그전에 다녔던 학교와 달리, 우리는 지도자를 대우하고 추종자들에게 '벌을 주는' 편이라는 점이다. 벌칙은 보통 추종자들이 지도자에게 지도자로서 봉사한 데 대해 약간의 사례금을 지불하는 식으로 이루어진다. 한 번은 서부 매사추세츠에 있는 버크샤이어 산으로 일주일 동안 탐사여행을 떠났을 때 테리는 그런 종류의 보너스를 받는 데 최고 기록을 세웠다.

　여기에 정서적인 상처를 가진 아이들을 치료하는 데 프리스쿨이 패러독스와 메타포를 어떤 방식으로 이용하는가를 보여주는 좋은 예가 있다. (오늘날 이런 아이들의 숫자는 점점 늘어가는 것처럼 보인다.) 우리는 버크샤이어 산기슭에 메리가 자기 어머니한테서 물려받은 땅에 있는 낡은 헛간을 개조한 건물에서 캠핑을 하고 있었는데, 어떤 외딴 봉우리로 오르는 산길을 뚫느라 말 그대로 눈에 불을 켜고 있었다. 날마다 길을 나설 때면, 톱과 도끼, 전지가위로 무장한 길 닦는 노동자의 선두에 서서 나아가는 사람은 테리였다. 다른 아이들은 마냥 그 아이 뒤를 따랐다. 그러나 테리는 도시에서 자란 아이였고, 우거진 숲을 뚫고 길을 찾는 데는 완벽하게 젬병이었다. 결국 유머와 분노가 섞인 어조로 (그처럼 울창한 숲에서 길을 잃는다는 것은 장난이 아니었기에) 우리는 아이들에게 또 다시 테리 뒤를 따라 엉뚱한 방향으로 가서 헤매게 될 때는, 각자 테리에게 50센트씩 줘야 한다고 경고했다.

언제나 모험심에 찬 테리는 그 여행 중에 여러 차례 돈을 거두어 들였고, 학교로 돌아올 즈음에는 동전과 차용증서가 주머니에 가득했다. 그 주가 끝날 즈음 다른 아이들은 무척 속이 상했고, 2학기가 끝날 때까지 어떤 일도 테리를 따라하려고 하지 않았다.

이야기는 계속된다. 지금으로부터 얼마 전, 테리가 학교에 방문 차 들린 적이 있었다. 이제는 큰 키에 건장한 체격의 잘생긴 젊은이가 된 테리는, 어떻게 고등학교를 졸업하고 곧장 군대에 들어가게 되었는지 이야기해주었다. 테리는 군대에서 경력을 쌓아보려고 했지만(왜냐면 할아버지도 그랬고 아버지와 삼촌들도 다 그랬기 때문에) 기초훈련을 마치고 훨씬 더 남성다움을 필요로 하는 특수부대를 지원해 훈련을 받던 중 아무리 생각해봐도 자신이 전혀 군인이 될 사람이 아니라는 결론에 이르게 되었다. 어찌어찌해서 그는 합법적이고 명예롭게 군대에서 빠져나와 집으로 돌아왔다. 그러나 테리네 집안의 남자들은 그의 이런 결정을 못마땅해 했고 테리는 그들의 부정적인 반응에 계속 대응해야 했다.

테리의 집안 사람들은 긴밀한 유대 속에서 강한 부족적 일체감을 갖고 있었는데, 이 점이 테리에게는 큰 힘이 되고 있었다. 이 시점에서 내가 테리에게 감명을 받은 점은 자신에게 실망한 집안의 연장자들을 감당해야 하는 도전을 기꺼이 받아들이려 했다는 것이었다. 이 젊은이는 결코 길을 잃은 것이 아니었다.

• • •

여러 해 전에, 뉴욕 주 서쪽에 있는 세니카 인디언의 나이 많은 씨족 어머니가 있는 조상 전래의 땅에서 주말에 열리는 '남자들만의 모임'에 참석하기 위해 다른 남자어른 두 명과 나, 셋이 우리 학교 아이들 중에서 좀 다루기 힘든 남자아이들 몇 명을 데리고 간 적이 있었다. 주말 코스가 진행되고 있는 동안에, 가끔 화산이 폭발하듯 화를 참지 못하는 성질이 있는 피터라는 아이가, 다른 데서 온 어떤 아이에게 분노가 폭발해 마침내 주머니칼을 빼들고 그 아이를 쫓아다니는 사태가 일어났다. 다행히도 누가 다치기 전에 어른 두 사람이 피터에게서 칼을 뺏을 수 있었다.

아메리카 원주민과 비원주민이 섞인 모임에서 사회를 보는 남자어른들은 이 평화의 교란에 어떻게 대응해야 할지 몰라 당황해 했다. 물리적인 폭력을 금지한다는 상호협약이 명백히 깨어진 것이다. 아이에게 벌을 줘야 할까 아니면 집으로 돌려보내야 할까. 프리스쿨에서 따라간 어른들은 남자아이들끼리 같이 앉아서 그 문제를 끝까지 토론해보게 하자고 주장했다. 나중에 밝혀졌지만 그 사건에 모두들 관련이 되어 있었다. 토론을 하자는 의견은 전체의 지지를 받았는데 단 하나 문제가 있다면 피터가 분명하게 참석을 거부했다는 점이다. 그 아이는 계속 화가 나 있었고 수치스러워 했으며, 자기가 보인 폭력적 태도에 스스로 놀란 상태였다.

결국 아이들을 책임지고 있던 모임의 인도자가 큰어머니 트윌라의 조언을 구하기로 결정을 보았다. 트윌라는 그 모임에 실제로 끼어 있지 않았지만 우리를 거기에 초청한 분이었다. 이 결정은 아주 현명한 대처였다. 큰어머니 트윌라는 곧 자기가 피터에게 말을 붙여보겠노라고 했다. 그래서 결국 내가 불안해하는 이 소년을 트윌라의 거처로 데리고 가는 미심쩍은 영예를 누리게 되었다.

70대 중반의 큰어머니 트윌라는 깊이 주름진 얼굴 가득 웃음을 띠며 전적인 포용성을 보여줌으로써 피터의 마음을 순식간에 아주 쉽게 녹여버렸다. 그 분은 먼저 자기는 피터가 자기 성질을 조절하지 못하는 해묵은 문제를 갖고 있음을 눈치 챘다고 말을 붙였고, 피터는 그 말에 동의한다는 뜻에서 말없이 고개를 끄덕였다. 그러자 그 분은 몇몇 어른들이 피터를 집으로 돌려보내야 한다고 말하고 있다는 사실을 아느냐고 물었다. 피터는 고개를 옆으로 흔들었다. 그러자 큰어머니 트윌라는 그런 일이 일어나는 것을 자신은 허용하지 않는다고 말했다. 왜냐면 자신이 피터를 큰어머니의 땅에 초대한 것이고 그래서 이런 문제가 일어날 수 있다는 사실을 알고 있었다고 했다. 그러니 피터에게 자기의 분노를 다루는 법을 배울 기회를 주겠다고 말했다. 그리고는 내게로 시선을 보내면서 그 씨족의 어머니는 설명했다. 세니카 인디언의 습관에 따르면 어린아이들은 나쁜 짓을 했다고 벌을 받지 않는다. 왜냐면 그러한 행동에는 어떤 교훈이 숨어 있기 때문이라고 했다. 그리고는 이렇게 덧붙였다. 사실 삶이란 일련의 교훈으로 이루어져 있고, 그 하나하나는 완전히 알게 될 때까지 되풀이해서 일어나게 되어 있다. 피터와 마찬가지로 내가 할 수 있었던 것은 오로지 고개를 끄덕이는 일이었다.

아메리카 원주민들은 누구 못지않게 메타포의 힘을 잘 이해하는 사람들이다. 큰어머니 트윌라는 피터에게 자신의 땅위에 서 있는 오래된 나무 밑에 그 칼을 기꺼이 묻는 것이 어떠냐고 물었다. 그것은 피터가 자신의 분노에 불이 당겨지는 것을 알아차릴 때면 언제라도 '전투용 도끼를 파묻는 것'을 배우려고 한 자신의 의지를 상기시켜주는 행동이 될 것이다.

그 주머니칼은 최근에 생일 선물로 받은 것으로 이미 소중한 물건이 되어버렸기 때문에 쉬운 결정은 아니었다. 피터는 한참 동안 말없이 생각에 잠기더니 그렇게 하겠다고 동의했다.

그리고 일요일 저녁 집으로 돌아왔을 때 피터는 더 이상 예전의 아홉 살짜리 아이가 아니었다. 십여 년이 흐른 지금 그 아이는 평온한 성품을 지닌 열여덟 살 청년이 되었고, 여름휴가를 주로 보내는 밤샘 캠프의 존경받는 상담자가 되어 있다.

．．．

　자, 이제 당신은 이렇게 묻고 싶을 것이다. 다른 아이들은 어떻게 하냐고. 말썽을 일으키지도 않고 한계를 넘는 일도 없이 공부하고 정규 수업을 원하는 아이들은 말이오, 하고. 이것은 중요한 질문이며 해답은 양면성을 띤다. 무엇보다 나는 아무리 어린 아이라 할지라도 다양한 사람들과 관계를 맺고 사람을 다루는 법을 배우는 일이 반드시 필요하다고 굳게 믿는다. 그렇게 함으로써 아이들은 자기 개인의 힘이 미치는 한계를 탐색하기 시작하고, 누가 믿을 만한지, 어떤 사람은 믿을 수 없는지, 언제 도움을 청해야 할지, 언제 자신만의 힘으로 그 일을 해내야 할지 배우게 된다.

　따라서 우리의 말썽꾸러기들 중 하나가 학교를 들쑤셔놓게 되면 우리는 그 사태를 모든 아이들이 스스로에 대해 뭔가를 배우게 될 기회로 본다. 이런 일들은 우리로 하여금 진정한 공동체의 기초가 되는 특질 중의 하나를 만나게 해준다. 진정한 공동체에서는 누군가가 고통을 겪으면 모든 사람이 고통을 받는다. 그리고 우리는 다른 사람이 저지르는 잘못으로부터 다함께 배울 수 있다.

　그러나 또 누군가가 어떤 점에서 프리스쿨이 아이들을 통제하지 않는 것이 어떤 아이들에게는 불공평한 일이 될 수도 있지 않겠냐고 한다면, 그 문제를 푸는 열쇠는 '균형'이라고 답하고 싶다. 만약 저울의 양쪽 끝에 있는 두 힘의 균형이 깨어져 저울이 너무 심하게 오르락내리락 요동치게 되면 모든 아이들은 소동 속에서 저울에서 튕겨 나가버리게 된다. 곧 아무런 배움도 없이 혼란 상태로 떨어져 버리는 결과가 되는 것이다.

세월이 흐르면서, 때로는 다루기 어려운 아이에게 우리 학교가 너만을 위한 장소가 아니라는 사실을 말해줄 필요도 있다는 것을 알았다. 우리 학교가 생긴 이래 아이들이 투표를 해서 만성적인 말썽꾸러기를 내보내자는 결의를 한 두 경우를 기억한다. 이런 과감한 조처는 여러 번 경고를 하고 마지막 기회를 주었지만 아무런 변화도 없을 때 이루어진 어쩔 수 없는 경우였다.

대개 이런 경우 말썽의 장본인인 아이들은 변화를 거부하고, 규율로 묶여 있고 엄격한 통제가 이루어지는 그런 학교들의 '안전함'과 '범용함' 속으로 돌아가기로 결정한다. 아마도 그 아이들은 우리 학교에 다녔던 특별한 시기에 자기들이 갈 수 있는 만큼 충분히 갔다고 직감으로 알고 있는 것 같다. 아이로니컬하게도 그 아이들은 다시 공립학교로 돌아가는 일에 반드시 성공을 거두는 듯하다.

충분히 균형이 잡히면, 수업에서 빠져 나와 장난치는 아이들도 이윽고 다른 많은 아이들이 참여하고 있는 훨씬 안정된 종류의 배움 속으로 스스로 들어선다. 어느 날 갑자기 그 아이들이 혼자 앉아 책을 읽거나 수학 수업에 참석하고, 특별활동의 이런저런 계획에 몰두하고 있는 모습을 보게 된다. 아니면 샤를렌느가 가끔씩 여는 시 쓰기 교실에서 그녀 바로 옆에 자리 잡고 앉아 자신의 심오한 생각과 이미지를 종이 위에 쏟아 붓고 있는 모습을 발견하게 된다. 시는 샤를렌느가 늘 말하듯이 종종 잠긴 마음의 문을 여는 열쇠가 되어준다.

어떤 경우든 반항적인 수업 거부자들이 집중과 주의력이 필요한 일을 하고자 하는 아이들을 방해하지 못하도록 하는 것은 인습적인 학교 교육으로부터 당분간의 피난처를 제공해주는 일만큼이나 중요하다. 내부에서 소용돌이치는 분노와 혼란으로 가득 찬 아이들에게 배움이 얼마나 즐겁고 신나는 것인지 스스로 발견할 수 있는 공간을 제공해주는 일 역시 중요하다. 우리는 이 끊임없는 상호작용 속에서 우리가 할 수 있는 최선을 다하고 있으며, 다른 영역에서와 마찬가지로 바로 여기에서 많은 배움의 기회를 얻고 있다.

· · ·

빌리는 겉으로 봐서는 둔하고 바보스럽고 어느 정도 정신박약 기미도 보이는 큰 몸집의 얼뜨기 같은 아이였다. 얼굴에는 여드름이 만발하고, 웃을 때는 얼굴이 일그러졌다. 빌리는 근처 공립 중학교에서 다른 아이들한테 만성적으로 학대를 받아 마침내 부모가 학교에서 빼내올 수밖에 없게 되었다. 아이들은 빌리에게 호의를 베풀기에는 너무 천진난만하고 어렸다. 한번은 남자애들 몇이 빌리를 학교 뒤에 있는 대형 쓰레기통에 처넣기조차 했다. 한편 빌리의 아버지는 정신분열증 환자였는데, 증세가 악화될 때면 나머지 가족 다섯 모두가 고통을 겪었다.

빌리가 지닌 정서적 사회적 문제점을 고려해볼 때 놀라운 일도 아니지만, 그 아이는 학습부진과 학습의욕 상실이라는 전력을 달고 프리스쿨에 나타났다. 마침내 자유를 얻게 되자, 빌리가 대체로 좋아하는 일이란 하루종일 빈둥거리며 앉아서 다른 아이들을 집적대는 것이었다. 그것은 권태로움의 대처 방안이기도 했고 확실하게 주의를 끌 수 있는 방법이기도 했다.

빌리의 목적 상실이 우리 모두를 진절머리 나게 만들고 있던 참에 다행히도 하루는 누군가가 오래된 8트랙 녹음기와 쓸 만한 녹음 테이프가 가득 든 큰 박스를 기증해왔다. 모두 1960년대와 70년대에 유행하던 음악들로, 그 시절로 말하면 빌리의 아버지가 음악에 빠진 전형적인 히피로 세월을 보내던 때였다. 무슨 뜻이냐 하면 이제 막 십대가 된 우리의 이 혼미한 아이가 무거운 엉덩이를 의자에 깊이 묻고는 하루의 대부분을 음악을 듣는데 보내게 되었다는 말이다. 하지만 그것은 올바른 방향으로 나아가는 결정적인 한 걸음이었다. 빌리가 몇 년씩 학습에 뒤처져 있었고 계속 매우 침울해 있었기 때문에 나는 여전히 염려스러웠다. 그러나 테이프 레코드를 트는 것 대신 다른 일을 하게 만든다는 것은 스티로폼으로 된 지렛대로 큰 바위를 움직여보려는 것과 같았다.

빌리가 헤드폰을 한시도 머리에서 떼지 않고 스스로 디스크 쟈키가 되어 학교 안에서 댄스 파티를 벌일 때까지는 아무도 그 아이에게 관심을 두지 않았다. 그런데 보라. 댄스 파티는 엄청난 성공을 거두었다. 그리고 갑자기 빌리는 급우들 사이에서 지금까지 한 번도 누려본 적이 없는 명성을 얻게 되었다.

디스크 쟈키로서의 최초의 성공을 계속 살리고 싶은 마음에 나는 빌리에게 지역 라디오 방송국에서 조수로 일할 의향이 없는지 물어봐야 겠다고 생각했다. 빌리를 채용할 사람을 구할 수 있다는 전제 조건이 필요했지만 말이다. 그 생각을 이야기하자 빌리의 얼굴은 활짝 피어났고 나는 여기저기 전화를 걸기 시작했다. 운이 따랐는지 단 한 번 만에 일이 이루어졌다. 내 전화를 받은 학생 신분의 디제이가 자기 밑에 빌리를 두겠노라고 자청했고, 첫 날 방송시간에 맞추어 빌리가 나타나자 그 시간에 빌리를 방송에 내보냈다. 우리의 어린 조수는 일급 수료증을 따낼 때까지 그 일을 계속했고, 수료증을 받자 자기 동네의 한 구역에서 자기만의 라디오 방송국을 시작했다. 이 모든 일이 데뷔한 지 석 달 만에 일어난 일이다.

결국 빌리는 프리스쿨을 벗어나 공립학교로 돌아갔다. 그 전학 사건은 오로지 빌리 자신의 창작으로 이루어졌는데, 빌리의 부모와 나, 양쪽 모두 그 아이가 그 전에 빠져 나왔던 실패와 모욕으로 가득 찬 심연 속으로 돌아갈 준비가 되어 있다고는 믿지 않았다.

우리 학교를 떠나면서 빌리는 자신이 얼마나 지략이 뛰어난가를 증명해 보였다. 그것은 빌리 자신의 입장에서 볼 때 진짜 쿠데타였다. 어느 날 아무도 눈치 채지 못하게 빌리는 이모를 설득해서 이모네 근처 중학교에 자기를 데리고 가도록 했다. 그 학교를 방문한 그 날, 빌리는 이모를 계속 설득해서 이모가 자기의 법적인 보호자임을 주장하도록 만들어서는 즉석에서 등록을 해버렸다. 듣기보다는 이상한 일도 아니었다. 이모는 항상 빌리의 부모에게 '하루 종일 빌리가 아무 짓도 하지 않을' 그 학교에서 빠져나가는 것을 허락해주라고 열변을 토하고 있던 참이었다. 빌리는 자기가 바라는 것을 얻을 때까지 이모를 마치 악기 다루듯 마음대로 조종했다.

다음날 이 평범하지 않은 학생에 대한 학교 기록과 약간의 정보를 얻으려고 새로운 교장으로부터 걸려온 전화를 받았을 때 나보다 더 놀란 사람은 없었다. 빌리의 어머니와 나는 사태가 여기에 이르렀으니 자유로부터 탈출하겠다는 빌리의 결정을 존중하는 수밖에 별다른 도리가 없다는 데 동의했다.

빌리가 멋지게 꾸며낸 그 전학이 이루어진 지 2주일이 채 안 되어 그 아이는 벌써 학교 라디오 방송국을 개설했고, 교장이 빌리에게 아침마다 '방송을 탈 수' 있도록 해주었다는 사실을 알게 되었다. 그것은 기막힌 선회였다. 빌리는 다른 사람들처럼 세상을 따라잡는 데 멋지게 성공했고, 그 길로 계속 나아가 완전히 성공적인 고교 경력을 쌓게 되었다.

• • •

존은 심한 정서장애를 지니고 우리 학교로 온 또 다른 아이였다. 어머니가 아이를 완전히 방치했기 때문에 지역의 어린이 보호기관에서 아이를 데려갔다. 그 지역은 뉴욕 주 북쪽에 있는 고립된 지역으로, 두 모자는 애팔래치아 산 속에나 있을 법한 지독한 가난 속에 살았다. 나이 어린 어머니는 생계를 위해 때때로 매춘부 노릇을 하느라 존을 혼자 내버려두는 일이 잦았고 아이는 스스로 자라야 했다.

존은 세 살 때 입양되었는데, 불행히도 새롭게 얻은 가정에도 문제가 있었다. 양아버지는 이차 세계대전 때 부상 당한 퇴역군인으로 이미 60대였다. 그는 알콜중독이었고, 짐작컨대 해결 못한 전쟁 스트레스 때문에 정신장애를 겪고 있음이 분명했다. 또한 경미한 진행을 보이는 암환자이기도 했는데, 이 때문에 존은 새아버지를 잃어버릴지 모른다는 공포를 느꼈다. 존의 양어머니는 감수성이 예민하고 말이 없는 불안정한 성격의 여성이었는데, 남편보다 스무 살 이상 젊었고 존을 입양한 지 이 년이 지났을 때 남편이 술에 취해 학대한다는 이유로 결국 존을 데리고 집을 나와버렸다.

존의 경우, 심리적 상처가 정신발달이나 학습동기 부여에 심각한 방해가 되지는 않았다. 그러나 그 상처는 아이를 정서적으로 혼란시켰고 어두운 성격으로 만들었으며 친구 사귀기를 어렵게 했다. 존이 자신 안에 감추어진 슬픔과 분노, 절망을 확인할 수 있는 유일한 길은 희생자 시나리오를 연출해내는 것이었다. 빌리와 아주 흡사하게도 한 반 급우들을 부추겨서 자기를 괴롭히고 때리게 만들어놓고는 꼼짝도 않고 완강하게 버티면서 자기방어를 위한 반격을 끝내 하지 않았다. 그리고는 한참 동안 고립된 채 지내면서 학대받고 무시당했다는 감정을 곱씹곤 했다. 어린 시절의 곤경을 재현하고 있음이 명백했다.

어느 날 존의 '가해자들'은 존이 계속 자기방어를 거부하는 문제를 두고 전체모임을 소집해서 역으로 치고 들어갔다. 진심에서 우러난 탄원과 충고가 모두 실패로 끝나자 아이들은 존이 다른 아이들과 떨어져 혼자 앉아 있어야 한다는 데 의견을 모았다. 그 아이 스스로 모임을 소집하고 자기비하의 행동 패턴을 변화시키는 식으로 자기 문제를 해결해나갈 때까지.

아이들의 책략은 들어맞았다. 내가 그렇게 되리라고 본능적으로 확신했던 대로 존은 이틀 동안 고집스럽게 버틴 후에 자신이 고립되어야 한다는 데 몹시 분격해서는 새로운 회의를 요구했고, 박해자들을 비난하며 이제는 자기방어를 위해 반격할 거라고 다짐했다.

모두가 염려하긴 했지만 순조롭게 존은 그 약속을 지켰다. 그 아이는 남자아이들 무리의 정규 멤버가 되었다. 이런 돌파구를 뚫은 지 얼마 지나지 않아 존은 자신의 라이프 스토리를 써보려는 결정을 했다. 나는 컴퓨터를 사용할 것을 권했고 여러 날 동안 그 아이는 컴퓨터 모니터 앞에서 시간을 보냈다. 고립이라는 저주를 스스로에게 가하는 존의 병이 자기치유의 훈련으로 변화해가는 모습을 지켜보는 것은 멋진 일이었다. 결국 존 역시 우리로부터 떨어져 시골에 있는 자기 집 근처의 다른 대안학교로 옮기기로 결정했고 그 곳에서 순조롭게 적응해갔다. 아마도 존은 아직 자신을 가두고 있는 그림자로부터 완벽하게 벗어나지는 못했을 것이다. 그러나 분명한 것은 평생에 걸쳐 이루어질 회복 과정을 우리 학교에 있던 시간을 이용해 시작할 수 있었다는 사실이다.

· · ·

앨런은 꽉 찬 열한 살이 되었을 때 우리에게로 왔다. 테리처럼 자기 세계가 생기기 시작한 아이로, 이미 여러 가지 점에서 자기 궤도를 갖고 있었다. 공립학교에서의 학업 성적은 항상 부진했고 어떤 일에도 열의를 보이지 않았다. 마침내 학교 등교 자체를 거부하는 사태가 일어나자 부모들은 우리에게 마지막 기대를 걸었다. 앨런은 아주 어렸을 때 정서적인 학대와 무관심에 시달렸다. 어머니는 알콜중독이었으나 여러 해 동안 절주를 한 끝에 중독을 극복하고 최근에 앨런에게 좋은 아버지가 되어준 한 남자와 결혼했다. 이런 반전이 있긴 했지만 앨런은 계속 신경증적인 틱 증상과 야뇨증 같은 일련의 심신상관적인 증상을 계속해서 보였다. 앨런은 ADHD라는 꼬리표를 달 만한 유력한 후보자였지만, 다행히 그 시절은 아직 ADHD라는 용어가 생기기 전이었다.

앨런은 거의 광적으로 에너지에 넘쳤고 잠시도 가만히 앉아 있지를 못했다. 이 들떠 있는 태도는 수학이나 읽기 같은 과목에서 발전을 저해하는 요인이 되었다. 자연히 앨런의 학업 능력에 대해 우려를 하고 있었지만 앨런 입장에서는 전혀 개의치 않는 일이었다. 그 아이의 부모는 아이가 학교를 대하는 태도가 갑자기 바뀐 데 크게 안심하고 아들의 교육에 대한 우리의 기발한 방식에 기꺼이 동참하게 되었다. 그 방식은 늘 그렇듯 아이가 원하는 것이면 뭐든지 하도록 일단 그에게 자유를 주는 식으로 주로 짜여 있었다.

우리는 앨런이 동물을 사랑하고 사냥, 낚시, 야외에 나가 지내는 것을 좋아한다는 사실을 알아냈다. 앞에 나온 버크샤이어 농장에 닷새 동안 여행을 갔을 때, 앨런은 대부분의 시간을 자신이 만든 덫으로 작은 동물들을 잡아보려고 애쓰면서 시간을 보냈다. 그러고서 학교로 돌아온 다음 주 월요일 아침 앨런은 동네 도서관에서 동물 잡는 덫에 관한 책을 빌려서 나타났다. 우리는 그 이전에 앨런이 책을 들고 있는 것을 본 적이 없었다. 앨런은 그 후 몇 주에 걸쳐 그 책을 보면서 학교에 있는 작은 공방에서 덫을 이것저것 만들면서 보냈다. 주의집중 지속 시간이 극히 짧은 앨런으로서는 대단한 일이었다. 오래지 않아 앨런은 자기만의 디자인을 개발해냈고 그 중 몇몇은 정말이지 우수했다.

아이로니컬한 일이지만 알바니로 돌아오자, 다쳤거나 엄마 잃은 아기 동물들이 앨런의 발밑에 쌓이기 시작했다. 그 아이는 전에는 동물을 죽이는 데 들였던 똑같은 강렬한 에너지를 새끼들을 길러내는 데 쏟기 시작했다. 앨런의 첫 환자는 막 알에서 깨어난 찌르레기 새끼였는데, 태어난 지 며칠도 안 되어 보였고 아마도 어미가 둥지에서 내다버린 것처럼 보였다. 나는 앨런더러 주립 자연보호국에 있는 야생동물 치료사와 연결을 해보라고 제안했고, 그 사람은 앨런에게 어린 새를 돌보고 키우는 법을 가르쳐주었다.

나는 좋은 마음을 가지고 희망에 가득 차서 돌보고 있는 어린아이들의 손 아래 얼마나 많은 야생 새들이 죽어갔는지 셀 수 없이 보아왔다. 그래서 나는 이 작고 아직 깃털조차 나지 않은 찌르레기 새끼가 예외가 되리라고는 결코 기대하지 않았다. 그런데 앨런이 쉬지 않고 몇 날 며칠을 한밤중에 먹이를 주기도 하면서 돌본 데 힘입어 그 새는 살아났을 뿐만 아니라 무럭무럭 자랐다. 깃털이 충분히 자라나자 앨런은 나는 법을 익히도록 돕기도 했다.

빠른 속도로 성장해가는 찌르레기를 야생의 세계로 돌려보내려고 준비를 착착 진행시키고 있을 무렵 비극이 일어났다. 내가 앨런을 태우고 주립 환경보호국에 갔을 때였다. 그 아이가 일주일에 두 시간씩 자원봉사를 하게 된 실험실을 다른 아이들에게 구경시켜주기 위해서였다. 어딘가를 갈 때면 늘상 그렇듯이 앨런은 자기 새를 데리고 갔는데, 우리가 실험실을 돌아보는 동안 새를 학교 차에 남겨두었다. 초봄의 쌀쌀한 기온 때문이었겠지만 나는 차창을 조금 열어두어야 하는 것을 잊어버리는 결정적인 실수를 저질렀다. 차는 밝은 봄볕 아래 주차되어 있었고 삼십 분쯤 뒤 우리가 돌아왔을 때 새는 이미 열기에 질식해 있었다. 앨런은 미친 듯이 새를 살려보려 했지만 너무 늦었다. 그 작은 새는 떨고 있는 앨런의 손 안에서 죽어갔다. 이 일은 한창 사춘기에 접어든 소년을 몹시 울게 만들었다. 부끄러움도 잊은 채.

학교로 돌아왔을 때 불행한 소식은 빠르게 퍼졌다. 얼마 지나지 않아 전 공동체가 앨런과 슬픔을 함께했고, 정성들인 장례식 준비가 시작되었다. 앨런은 하드보드지로 작은 관을 만들었고 다른 아이들은 온갖 종류의 묘비를 고안해냈다. 우리 집 뒷마당에 있는 오래된 뽕나무 아래 학교 애완동물 묘지에서 치른 엄숙한 장례식에 모든 학생들이 참석했다.

다행히 오래지 않아 앨런은 안정을 되찾았다. 어느 날 아침 앨런은 학교로 오는 길에 버림받은 '사춘기' 비둘기 한 마리와 우연히 마주쳤다. 몰골도 형편없었고 영양결핍에 제대로 날지도 못하는 비둘기였다. 하지만 이번은 끝이 좋았다. 그 새를 회복시키려는 앨런의 보살핌이 이삼 주일 계속되고 나자 완전히 다 자란 비둘기는 상태가 좋아져 성공적으로 자연으로 돌아갔다. 비둘기의 생명을 구한 데 대해 모두들 앨런에게 갈채를 보냈고 앨런은 며칠 동안 자랑스럽게 영웅의 모습을 하고 있었다.

이 년 동안 우리와 지낸 후 앨런 역시 둥지를 떠나려고 했다. 사춘기를 맞이한 벌떼들이 붕붕대는 벌집(공립 중학교)이 부르는 소리는 견딜 수 없는 매혹이었다. 나는 아직은 프리스쿨을 떠날 때가 아니라고 설득했는데, 학습 진도를 따라잡지 못해 다시 한 번 실패라는 딱지를 붙이게 될까봐 염려해서였다.

하지만 앨런은 떠나갔다. 그리고 내가 두렵게 생각했던 일이 금방 일어났다. 한 주일 가량 지나자 앨런의 새 담임선생님한테서 화난 음성의 전화가 걸려왔다. 그 아이가 우리 학교에 있는 동안 아무것도 가르치지 않은 것이 아니냐는 내용이었다. 될 수 있는 한 조용히, 하지만 확신에 찬 어조로 나는 그 선생님에게 앨런의 지난 이야기를 들려주었다. 그리고는 앨런이 우리와 함께 있으면서 성취했던 여러 가지 일들을 자세히 얘기하고, 그 성취가 반드시 정규 학업 부문에서 이루어진 것은 아니지만, 아이가 전에 실패를 맛보았던 성적순의 경쟁적인 교실로 되돌아간 충격을 회복하기만 한다면 그 성취의 결과물을 발견하시리라고 설명해주었다. 나는 그 여교사에게 앨런이 뒤떨어져 있는 기초 학습 부분에 과외로 도움을 줄 수 있는지 알아봐 달라고 설득했다. 이야기는 희망적이고 우호적인 분위기로 끝났다.

신은 진정 앨런 편이었다. 그 학교는 앨런에게 필요한 개인교습을 알선해주었고 정해진 시험기간 안에 과목시험을 모두 통과했다. 뿐만 아니라 영어교사가 학생들에게 자신이 고른 책으로 두 쪽짜리 감상문을 써오게 했는데, 앨런이 갑자기 두각을 나타냈다. 온전히 자신의 본능에 의지해 앨런은 레이첼 카슨의 생태학적 경고가 담긴 고전 『침묵의 봄』을 골랐고, 마침내 8쪽짜리 소논문을 쓰기에 이르렀다. 영어교사는 그 글을 교실에서 읽어주고는 지금까지 자신이 받아본 가장 훌륭한 작문이라고 칭찬했다. 철자와 문법에서 오류가 많긴 했지만 그 작문은 큼직한 글씨로 A+를 받았다.

．．．

샐리는 처음부터 우리 학교의 학생이었다. 저학년 때는 조숙했고 학습에 열성적이었으며 에너지와 활기로 가득 찼었다. 그러다가 사춘기라는 벽에 부딪혔고 모든 일에 흥미를 잃은 듯 보였다. 내 안의 교사기질이 발동해서 나는 점점 무슨 조처든 취해야겠다는 생각을 하게 되었다. 활활 타오르게 만들 수 있는 내면의 불씨를 발견해보려고 내가 생각해낼 수 있는 것은 뭐든지 해보려고 했지만, 모든 일이 연기만 피울 뿐 불꽃을 피우지 못했다.

친구들과의 관계도 소원해진 그 해 샐리가 주로 시간을 보낸 일 두 가지는, 양초 왁스를 녹여 자신의 손 모형을 뜨는 일과 빈 실패 꾸리를 이용해 스스로 고안해낸 작은 베틀로 다채로운 색깔의 로프를 짜는 일이었다. 샐리는 짜고 또 짰다. 마침내 로프는 학교 건물을 두 바퀴 돌고도 남을 정도가 되었다. 얼마나 길어졌나 보려고 샐리가 로프를 길게 늘어놓을 때면 온 학교 학생들이 놀라서 쳐다보곤 했다.

그 때 샐리의 부모는 오랫동안 어렵게 진행되는 이혼소송 와중에 있었다. 그 일은 마침 사춘기가 시작된 샐리가 자기 속으로 움츠려 들려고는 충동을 부추기는 큰 요인이 되었던 것 같다. 다행히 그 무렵 나는 가르치고자 하는 욕구를 늦출 수 있게 되었고, 샐리가 필요로 하는 바로 그 일을 하도록 믿고 지켜볼 수 있는 여유를 가질 수 있었다. 또는 그 아이가 하려고 하지 않는 것을 강요하지 않을 수 있었다고나 할까. 샐리는 졸업식 날까지 계속해서 로프를 짜고 손모형을 만들며 지냈다.

샐리는 그 해 9월 알바니 공립 고등학교에 진학했다. 그 아이는 사실상 아주 역량 있는 학생이었음에도 한 학기가 지나자 끝없이 진부하고 기계적인 학습 방법에 지치기 시작했다. 샐리는 그 다음 해 일 년을 기숙사가 있는 대안학교에서 보내기도 했다. 그 후 어머니의 도움과 학교 교장이 인정하는 가운데 메리(프리스쿨 설립자)를 스승으로 삼고 제한된 형태의 홈스쿨링 프로그램을 해나갔다. 두 사람은 멋진 시간을 보냈는데, 샐리는 학습에 적극적이고 흔쾌한 태도를 다시 회복하게 되었다. 고등학교를 마칠 때 샐리는 장학금을 받고 유명한 사립 대학에 입학할 수 있었다.

어느 날 샐리가 학교를 방문해 교사들과 얘기를 나누면서, 자기가 성인이 되는 과정을 행복하고 성공적으로 통과하는 데 가장 큰 공헌을 한 사건이 뭐라고 생각하느냐는 질문을 받고는 이렇게 말했다. 프리스쿨에서 보냈던 마지막 한 해, 샐리 자신의 말을 빌면 '아무것도 하지 않고' 보냈던 그 한 해였다는 것이다.

· · ·

우리는 우리 학교가 문제 학생을 위한 특수학교여서거나 이런저런 형태의 심리치료를 하는 학교여서가 아니라 깊은 수준에서 마음의 치유가 일어나고 때로는 몸의 치유—여러 해 동안 우리는 천식을 앓고 있는 많은 아이들이 효능이 좋아 매달리게 되는 약물치료를 그만두게 도와왔다—도 심심찮게 일어나는 곳이라는 이유로 우리 스스로를 '치료의 학교'라고 부른다. 때때로 심리치료사 역할까지 해내는 교사들의 도움도 중요하지만, 많은 경우 자기 본능의 인도를 받아 올바른 방향으로 스스로를 이끌어가는 사람은 아이들 자신이다. 또는 어른들은 해낼 수 없는 방식으로 서로에게 영향을 줄 수 있는 것도 아이들이다. 나는 무엇보다 이런 점을 염두에 두고 앞에 있는 사례들을 선택해보려 했다.

우리가 정서 문제나 인간관계 문제에 그토록 많은 주의를 기울이는 이유는, 이러한 점에 충분한 가치를 두고 주의를 기울일 때 학업성취도 물 흐르듯 이루어진다는 사실을 거듭거듭 발견하기 때문이다. 아이들이 자유 속에서 자기 자신을 알게 되고, 자신을 좋아하고, 자신에게 진정으로 속하게 될 때, 놀랄 정도로 짧은 시간 안에 학업을 성취해내기 때문에, 일반 학교에서 학업에 매달려 보내는 그 숱한 시간들은 확실히 무의미한 것이 된다.

하지만 너무도 많은 학교들이 위에서 지시하는 기준에 맞추어 혹독하게 굴러가기 때문에(나쁜 사람들이 운영해서가 아니라) 말 앞에 수레를 매어놓고서 채찍질하는 격이다. 게다가 바퀴는 헛돌고 길은 바퀴자국이 패어 험하기 짝이 없다는 것을 무시하고서 말이다. 배우거나 자라기를 포기하는 아이들은 극히 드물다. 단지 아이들의 마음과 몸을 묶어놓을 때 배움과 성장이 매우 어려울 뿐이다.

주류를 이루고 있는 교육방법론이 무시하고 있는 사실이 있는데, 인간의 발달이 직선적인 발전과정이 아니라는 점이다. 그 과정은 초자연적이고 매우 신비스러워, 꿈의 과정과 흡사하다. 프리스쿨의 경험에 비추어보면, 때로는 정말 아닌 모습으로 표현된다 할지라도 상관치 않고, 아이들 각자의 고유한 성장 국면을 존중해야 한다는 점을 명심할 때, 마지막에 이르러 항상 모든 일이 잘 풀리는 결과를 맞게 되는 것 같다.

이것은 우리가 교육에서 자유방임의 태도를 취하고 있다는 말이 아니다(가끔 그런 이유로 우리를 비난하는 사람도 있지만). 프리스쿨 교사들 역시 종종 학생들에게 이런저런 방향으로 영향을 주려는 시도를 한다. 때로는 직접적으로 때로는 간접적으로, 때로는 부드럽게 때로는 그다지 부드럽지는 않은 태도로. 이 모든 것은 각자 개인의 뜻에 달려 있다. 무엇보다도 프리스쿨은 구성원 한 사람 한 사람이 저마다 자신만의 독특한 형태를 띤 특별함의 전 영역을 발견하고 탐사할 수 있는 그런 장소가 되려고 노력하고 있다.

5

두려움과 배움은 함께 춤출 수 없다

우리가 진실로 두려워해야 할 것은
두려움 바로 그 자체이다.
―프랭클린 델라노 루즈벨트

두려움이란 무서운 놈이다. 게다가 더욱 무시무시한 점은 그것이 스스로를 증식시키는 방식이다. 오늘날 우리는 점점 더 심각하게 두려움에 이끌려 움직이는 사회 속에서 살아간다. 이는 부인하기 어려운 슬픈 현실이다. 전쟁과 테러의 두려움, 핵무기와 경제공황에 대한 두려움, 빈곤, 노화, 죽음의 두려움, 하나하나 예를 들자면 몇 쪽에 이를 정도다. 보험에서부터 방범산업에 이르기까지 우리의 국가경제를 이루는 기초 분야는 온갖 두려움에 대한 방어책과 예방책 그리고 거기에 따르는 재료들과 온갖 상상력이 동원된 별별 발명품들을 우리에게 제공하며 이러한 두려움을 먹이로 삼고 있다. 두려움은 이제 성장산업이 되었다.

강제에 기초한 교육을 작동시키는 기제 역시 이 줄어들지 않는 연료인 두려움으로부터 원동력을 얻는다. 무지와 부정적인 사고가 충분히 준비된 데다가 시간이라는 요소까지 더하면 두려움은 개인이나 집단을 막론하고 마음의 숨겨진 한 구석에서 소리 없이 증식하기 시작한다. 오늘날 국가 차원에서 시작되어 아이들이 있는 교실에까지 파고드는 두려움에 기초한 정책과 결정은 전염병적 추세에 이르고 있다.

프리스쿨은 독자적으로 운영되는 학교이기 때문에 이런 경향성에 그다지 직접 영향을 받지는 않는다. 그렇다고는 하지만 우리 역시 아주 많은 미묘하고 간접적인 영향과 싸우고 있다. 두려움을 최고의 동기부여 조건으로 삼는 전통적인 상벌 체계의 학습법에서 일찌감치 벗어나 있고 또 처음부터 아이들을 속이거나 강요해서 학습으로 유도하려는 의도가 없기에 새 식구들을 솔직하게 대하고 있음에도 두려움의 냄새에 분명한 냄새가 피어나곤 한다.

오늘날 이 나라 전체는 학력 향상이라는 목표에 목을 매달고 있다. 우리는 한때 러시아인들보다 뒤쳐졌는데 지금은 일본인들에게 뒤쳐지고 있다는 식으로, 날이면 날마다 새로운 겁쟁이들이 출몰해서 경고를 해댄다. '뭔가 해야 한다!' '시험성적이 점점 떨어지고 있다!' 물론 표준화된 그 시험이란 진정한 지성의 측정이 아니다. 그러는 가운데 '만약 어떤 일이 기대에 미치지 못하면 더 노력한다'는 참으로 미국적인 전략에 이끌려, 전에는 생각지도 못했던 어린 나이의, 아무런 방어 능력도 없는 취학 이전의 아이들에게까지 학습을 억지로 떠안기는가 하면, 학기 기간을 늘이자는 소리도 계속 높아가고 있다. 그리고는 책망 게임이 뒤따른다. 충분히 가르치고 충분히 요구하지 않은 교사의 잘못이다, 충분히 공부하지 않은 학생의 잘못이다, 충분히 보살피지 않은 부모의 잘못이다, 충분히 높은 표준을 정하지 않은 국가의 잘못이다….

이쯤에서 두려움이 속삭여댄다. 두려움이 지닌 논법은 언제나 돌고 돈다. 그것은 자신의 꼬리를 삼키는 뱀이라는 고대의 이미지와 닮았다. 어디서 시작되어 어디서 끝나는지 알 수 없다. 그래서 이 사악한 고리를 어디서 끊어야 할지도 알 수 없다. 그런데 유감스럽게도 아이들은 언제나 너무도 쉽게 두려움에 감염되고, 자연스럽게 타고난 배움에 대한 욕망과 의지는 그 과정에서 질식해버린다. 부모들의 감정체 영역 안에서 살아가는 아이들은 어른들이 지닌 두려움을 말 그대로 냄새 맡게 되는데, 이것이 두려움이 아이들에게 건너가는 통로다.

내가 여기서 후각을 들고 나오는 데는 두 가지 이유가 있어서이다. 첫째로 두려움(공포)이 특징적인 냄새를 갖기 때문이다. 개나 꿀벌과 함께 많은 시간을 보내는 사람들에게는 잘 알려진 사실이다. 둘째 후각 신경과 두뇌 사이의 연결 부위는 중요한 부분을 차지하고 있고 진화상으로 볼 때도 아주 오래된 부분이기 때문이다. 어떤 특정한 냄새가 강력한 이미지와 기억을 불러일으키는 이 특이한 방식은 몸과 마음의 경계가 만나는 접촉면이 실제로 존재하는 중요한 증거가 된다. 그것은 완전히 무의식적 반응이기에 훨씬 강력하다.

부모가 지닌 두려움을 전하는 데는 말이 필요 없다. 한 번의 근심 어린 표정, 오늘 학교에서 무엇을 했냐 또는 안 했냐고 묻는 한 번의 무심한 질문, 또는 말하지 않고 마음에 품고 있는 어떤 생각조차 아이들에게 두려움을 효과적으로 심어놓을 수 있다. 이 사실을 부모들은 알아채지도 못할 경우가 많다. 부모가 지닌 공포나 의심, 불안 그리고 더욱 미묘한 메시지들—귀로 들을 수 있는 영역을 넘어선 진동들—은 받아들이는 아이들에게 더 큰 영향을 끼칠 수 있다.

물론 그런 뒤에는 성적통지표 배포 시기가 되면 등장하는 고전적 홈 코메디 장면이 연출된다. 화가 머리꼭대기까지 난 아버지가 실패한 아들을 호되게 꾸짖으며 커서 쓰레기통이나 뒤지고 살 거냐고 묻는 그런 장면 말이다. 부모가 터뜨리는 이런 식의 분노는 두려움에 근거를 두고 있음이 명백하지만 너무도 뻔하기 때문에 차라리 아이들이 감당해 내기에 쉽다고 할 수 있다.

• • •

우리의 전체 교육체제와 방법론이 두려움에 근거하고 있다는 사실을 이해하지 않으면 안 된다. 우리는 도대체 왜 모든 학습거리를 씹을 필요가 없을 정도로 끝없이 조각내고 있는가? 왜 그토록 미친 듯이 적성과 학업성취도를 측정할까? 사실상 대다수 아이들과 부모들의 요구를 결코 만족시키지 못할 거라고 생각하는 어떤 체계를 유지하기 위해 국가는 왜 해마다 그 엄청난 돈을 쏟아붓는 것일까?

두려움은 강력한 힘을 지닌 잠재된 정서다. 두려움은 두뇌가 더 높은 차원의 사고를 하지 못하게 만들며, 자동적 생존반응이라는 옆길로 새게 한다. 이 자동적 생존반응에 대해 잠시 상세히 설명해보겠다. 두려움은 부모가 자식의 성장과 발전에 대해 올바르게 사고하지 못하게 막음으로써 많은 사람들이 학교가 제멋대로의 표준에 근거해서 학업

성취를 이루지 못했다는 평가를 내릴 때 의문을 던질 능력을 상실하게 만든다. 두려움에 질린 부모들은 다시 아이들을 두려움에 떨게 만들고, 두려움에 빠진 교사들이 좌지우지하는 교실로 돌아온다. 그 교사들 또한 두려움의 노예가 된 교장의 감독 밑에서 애태우며 견뎌내고 있는 처지임은 말할 것도 없다.

이 일은 계속 또 계속 이어진다. 거대한 공포의 피라미드 꼭대기에 이를 때까지. 그 피라미드 안에 우리 아이들이 갇혀 있다. 그 아이들은 거기서 빠져 나올 길을 생각해낼 수 있는 생리적 상태가 아니다. 빠져 나오기는커녕 각자가 지닌 성격 구조에 따라 끝없이 이어진 방어 전략을 수행하도록 강요받는다. 그 스펙트럼의 한쪽 끝에는 수동적인 타입의 아이들이 망각과 바보 놀음과 주의력 산만 속에 저항의 닻을 내리고 있고, 다른 쪽 끝에는 호전적 타입의 아이들이 적극적 모반을 꾀하고 있다. 그 두 유형은 결국에 가서는 모든 일이 처음부터 자신들에게 불리하게끔 세팅되어 있었다는 사실을 눈치 채고는 그 게임에서 다 같이 손을 떼게 된다.

이것이 두려움이 뇌 속에서 작동하는 방식이다. 오늘날 우리는 두뇌가 세 부분으로 나뉘어져 있다는 사실을 알게 되었다. 작은 부위는 다른 큰 부위의 내부에 겹쳐져 있다. 모든 생물체의 진화 과정은 원래 있던 구조를 없애버리는 게 아니라 그것에 의지해서 덧붙이고 개선해가는 방향으로 나아간다. 인간의 두뇌도 마찬가지다. 인간 두뇌의 가장 안쪽 부분은 파충류뇌라고 적절하게 불리는 원초적인 두뇌 구조물로, 두개골의 기저에 자리 잡고 있다. 진화학상 가장 오래된 이 부위는 중추신경계를 관장하고 생존본능과 행동의 넓은 영역을 통괄한다. 우리가 자기 자신과 환경에 안심하고 있을 때면 이 파충류뇌는 더 발달한 두 개의 두뇌 구조물에 단지 보조적인 역할만 수행한다.

이 원시적인 파충류뇌를 감싸고 있는 것은 더 발달한 형태의 포유류 뇌인 대뇌변연계다. 대뇌변연계는 우리 인간의 인식, 감정, 직관의 근 원이다. 곧 이곳에서 조악한 파충류적 본능은 진정한 지성으로 바뀌고 복잡한 삶의 상황에 따라 적절하게 변화해간다. 또 대뇌변연계는 면역 체계를 만들고 신체의 자기치유력을 관장한다.

마지막으로 먼저 생성된 두 개의 두뇌 구조물을 다 합친 것보다 다 섯 배나 큰 가장 최근에 진화된 두뇌 구조물인 신피질은 그 하급 파트 너들로부터 받아들인 정보를 통합하는 곳이다. 영장류뇌라고도 불리 는 신피질은 우리의 발명 능력, 창조적 사고, 문제해결 능력 그리고 정 신력의 본향이다. 다시 말해 모든 일이 잘 풀릴 때는 하위 두뇌로부터 상위 두뇌로 에너지와 정보가 대체로 순조롭게 흐르고, 하위 구조는 그 새로운 주인인 신피질을 받드는 데 전념하고 새 주인은 세 부분을 통합한다.

자, 그러면 두려움이라는 놈을 이 그림 속으로 가져와보자. 과도한 스트레스와 위협이 가해지면 두뇌는 갑자기 무조건적 후퇴에 돌입한 다. 『인간의 두뇌와 학습』 저자이자 자신이 용어화한 '두뇌친화성 교 육'의 주창자인 레슬리 하트(L. Hart)는 이 자기방어적 반응을 '저속 기어 전환 downshifting'이라 부른다. 엄청난 속도로 달리는 기관차를 갑자기 역행시키는 경우를 상상해보자. 실제로 방향전환이 일어나려 면 몇 마일을 굴러갈 동력에 견줄 만한 힘이 바퀴에 실려야 한다. 상위 두 개의 뇌가 지닌 모든 발전적 힘은 순식간에 파충류적 본능에 봉사하는 것으로 바뀌고, 이기적인 원시적 본능과 방어에 몰두하게 된다. 아무 저녁 시간대라도 좋다. 뉴스를 십 분 정도만 보고 있으면 이 기초적인 생물학적 생존체계의 실제성을 확신하게 될 것이다.

아니면 전통적인 방식으로 운영되는 미국의 학교 교실에서라면 어디에서나 볼 수 있는 학습부진아나 문제아의 괴상한 행동을 하루 동안 관찰해보면 된다.(『학습의 신비』의 저자 제럴드 콜즈(G. Coles)에 따르면 학교에서 일어나는 실패라는 유행병을 합리화시키고 부모들에게 그 책임을 전가하기 위해 창안되었다는 그 어떤 새로운 꼬리표도 이 아이들에게 붙이고 싶지 않다.) 겁에 질린 아이들이 보여주는 괴상한 행동은 매혹적이기조차 하다. 그 아이들이 자신의 현대적인 두뇌를 교실에서 이루어지는 학교교육 게임(Schooling game)에 저항하는 쪽으로 적용시켜 풍부한 계략을 짜낼 때는 정말 그렇다.

토미는 내 교사 경험 초기의 피해자라고 할 만하다. 그 시절의 나로 말하면, 원하지도 않는 아이에게 책읽기나 구구단을 시기에 맞춰 가르쳐야 한다고 아직 고집하고 있는 편이었다. 토미는 수동적인 반항아로, 그날 그날 하는 수업을 드러내놓고 거부하는 일은 결코 없었다. 아직도 아기 같은 오동통한 모습이 남아 있는 이 땅딸막한 여덟 살짜리 꼬마아이는 겉으로는 고분고분한 자세로 너무도 열심히 노력하는데 점점 더 바보가 되어갔다. 어떤 날에는 내가 플래쉬 카드를 인내심에 가득 차서 들고 있는 동안 6 곱하기 3의 답이 8에서 108까지 아무 숫자나 되어 튀어나왔다. 그러던 어느 날 잠자리에서 일어나며 나는 마침내 깨달았다. 바른 답에서 멀어지면 멀어질수록 토미의 보조개진 개구쟁이 미소가 더 환해진다는 사실을. 그 미소에 감사하며 나도 미소로 응대해주고는 그 날을 마지막으로 영원히 플래쉬 카드를 조용히 치워버렸다.

플래쉬 카드 말고도 온갖 창의적인 방법을 동원해서 토미에게 구구셈의 개념을 심어주려고 애써보았다. 산가지나 돈 같은 물건도 활용해보고 노래와 게임도 동원했다. 하지만 토미는 구구셈을 배울 준비가 전혀 되어 있지 않거나 도통 흥미가 없어 보였다. 적어도 내게서 배우는 데는 정말 그랬다. 토미가 저항하는 대상이 산수인지 나인지조차 판단할 수 없었다. 아니면 둘 다였을까. 그 학기가 끝나갈 무렵 불안해진 토미 아버지가 끼어들었고(비판적 성향의 그는 이태 전 아내와 이혼했다), 아이를 공립학교에 보내야겠다고 주장했다. 그는 성실하고 보수적인 노동자 계급 출신의 아일랜드 혈통이었는데, 첫아들의 학습부진에 대해 터놓고 걱정을 해댔다.

뒤돌아보면 토미는 가벼운 실독증(dyslexic)이 아니었나 하는 생각이 든다. 실독증이라는 용어를 쓰는 이유는 때때로 일어나는 특수한 사태를 적절히 설명해주기 때문이지 꼬리표의 의미는 없다. 내 책상 선반 위에 놓여 있는 1963년 판 웹스터 사전에는 이 용어가 실려 있지 않지만 이 말의 의미는 단지 '독서 능력 부족'이라는 뜻이다. 필수과목에 대한 토미의 반응은 대체로 수학 학습에 한정되었다.

나는 여러 가지 이유로 토미가 프리스쿨을 떠나는 것이 유감스러웠다. 첫째, 여러 면에서 토미는 재능 있는 아이였다. 미술에는 보통 이상의 재능이 있었고 운동에서는 벌써 잠재력을 발휘하고 있었다. 애교 있고 사랑받는 성격이어서 결국 우리를 떠나게 되었을 때는 오랫동안 모두들 보고 싶어 했다. 무엇보다 염려스러운 것은 모든 시간이 강제라는 기초 위에 자리 잡은 학습 환경에 토미가 제대로 대응할까 하는 것이었다. 그런 환경에서는 최상의 경우라 해도 자신의 능력을 발휘해 보려는 기회가 제한되기 마련이기 때문이다.

그 때 나는 토미 문제에 비참하리만큼 실패했다고 느꼈다. 아이들이란 스스로 원할 때 그리고 준비가 되었을 때 언제든지 공부하게 된다는 사실을 알기에는 충분한 경험이 없었던 때였다. 토미는 전혀 멍청이가 아니었다. 발전이 없었던 것은 단지 그 아이가 자기의 뜻을 전달하는 방식이었을 뿐이다. "싫어요, 크리스. 미안해요. 하지만 지금 구구단을 외우고 싶진 않아요. 그림 그리고 달리고 레슬링하고 싶다구요. 다음에는 또 모르지만요. 괜찮죠?" 사실 이렇게 말하고 있었으리라. 토미는 작은 데이터를 저장하고 검색하는 기능을 담당하는 신피질 부분에 힘을 보태는 걸 멈추는 방식으로 저항을 표현했다. 게다가 나는 형편없는 교사는 아니었다. 내가 쓴 방법들은 괜찮았고 나는 토미를 좋아했다. 화를 낸 적도 없었고 윽박지르지도 않았다. 아들이 모종의 정신불능 상태를 갖고 있다는 의견을 가지고 부모를 겁준 적도 없었다.

이것저것 따져보면 토미가 공립학교로 옮긴 것은 아마도 최선의 방책이었다고 생각한다. 아버지는 만족했고 안심도 했다. 토미가 더 이상 아버지의 근심과 불만이라는 짐을 지고 다니지 않아도 된다는 뜻이었다. 공립학교의 풍조는 두려움에 좌우되는 아버지의 신념체계와 훨씬 잘 맞았다. 아버지의 신념체계 속에서는 학교공부는 일이었고, 일이란 인간이 해야 할 중요한 무엇이며, 따라서 사람이라면 확실하게 해내야 한다. 결국 구구셈은 익혔지만 토미에게 학교공부는 고등학교를 마칠 때까지 여전히 투쟁이었다. 학습능력은 뒤떨어졌지만 다행히 토미의 예술적 재능은 계속 펼쳐져 나갔고 게다가 챔피언급 레슬러가 되었다. 하지만 불행히도 아버지는, 자식의 미래를 염려하는 다른 많은 부모들처럼 스포츠에 참여하는 일을 채찍 끝의 당근으로 사용했다. 학기마다 한두 개 과목에서 낙제를 하게 되자 학교에서 성공적이었던 축구와 레슬링 경력은 아버지로 인해 때 아니게 끝나버렸다.

• • •

배움을 즐겁고 자연스런 과정으로 여기는 우리 학교와 같은 작은 학교에서 두려움은 어떤 역할을 할까? 그에 대한 해답은 또 하나의 중대한 모순을 드러내준다.

프리스쿨의 비형식적이고 유기적으로 조직된 가족 같은 환경은 공립학교에서 막 피난 온 아이들이 지닌 축적된 두려움을 쉽사리 녹여내긴 하지만 부모들에게는 그 정반대 결과를 초래하는 경우도 흔하다. 말로 표현하든 안 하든 부모들이 던지는 이런저런 의문은 그들이 지닌 불안을 숨김없이 드러낸다. 교과서는 어디 있어요? 숙제는? 애가 하루 종일 놀려고만 하면 어떡해요? 학년도 없고 통지표도 없는데 무슨 수로 공부하고 있다는 걸 알죠? 일반 학교로 돌아가면 어떻게 될까요?

이런 의문들은 사실 모두 정당하며 아이의 안녕을 염려하는 적절한 표현이기도 하다. 나는 정직하고 배려심 깊게 대답하려 애쓴다. 때로는 두려움이라는 주제를 직접적으로 거론하기도 하고 때로는 훨씬 우회적인 방향에서 답하기도 하면서 내가 감지하는 두려움의 정도에 따라 적절히 대한다. 그 거대한 용과 24년 동안 씨름한 후에야 나는 알게 되었다. 이렇게 뭐든지 잠식해 들어가는 부식성 강한 두려움이라는 놈은 인종과 계급을 초월한다. 가장 큰 공통분모는 부모들 자신의 과거 학습의 역사다. 불안에 가득 찬 부모들이 자기들의 학교 경험을 얘기할 때면 그들이 자식들과 마찬가지로 고통을 겪었음을 발견할 뿐 아니라 그들 역시 학습발달을 두고 걱정을 해댔던 부모들 아래서 자랐다는 사실을 알게 된다. 다음 세대에도 싹을 틔울 두려움의 씨앗을 기르기에 딱 좋은 비옥한 토양인 것이다.

걱정에 가득 찬 부모들을 안심시키는 데 몇 년 전 이 곳 알바니에서 열린 교사 워크숍에서 조셉 칠턴 피어스로부터 배운 내용을 이해시키는 것이 효과가 있다는 사실을 알게 되었다. 피어스는 모든 아이들이 태어날 때부터 배움을 추구하도록 배선되어(hardwired) 있다고 말한다. 또 오늘날의 연구에서 밝혀졌듯이 그 학습과정은 어머니의 자궁 안에서부터 시작해서 참으로 놀라운 수준에 이르기까지 진행된다는 것이다. 이 점을 이해한다면 아이들이 어떻게 배우는가가 의문이 아니라 무슨 수로 아이들을 배움에서 떼어놓을 수 있단 말인가가 첫 번째 의문이 될 판이다.

피어스의 이러한 믿음은 정신 또는 마음을 대상으로 하는 정신생물학(psychobiology)의 광범위한 새 연구에 기반을 두고 있는데, 아이들은 저마다 이미 신이 부여한 잠재력을 지니고 있으며, 우리가 흔히 '배움'이라 부르는 것은 그 잠재력의 자연스런 전개라는 것이다. 이 관점은 당연하게 교육(education)이라는 단어의 진정한 뜻이 무엇인가 하는 데로 우리를 데려간다. 에듀케이션은 '이끌어낸다'는 뜻인 라틴어의 에듀케어(educare)에서 나왔다.

피어스는 타고 태어나는 학습력이라는 자신의 개념에 하나의 중요한 조건을 덧붙였다. 만약 아이들의 개성적인 특질과 고유한 발달 시간표에 맞추어 환경이 적절하게 따라준다면 어떤 아이나 지성이 충분히 피어난다는 것이다. 이 '만약'이라는 조건이 얼마나 중대한 의미를 띠고 있는지는 쉽게 알 수 있다. 출생 때를 예로 들어보자. 모체로부터 오는 신호들, 심장박동, 목소리, 감정 상태뿐 아니라 아버지나 형제자매가 보내는 신호에 반응하는 태아인 상태로 자궁 안에서 이미 시작된 학습은 흔히 현대적이고 '과학적인' 출산 과정으로 말미암아 심각하게 방해받는다. 신생아의 초기 성장은 어머니와의 완전하고 즉각적인 연대에 전적으로 달려 있는데, 병원의 일상체계는 그 자체가 아이와 어머니의 연대를 끊어놓는다. 의료체계 역시 두려움에 그 뿌리를 두고 있다. 그 의료행위의 처치자들은 수혜자들에게 두려움을 심어주는 데 시간을 들일 필요조차 없다.

이것이 어린아이들의 자아가 온전히 발달하는 데 필요한 양육과정에 가해지는 일련의 장애가 시작되는 바로 그 지점이다. 그에 이어 텔레비전과 소비문화가 제공하는 온갖 유혹물과 인공적인 대체물들이 우리 아이들을 인간의 피가 흐르지 않는 그 품안으로 데려간다. 그리하여 현 세대의 모든 아이들이 그런 문화에 저항할 수 없는 상태가 되어 우리에게 온다. 이것은 토미의 아버지와 같은 입장의 부모들에게 자식의 장래를 걱정하며 불안에 떨며 공포의 수레바퀴를 굴리기 시작하는 충분한 이유를 제공한다.

． ． ．

그로부터 몇 년 후 학기 초에 또 한 명의 갓 피어난 어린 예술가가 나를 찾아와서는 수학을 공부하고 싶다고 말했다. 다음 해 9월에 공립 고등학교로 옮겨갈 준비를 하기 위해서였다. 네 살 때부터 우리와 함께 지내온 애비는 큰 키에 쾌활하고 낙천적인 아이로, 재치 있는 유머를 훌륭하게 구사하는 재능이 있었다. 토미처럼 애비 역시 자신만의 강렬한 내면적 삶을 갖고 있었고 자기 작품 속에 이것을 형상화해내기를 좋아했다.

애비가 처음으로 '일층 아이', 다시 말해 유아과정 교실에서 초등과정 교실로 옮겨 왔을 때(알바니 프리스쿨은 이층의 넓은 홀이 유아들 공간이다) 애비는 읽기나 쓰기, 산수 따위에는 거의 흥미를 보이지 않는 대신 다른 아이들과 함께 공상적인 연극을 하거나 혼자 할 일 없이 자거나 백일몽에 빠져든 채 많은 시간을 보냈다. 그 해는 로잘리가 담임을 맡았는데 이 점은 애비에게도 좋은 일이었다. 가끔 로잘리는 교과학습 속으로 애비를 유인해보려고도 했지만 애비는 잘해야 미온적인 반응을 보일 따름이었다. 여섯 살은 여전히 마법의 세계가 계속되는 나이이고, 로잘리는 멀찍이 물러앉아 몇 안 되는 아이들의 어미닭 노릇을 하는데 그야말로 만족했다. 게다가 그 아이들 모두는 정말이지 마법의 아이들이었다.

나는 가끔 애비를 데리고 산수 공부를 했던 기억이 난다. 일곱 살 때 애비는 숫자를 깨쳤는데, 100까지 셀 줄 알았고 그다지 어려움 없이 덧셈과 뺄셈을 익혔다. 그렇긴 했지만 애비는 뭔가 억압받고 흥미를 잃어버린 듯한 모습을 계속 보였는데 개념이 점점 복잡해지자 그 모습은 점점 더 하나의 증상으로 굳어져갔다. 마침내 애비는 산수과목에 손을 들어버렸다.

읽기에서도 아주 비슷한 상황이 펼쳐졌다. 애비는 책읽기를 즐기는 가정의 아이였고 이야기를 듣는 것도 좋아했지만, 여러 해 동안 '암호해독'에 진전을 보지 못했다. 문자나 숫자를 읽는 법, 반대말 알아맞히기에서조차 실독 증상을 보일 뿐 아니라, 한 번 획득한 능력도 단계를 높여 조금이라도 바뀌면 불능 상태에 빠지곤 했다.

당연히 이런 모습은 부모들에게 불안감을 불러일으켰고 교사들도 어느 정도 걱정을 하게 되었다. 그러나 집과 학교 사이의 긴밀한 교류와 신뢰 덕분에—여기에 아이의 지성과 배우고 성장하려는 의지에 대한 근본적 믿음이 더하여—우리의 집단적 불안감이 발동하는 것을 저지할 수 있었다. 하지만 사태가 그렇게 단순하지만은 않았다. 애비의 외할머니는 당시에는 이미 은퇴했지만 치료용 독서지도 전문가였는데, 손녀가 여덟 살이 되었는데도 제대로 책을 읽지 못한다는 사실에 몹시 걱정하고 있었다. 할머니의 불안은 애비의 부모들에게 재빨리 퍼져갔다.

이제는 은퇴해서 수업은 맡고 있지 않지만 우리가 자주 조언을 구하는 메리는 설령 야생마 한 무리가 와서 설친다 해도 애비가 책읽기를 배우는 것을 방해할 수 없을 거라고 확신하며 모두에게 냉정을 지키라고 조언하면서 자연에게 길을 내주라고 말했다. 그러나 한편으로는 할머니의 불안이 희생자를 구하기 시작했는데, 애비의 부모들은 읽기 지도 개인교사를 고용하기로 결정하는 동시에 엄마가 집에서 가르치기 시작했고, 점점 걱정의 도를 높이고 있는 친정어머니한테서 치료용 훈련 교재를 얻어왔다.

애비에게 이렇다 할 진전이 보이지 않자 실제로 '읽기 장애'가 있다는 진단을 내릴 상황으로 기울어져갔다. 애비의 할머니가 치료용 독서에 관한 워크숍을 우리에게 베풀기 위해 알바니 방문을 제안한 것은 바로 이 무렵이었고, 메리는 현명하게도 그 제의를 받아들이라고 우리에게 충고했다. 그이가 주는 정보를 우리가 마음을 열고 받아들이는 걸 보자 그 걱정은 눈에 띄게 줄어들었고, 할머니에서 어머니로 그리고 아이에게로 전달되는 불안과 두려움도 상당히 완화되었다.

그러나 결과적으로 애비는 열 살이 다 되어서야 겨우 읽기를 깨쳤다. 어떻게 읽기를 익혔는지는 아직도 미스테리다. 개인교수법이 결국 적중했을까? 할머니의 전문가적 식견 때문이었을까? 또는 샤를렌느가 애비가 지은 멋진 시를 대신 써주기도 하고 애비의 절묘한 언어와 그림으로 책과 잡지를 꾸며보기도 했던 시 쓰기 특강 때문이었을까? 아니면 단순히 원하는 시간에 원하는 방식으로 공부하도록 해준 결과일까? 아마도 그 모든 것이었으리라.

흔히 말하는 늦깎이 독서가에게 흔히 일어나는 현상이 애비에게도 나타났다. 혼자서 책을 읽을 수 있게 되자 애비와 좋은 책은 갑자기 뗄래야 뗄 수 없는 단짝이 되었다. 애비는 자기 나이보다 수준 높은 장편소설을 물릴 줄 모르고 계속 읽어댔다. 어떤 일도 애비의 자발적인 참여 없이 이루어진 적이 없었다는 점을 감안할 때(읽기 지도교사를 좋아했고 둘이서 그 시간을 완벽하게 즐겼다), 읽기를 배우는 과정이 귀찮고 번거로운 일이 된 적이 결코 없었다는 사실을 여기서 특히 강조해두고 싶다. 또한 애비가 뭔가 결함이 있다는 판단을 남에게서 직접 받아본 적이 없었다는 점도 중요하다. 학교에서 읽기 학습을 자신의 뜻과 상관없이 강요당했던 많은 사람들이 인생을 통해 영감과 기쁨의 원천이 될 수 있는 독서에 즐거움을 느끼지 못한다는 사실을 나는 알고 있다.

애비가 내게 가르침을 청해왔던 그 수학 수업으로 돌아가자. 특별수업 첫 시간이 시작되는 바로 그 시간 애비는 다른 아이들보다 먼저 와서 책상 앞에 앉아 나를 기다리고 있었다. 애비의 책상 위에 놓여 있는 낡은 학습장 위에는 눈물이 가득 고여 있었는데, 그 학습장은 애비가 수학을 포기하기 전에 사용했던 옛 시절의 기념물이었다. 나는 애비 앞에 앉아 재빨리 무슨 일이냐고 물었다. 애비는 수학을 못해낼까 두렵고, 자기에게는 너무 어려운 게 아닌가 하는 생각이 자꾸 들어서 그런다고 했다. 나는 애비가 읽기를 처음 익힐 때 겪었던 이런저런 어려움들을 같이 이야기했고, 하지만 한 번 준비가 되자 얼마나 재빨리 읽기를 익혔던가를 상기시켜주었다. 그리고 이제 수학과 한 번 맞붙어보려고 마음먹은 것은 정말 잘한 일이라고 말해주었다.(이 시기가 되면 똑같이 시도하는 아이들을 보았다.) 두뇌 속의 수학 학습회로가 좀 더 완전해질 때까지 기다린 것도 현명한 판단이었다고 본다고 했다. 애비와 나는 사실상 문제는 두려움이라는 데 의견을 같이했다.

이번에는 완전히 새로운 이야기가 전개되었다. 애비는 수학을 해낼 수 있을 뿐 아니라 수학이 실로 재미있다는 사실을 재빨리 발견해 나갔다. 일주일도 못되어 구구단을 외우게 되자 그 때부터 만사형통이었다. 어린 시절에 보였던 기억 '기능장애'의 흔적은 없었다. 수학이 식은 죽 먹기인 아이들처럼 새로운 개념을 그렇게 쉽사리 습득해내지는 못했지만 학습태도는 긍정적이었고 꾸준히 발전해갔다. 애비의 목표는 학년말까지 자기 학년 수준에 도달하는 것이었다. 6월이 되자 애비는 대수방정식을 비교적 쉽게 풀게 되었다.

애비는 공립학교라는 멋진 신세계로 진입하는 일에 흥분해 있는 만큼이나 눈에 띄게 불안해했다. 학습에서 다른 아이들을 따라잡을 수 있을지가 여전히 큰 걱정거리였는데 그 두려움은 근거 없는 것이었음이 드러났다. 고등학교에서 첫 학기가 끝나고 결과를 알리는 게시판 명예의 명단에 애비의 이름이 실렸고 다음 학기에도 그 이름은 훌륭히 그 자리를 지켰다. 애비는 창조적인 면에서 계속 탁월성을 보였는데 한 번은 젊은 예술가들을 위해 열리는 이름 있는 여름 캠프에 참석할 수 있는 장학금을 따내기도 했다.

· · ·

두려움과 배움은 최악의 댄서 파트너이다. 애비는 같이 지내는 부모와 교사들이 자기 속의 두려움을 극복해냈기 때문에 애비 자신의 내적 스케줄에 따라 스스로 발전할 수 있는 기회를 가진 행운아들 가운데 한 명으로 쳐야 한다. 여기서 애비의 배움은 무엇보다 애비 자신에 속한 일이라는 믿음을 부모와 교사들이 계속 견지했다는 점이 무엇보다 중요했다고 생각한다. 애비가 배우고 익힐 때 그것은 자기 스스로가 지닌 이유들 때문이었다. 전환점이 올 때마다 동기는 애비 자신으로부터 나왔고 그렇지 않은 경우는 없었다.

이 점은 아무리 강조해도 지나치지 않는다. 「벌이 되는 보상 Punished by Rewards」 「좋아요 스티커의 문제점 Trouble with Gold Star」 「보상 계획 Incentive Plans」 「A학점 A's」 「칭찬과 뇌물 비슷한 것들 Praise and Bribs」 같은 글에서 알피 콘(Alfie Kohn)은 거듭된 연구를 증명해 보이고 있다. 상과 벌에 기초해서 일하는 사람들은—학교의 아이들과 회사의 어른들을 막론하고—자발성을 지닌 사람들이나 활동 그 자체에서 만족을 얻는 사람들에 비해 훨씬 능률이 떨어진다는 사실이다. 벌과 같은 부정적인 수단으로 학습 능률을 올리려는 방법이 낳는 저해 효과가 얼마나 큰가 하는 문제는 일반 학교교육에서 받아들여지고 있는 심리학인 행동주의 심리학의 창시자 스키너(B. F. Skinner)가 이미 수십 년 전에 제기한 주장이라는 사실을 콘은 지적한다. 그리고 나서 자신의 조사결과를 토대로 칭찬과 같은 아주 단순한 형태의 긍정적 수단을 사용한 방법조차 학습과 목표달성에 심각한 해악을 가져올 수 있다는 사실을 보여준다.

이런 일이 일어나는 이유는 두려움 때문이라고 나는 확신한다. 이제 와서 알게 된 일이지만, 이 두려움은 배움이라는 과정과는 생물학적 의미에서 양립할 수 없다. 대부분의 현대 학교에 만연해 있는 통제와 감시, 측정이라는 학습 환경은 온갖 통제의 덫 없이는 어떤 건설적인 일도 일어나지 않으리라는 두려움과 불안을 말없이 전해준다. 이와 같은 통제체제는 삶을 '만인에 대한 만인의 투쟁'으로 보는 홉스적 견해에 깊이 뿌리내리고 있다. 그 견해에 따르면 아이들을 그 특유의 욕망과 의지에 맡겨둘 때 일생을 준비하기 위해 필요한 것들을 스스로 알아서 배우고 익히리라고 믿을 수 없다는 것이다.

두려움을 다스리는 해독제는 신뢰다. 이 약은 불행히도 오늘날의 그 많은 약품들과 달리 캡슐에 담겨 있지 않다. 뿐만 아니라 지금까지 이 신뢰에 이르는 쉽고도 빠른 10단계 같은 자가치료용 매뉴얼 같은 것도 본 적이 없다. 돈을 들여 구할 수 있다는 보증은 물론 없다. 신뢰는 얼마만큼은 미지의 뭔가와 연관되어 있고, 미지의 것은 당연히 위험을 수반한다. 그럼에도 아이들이 스스로 책임질 수 있다는 믿음을 갖고 전폭적인 신뢰를 보여줄 때 훨씬 빨리 또 쉽게 배우고, 그 배움은 특정 기간에 끝나지 않고 평생을 두고 이어진다. 애비를 포함하여 프리스쿨을 거쳐 간 수많은 아이들이 오늘날에 이르기까지 그 살아 있는 증거가 되어주고 있다.

6

농축된다는 것의 의미

키도 들쭉날쭉, 생긴 것도 각양각색, 도시 중심의 빈민가에 살거나 교외 주택가에 살거나 사는 곳도 다양한 아이들, 이 아이들 스물다섯에 어른 셋, 모두 스물여덟 명을 산등성이에 있는 30만 평의 땅으로 데려가자. 땅 위에 서 있는 몇 그루 건강한 사탕단풍나무 몸통 남쪽 부분에 작은 구멍을 뚫고서 삽관을 박고 뚜껑 달린 통을 갈고리로 연결해 그 밑에 매달자. 나무들에게 감사하는 걸 잊지 말고. 맨 처음 수액 방울이 뿜어져 나오는 걸 보며 숨을 죽이며, 얼었다 녹았다 하는 규칙적 순환이 잘 이루어지도록 기도하자. 수액이 통 속으로 방울방울 떨어지도록 해주는 얼고 녹는 순환. 통이 가득 차면 통을 비운다. 20리터들이 플라스틱 통에 든 무거운 수액을 증발솥 옆에 있는 집수통까지 끌어와서 그 귀중한 나무의 혈액을 부어 담자. 1, 2, 3단계를 뺀 나머지 모든 단계를 필요한 만큼 반복한다. 아, 그리고 기억하자. 통을 비울 때마다 얼음처럼 차고 달콤한 보석 같은 그 액체를 오랫동안 꿀꺽 꿀꺽 마시자(물론 의사 선생님 몰래).

2백 리터들이 드럼통이 거의 다 차면 떨어진 가지나 죽은 채 서 있는 마른 나무를 구하러 숲으로 가자. 아치 아궁이까지 땔감을 끌고 와 이인용 활톱으로 적당한 길이로 자르자(엔진톱은 금물. 황폐의 근원). 같이 일하는 법을 배우고 좋은 땔감과 썩은 나무를 구별하는 법을 배우자. 썩은 나무는 탈 때 화력이 없다. 가지를 더 많이 끌고 오자. 잡목 숲을 헤치다 얼굴도 긁혀보자. 깊고 축축한 눈구덩이에 한 쪽 장화를 빠뜨리기도 하고… 땔감을 더 자르자….

"나무가 더 있어야 돼! 불이 꺼지면 좋겠니? 빨리 해 빨리!"

"그래도 난 추워. 지쳤어. 젠 아무것도 안 하잖아. 난 장갑이 없어. 하지만 난… 하지만 난…."

잠시 쉬면서 눈싸움이나 할까. 길 옆 큰 진흙 웅덩이에서 놀자. 차가운 회색 구름 속에서 해가 빠져 나올 때면 햇님에게 환호하자.(뉴에이지, 아니면 올드에이지 풍의 그럴듯한 어떤 제의도 사절. 오직 아이들만이 따뜻한 태양의 품에 갑자기 안길 때 자연스레 노래가 쏟아진다.) 맛있는 음식을 실컷 먹고 달콤한 수액을 좀 더 많이 들이키자.

마른 나무와 눅눅한 땔감을 넣고 아주 뜨거운 불을 활활 지펴보자. 소나무 밑부분에 붙어 있는 죽은 가지가 꺼져가는 불을 살리는 데는 약이 된다. 찾기만 한다면 자작나무 껍질이 더 좋다. 불에 데지 않고 부엌용 성냥으로 불을 피우는 법을 배우자. 일단 불이 붙고 잘 타오르면 단풍나무즙 40리터를 널찍한 증발용 팬에 붓자. 두 줄로 쌓아 올린

콘크리트 벽돌 아치에 불이 타오르고 팬은 그 위에 어쩐지 불안하게 놓여 있다. 솥을 지켜보며 끓는지 어떤지 끊임없이 살피자. 모두모두 모여 불 옆에 앉아 춥다고 느껴지면 잔가지를 더 집어넣자.(장작더미 가운데 불꽃이 항상 춤추도록 하자.) 소용돌이치며 피어오르는 수증기를 바라보고 두 눈에 연기도 넣어보고…. 김이 자욱이 어린 거품 이는 덩어리 속에 작대기를 쑤셔 넣고 점점 단맛이 나는 수액을 맛보자. 시럽이 다 되려면 밤낮으로 온종일이 더 걸려야 하는지 물어보자. 시럽 1리터를 만들려면 40리터가 넘는 수액이 필요하다는 사실을 알자.

해가 지고 첫 번째 별이 나타나는 모습을 지켜보자. 소원을 비는 것을 잊지 말고. 어둠이 점점 스며 들어와 우리를 감싸게 두자. 다시 쌀쌀해지기 시작하면 코트와 모자를 어디에 두었는지 생각하자. 발이 젖었으면 양말을 갈아 신고 장화 안쪽이 젖었으면 신기 전에 비닐 봉지를 발에 씌우자. 모두들 다시 밖으로! 상상력을 발휘하면 마른 부들 꼭지가 멋진 횃불이 된다. 겨울은 가고 봄이 오는 달밤, 불꽃 주위로 흥분한 부나비 떼가 뛰어드는 모습을 지켜보자. 아 그리고 달, 달을 잊지 말자. 성능 좋은 망원경도 갖고 나와 생전 처음으로 진짜 가깝게 관찰해보자. 목성과 토성도 찾아볼까. 항성들, 행성들 그리고 우주 전체에 호기심을 품어보고 온갖 질문을 던져라. "왜 답을 못하는 게 있어요?" 하는 질문까지. 더, 더 갸웃거려보자.

아주 아주 피곤해지자. 멋진 피로감("아직도 시럽이 멀었어?") 낡은 오두막 안으로 들어가 목탄 스토브가 타는 곳에서 되도록 가까운 자리에 따뜻한 잠자리를 만들자. 엄마나 아빠가 보고 싶으면 몸속에서 보고 싶다는 느낌이 어떻게 일어나는지 또 어디서 일어나는지 지그시 느껴보자. (이렇게 마음이 약해질 때 멋지게 위로해줄 사람이 곁에 있다면 얼마나 좋을까?) 누군가에게 그림 동화책을 읽어 달라고 하자. 그 목소리를 들으며 깊고 꿈 많은 잠 속으로 빠져들자.

아침에 일어나 부엌 화로 위에서 졸여지고 있는 시럽을 마무리한다. 자, 아침식사는 승리의 팬케이크다. 축하해요. 축하해. 드디어 우리가 해냈어. 그 호박빛 도는 쫀득쫀득한 농축액은 길고 긴 하루의 힘든 노동과 놀이의 대가로 돌아온 달콤한 상이야. 적당한 육체적 정신적 고난을 치르고서 받은 보상. 팬케이크 한 장 더 먹든지 시럽 속에 손가락을 푹 담구었다 꺼내서는 빨아먹자. 찬사의 말이 솟아날 때까지. 오 정말 멋져!

• • •

단풍시럽 만들기는 아이들에게 재미있고 신나는 일이기도 하고 또 교육과정에 비유할 수 있는 멋진 메타포이기도 하다. 무엇보다 나는 이 농축(concentration)이라는 개념을 내 맘대로 다루고 싶다. 내가 '농축'이라고 할 때 그것은 강렬한 정신 작용을 일컫는 말, 곧 집중도 아니며 상금을 탈 목적으로 성냥개비 반쪽의 행방을 기억해 두는 오래된 텔레비전 쇼를 두고 하는 말도 아니다. 여기서 나는 뭔가 소중한 것의 진수를 얻으려면 어떻게 해야 하는가 하는 문제에 관해 말하는 중이다. 달리 표현해보자면 우리가 다루어내야 하는 일로부터 가장 최상의 것을 얻어내는 방법에 관해서랄까.

우리가 살고 있는 이 세상에서는 경험과 그 경험의 의미 사이에 점점 틈이 벌어져가고 있다는 것은 누구나 다 아는 사실이다. 특히 오늘날 아이들은 점점 더 정신을 흩뜨려놓는 정도의 혼란에 직면해 있기 때문에 중요한 것과 중요하지 않은 것을 구별하는 능력이 언젠가는 사라져버리는 게 아닐까 하는 염려가 든다. 이러한 관점에서 교육의 진정한 의미를 정의하려면, 어떤 내용이든 하나의 과정에 대한 설명을 반드시 포함시켜야 한다고 생각한다. 그 과정이란 밑바닥에 깔린 귀중한 보석을 얻기 위해 더껑이를 걷어내는 방법, 또는 마지막으로 남는 정수를 얻기 위해 자신의 경험을 끓이고 또 끓이는 방법을 차츰차츰 발견해가는 그런 과정을 말한다.

바로 이것이 우리가 아이들을 레인보우 캠프로 데려가는 이유이다. 레인보우 캠프는 버크샤이어 산맥의 뉴욕 쪽 산기슭에 자리 잡은 반야 생지에 있는 우리의 '학교를 떠난 학교'다. 호숫가에 자리 잡고 있는 삐걱거리는 낡은 오두막은 아직도 끊임없이 수리를 해야 하지만 점차로 매사추세츠에 있는 메리의 가족농장을 대신하는 장소가 되어가는 중이고, 오늘날 흔히 '야외교육'이라고 알려져 있는 것의 우리식 내용을 실현하는 무대가 되고 있다.

캠프에서 보내는 시간은 프리스쿨 교육의 통합편이라 할 수 있다. 그 곳에서 나는 여러 해 동안 많은 아이들이 인격적 혁명을 이루는 모습을 지켜보아왔다. 그러한 인격 혁명이 일어나는 이유는 가족체제로부터 벗어난 자신의 존재를 갑자기 발견해내는 데도 있지만 마음을 의지할 만한 소품이 거의 없다는 사실 덕분임이 분명하다. 예를 들면 텔레비전도 라디오도 없으며 난방은 나무로 한다. 뿐만 아니라 겨울 동안은 수도도 쓸 수 없어 수세식 변소를 쓰려면 호수로 흘러드는 근처 개울에서 물을 길어 와야만 한다. 이는 물을 낭비하는 것은 사실상 육체적 고난과 이어진다는 것을 뜻한다. 모든 아이들은 화장실에서 물 보존의 제1법칙을 재빨리 깨우친다. '만약 변기 물이 노란색이면 더 익게 내버려 두자. 만약 물이 갈색이면 왈칵 쏟아져 내리게 하자.'

캠프에서의 하루하루는 마치 19세기 시골 농장 생활과 같다. 우리는 여러 세대가 모인 대가족처럼 살며 가장 나이 어린 꼬마도 음식을 만들고 빨래하고 나무하고 물 긷는 집안일을 거든다. 가장 나이든 언니는 어린 동생들에게 잠들기 전에 이야기책을 읽어준다. 노동이 아주 심할 때도 있다. 특히 수확철이 되면 모든 아이들이 스태미너 면에서 시험대에 오른다.

· · ·

레인보우 캠프의 생활에 무슨 판에 박은 방식은 없다. 그 곳에서의 삶은 순간의 필요에 지배되기 때문이다. 1930년대에 빌헬름 라이히가 썼던 용어인 '자율'과 '일 속의 민주주의(work democracy)'는 우리가 지향하는 바를 부분적으로 나타내주는 말이다. 자율이라는 말 속에 숨은 생각은 이런 것이다. 아이들이 자기 자신의 리듬을 조절하는 법을 익히게 된다면(빠를수록 좋다), 또 자기 자신이나 다른 사람의 잘못으로 생긴 결과를 보면서 책임 있는 선택을 하는 법을 배울 수 있다면, 또 자기 자신이 무엇을 필요로 하는지 알아내는 법을 배울 수 있다면, 그런 아이들은 창조적이고 만족스럽고 의미 있는 삶을 누릴 만한 자발성 있는 어른이 될 준비를 충분히 갖추게 되리라는 것이다. 런던에서 서머힐을 주제로 닐이 열었던 한 강연에서 라이히는 자신이 생각한 바로 이 원칙에 따라 운영되는 학교가 있다는 것을 알고는 전율을 느꼈다.

라이히가 '일 속의 민주주의'라는 말을 만들어낸 것은 국가 정치체제의 변혁을 통해 유럽에서 커다란 사회변혁을 일으켜보려 했던 시도가 있고 난 후였다. 라이히는 결국 몽상에서 깨어났고 어떤 깃발 아래서든 권력에 기반을 둔 정치체제는 그것이 아무리 '사회적으로 민주적'이라 할지라도 사회문제의 진정한 해결이라는 점에서는 진전이 없을 수밖에 없다는 결론에 이르렀다. 이와는 달리 일 속의 민주주의란 사람들이 공동의 일과 목표를 두고 자발적으로 유기적인 조직을 만들어갈 때 거기에 속한 한 사람 한 사람이 서로 도우며 저마다 성취에 이르도록 해주는 자연스런 창조성과 결단력이 나타나게 된다는 생각이다. 이 속에서는 경쟁보다 협력이 핵심 가치이다.

레인보우 캠프에서 이루어지는 생활이 언제나 '민주적'인 것은 아니다. 적어도 오늘날 가장 일반화되어 쓰이고 있는 민주적이라는 의미에서는 말이다. 일상이라는 것은 흔히 바로 그 때 그 자리에서 하고 싶지는 않은 일을 하라고 요구하기 십상이다. 때때로 우리는 일을 하게 몰아간다. 전체모임도 투표도 없다. 단지 이렇게 말할 뿐이다. "일 좀 해라!" 그리고는 그 일을 해내기를 바란다.

이런 방식은 캠프에 처음 참가하는 어떤 아이들에게는 경악으로 다가오기도 하는데, 대부분 집에서 제멋대로 굴어버릇하는 아이들한테서 자주 나타나는 현상이다. 이는 사회 계층에 관계없이 점점 기승을 부리며 나타나는 양상 가운데 하나다. 한 번은 세 명의 어린 반항아를 한꺼번에 맡게 되었다. 모두 공립학교에서 전학 온 지 얼마 되지 않은 그 아이들은 밤 동안 땔 나무를 나르지 않겠다고 버텼다. 일을 하지 않으면 점심은 없다고 하자 알바니까지 25마일을 걸어서 집으로 돌아가겠다고 셋이 맹세를 했다. 아이들이 1마일 가량 길을 따라 내려갔을 때 뒤따라 잡은 나는 녀석들을 밴에 집어 실으며 각자 어머니에게 승락을 얻어낸다면 너희들 멋대로 가게 해주마고 했다. 장작이냐 집으로의 전화냐를 선택하라고 하자 아이들은 장작을 선택했다. 일단 그렇게 일이 돌아가자 세 명은 남은 기간을 알차게 지냈고 큰 소나무를 타는가 하면 숲 속을 헤매며 끝없는 모험을 찾느라 정신을 잃을 지경이었다.

또 한 경우는 라킴이라는 아이였는데, 빈민가에 위치한 교구학교에서 밀려나 우리 학교로 오게 된 아기 같은 얼굴을 한 11살 소년이었다. 라킴은 다른 아이에게 빌린 슬리핑백을 쓰고 난 뒤 다시 개켜 주머니에 집어넣는 일을 하기 싫다고 떼를 썼다. 침낭 주인인 어린 아이에게 침낭 정리를 떠넘기겠다는 심사였다. 이런 경우라면 상대편 아이가 전체모임을 소집할 수도 있었다. 나 역시도 그렇게 생각했고. 하지만 아이들이 전부 집으로 돌아갈 준비를 하느라 너무 바빴기 때문에 비민주적이게도 내가 끼어들었다.

나는 이 때야말로 아버지 없이 억압적인 어머니 밑에서 자란 라킴을 그런 관계와는 다른 새로운 유대 속에 끌어들일 절호의 기회임을 직감적으로 깨달았다. 나는 빌린 침낭은 빌린 사람이 끝까지 자기 몫으로 챙겨야 하며 자기 짐을 모두 정리해야만 아침밥을 먹을 자격이 있다고 말했다. 예상한 대로 비만기가 있고 화를 잘 내는 성격의 라킴은 욕설을 뇌까리며 샐쭉해져서는 쿵쾅거리며 이층으로 올라가버렸다. 아침 식사 시간이 가까워졌지만 우리의 라킴에게서는 아무 소식이 없었다. 나는 아이들에게 라킴이 아침을 굶는 데 돈을 걸겠다고 선언했다. 그러자 마침 라킴과 같이 교구학교에서 옮겨온 아이작이 한 쪽 손을 번쩍 들면서 소리쳤다. "아침 먹는 쪽에 1달러!" 우리는 서로 합의를 보고는 다시 각자의 일을 계속하기 시작했다.

5분이 더 흘러갔지만 라킴에게서는 아무런 소식이 없었다. 나는 아이작에게 식사 준비가 다 되었으니 주머니를 몽땅 뒤져 1달러를 모아두는 게 좋을 거라고 했다. 그러자 아이작은 부리나케 이층 계단을 뛰어올라갔고 잠시 후 라킴이 조용히 나타났다. 그리고는 침낭 주머니 속에 잘 정리된 침낭을 주인에게 돌려주는 것이었다. 내가 아이작에게 깔깔한 1달러짜리 새 지폐를 건넸을 때 주위는 온통 즐거운 웃음소리로 가득 찼다.

참으로 아이로니컬하지만 아이작은 라킴 문제로 그 전날 밤 전체모임을 소집했던 아이였다. 이유인즉 라킴이 목탄 스토브 옆 안락의자에 앉아 있는 자기를 을러대고 위협해서 밀어냈다는 것이었다. 모임이 열리는 동안 라킴은 아이들이 일어난 사건을 설명해보라고 하자 뿌루퉁한 얼굴로 계속 발뺌만 해댔다. 아이작은 라킴이 스스로 문제를 끝내기 위해 다시 모임을 소집할 마음이 들 때까지(결국 그렇게 했다) 그 의자에 계속 앉아 있어야 한다는(그것도 필요하다면 밤새도록) 제의를 했고 아이들의 동의를 얻어냈다. 내가 내기에 져서 아이작에게 돈을 지불하는 행위를 통해 라킴이 아이작이라는 진짜 친구를 갖고 있다는 점을 지적해주었다고 확신한다. 지금은 둘 다 그렇게들 생각한다.

라이히라면 레인보우 캠프에서 우리가 벌이고 있는 어릿광대짓을 자율과 워크 데모크라시의 실행으로 보아주리라 생각한다. 캠프에서는 모두가 책임 있는 행동을 하고 협력해서 일하는 것이 필수적이다. 대부분 아이들은 재빨리 요점을 터득한다. 그렇긴 하지만 캠프에서나 학교에서나 우리는 '민주주의'든 '일 민주주의'든 그 무엇이든 어떤 이데올로기적 개념을 지나치게 엄격하게 신봉하지 않으려 노력한다. 아무리 훌륭한 이상이라 할지라도 신봉되고 원칙화될 때는 독으로 바뀌기 십상이다.

이런 이야기를 하다 보면 '아이들과 노동(일)'이라는 주제에 관한 닐의 주장에 이의를 제기하게 되는 대목으로 나아가게 된다. 닐은 『서머힐』에서 이렇게 말했다. 어떤 아이가 자발적으로 일하는 것처럼 보인다면 그 아이는 어떤 점에서는 어른으로부터 세뇌된 상태로 봐도 된다는 것이다. 내가 닐의 말을 전적으로 부정하는 것은 아니지만, 프리스쿨에서의 경험은 내게 다른 견해를 갖게 해주었다. 닐은 본성적으로 반항인이었고, 서머힐은 항상 반항적인 성향을 지닌 중산층 또는 중상류층 아이들로 대부분 채워졌다. 이 주제에 관한 닐의 결론에는 이런 요소들이 적지 않은 영향을 끼쳤을 거라고 생각한다.

나는 아이들이 자발적으로 일하며 그것도 즐겁고 재미있게 일하는 경우를 아주 많이 보아왔다. 그러나 그렇게 되기 위해서는 여러 가지 요인이 준비되어 있어야 한다. 그 중 무엇보다 중요한 것은 그 일이 유기적인 성질을 지녀야 한다는 점이다. 곧 그 일이 아이들에게 그들 나름의 고유한 의미를 갖고 있어야 한다는 뜻이다. 뿐만 아니라 어떤 일을 하더라도 일의 방식이나 페이스를 끊임없이 바꿀 수 있을 만큼 자유로워야 한다. 자유로운 아이들은 어떤 일이 판에 박힌 일상이 되어버리면 그 일이 어떤 일이냐에 상관없이 싫증을 내기 마련이다. 때때로 나는 어떤 일을 해내는 데 훨씬 좋고 빠르고 효과적인 방법을 제시해주고 싶은 유혹이 생겨도 입술을 깨물어야 했다. 내가 끼어들게 되면 풍선에 바람 빠지는 것보다 훨씬 빨리 아이들의 열의가 꺼져버릴게 뻔한 경우에 그렇다. 마지막으로 필요한 요인은 일이 완성된 다음에는 직접적인 노동의 대가가 따라와야 한다는 것이다.

단풍시럽 만들기는 적절한 예가 되어준다. 아이들은 시럽이 만들어지는 마법 같은 과정—불, 수액의 변화, 늦은 밤 시간—에 마음을 빼앗긴다. 단풍시럽이 다 만들어지면 모두들 가족들과 나누어 먹을 수 있게 한 병씩 집으로 가져간다. 나중에는 캠프 수리비에 보태기 위해 남은 시럽을 내다파는 일을 돕는다. 아이들은 돈 버는 일을 좋아하는데, 그 돈이 자기에게 돌아가지 않고 학교로 들어간다 해도 마찬가지다.

일과 의미 사이에는 중요한 관련성이 있음을 경험은 말해준다. 점점 도를 더해가는 물질주의적이고 세속적인 문화가 이 둘 사이의 관련성을 무시하는 경향을 띤다는 것이 문제다. 분명한 목적을 가지고 성취감을 동반하는 진정한 일은 오늘날의 세계 속에서는 자연자원이 고갈되는 속도만큼이나 빨리 사라져가고 있다. 그 하나의 해결책으로 아이들에게 일할 기회를, 또 그 일이 훌륭하게 마무리되었을 때 따르는 만족감을 체험할 기회를 어떻게든 마련해주자는 것이다.

실제로 레인보우 캠프에서 필요한 잡다한 허드렛일을 하는 데는 그다지 시간이 들지 않는다. 우리는 낚시와 수영, 보트 타기, 산책, 숲

속에서의 경주, 들꽃과 식용식물 공부, 근처의 옛 묘지 탐색 등으로 대부분의 시간을 보내며, 밤이면 달과 별을 바라보고—누군가 우리에게 선사한 6피트짜리 망원경으로 보기도 하고 맨 눈으로 보기도 하고—잠드는 시간에는 이야기를 들으며 하루를 접는다.

학교에서도 마찬가지지만 캠프에서의 나날은 저절로 조직된다. 적절한 때에 적절한 일이 일어나는 것처럼 여겨진다. 예를 들어보자. 알렉산드라라는 아홉 살짜리 아이가 있었다. 알렉산드라는 삼 년 전 실수로 침실에 불을 낼 뻔한 적이 있었는데, 캠프에 있으면서 화로의 불을 돌보는 일을 거들 정도로 변화를 맞게 되었다. 알렉산드라는 그 사건 후 불이라면 심하게 겁을 먹는 형편이었다. 한 번은 그 아이와 단둘이 있을 때 그 실화사건에 대해 같이 이야기하게 되었는데, 바로 그렇게 그 일을 두고 이야기를 하는 데 해결의 실마리가 놓여 있음을 발견하게 되었다. 그 충격적인 사건으로 돌아가 그 사건이 던져준 교훈을 탐구해보는 작업이 알렉산드라에게는 아주 소중한 일인 것 같았다. 이야기는 쉽고 편안하게 이어졌는데, 그러는 동안 내내 알렉산드라는 시럽을 졸이면서 밤의 냉기로부터 우리를 따뜻하게 감싸주기도 하는 불을 지피고 돌보는 일을 통해 자신의 내부에 있는 불에 대한 격렬한 공포를 차츰차츰 밀어내었다.

안톤이라는 아이가 있었다. 사회복지국에서 일 년 전 데려갔다가 지금은 다시 어머니에게로 돌아와 있는—어느 정도는 우리가 뛰어들어 도운 덕분이었다—여섯 살짜리 사내아이였다. 내가 한 번 분량의 수액을 끝까지 졸이려고 계속 불을 지피던 어느 날 밤 안톤은 아이들이 다 자러 간 뒤에도 오랫동안 혼자 어른들 사이에 남아 있었다. 그 즈음에 대학을 졸업하고 우리 학교에서 자원봉사 일을 맡고 있었던 마크와 내가 달빛 아래 앉아 세상일을 이것저것 이야기 나누는 동안 안톤은 말없이 우리 옆에서 불쏘시개 몇 개를 번갈아가며 불을 쑤시고 있었다. 그 때 그 순간 안톤은 다른 어떤 곳도 아닌 바로 그 곳에 있기를 원했다. 라킴이 그렇듯 아버지 없이 자란 안톤이 그 날 밤 그 자리에서 두 남자 어른이 낮은 톤으로 이야기를 주고받으면서 웃음을 터트리기도 하는 모습을 보면서 무엇을 배우고 있었을까? 그 아이는 두 남자가 서로를 좀 더 잘 알기 위해 어떻게 하는가를 배우는 중이었으리라.

• • •

단풍시럽을 만들며, 레인보우 캠프에서 밤을 지낼 때 아이들에게 즐겨 들려주는 이야기 중에 그림 동화 '생명의 물'이 있다. 이 이야기 속에는 여러 가지 내적 의미가 숨어 있는데, 내가 여기서 말하고자 하는 주제를 잘 형상화 하고 있다. 이야기는 이렇게 펼쳐진다.

옛날 옛날 세 왕자가 있었다. 그런데 아버지인 왕이 어느 날 이름 모를 병에 걸리더니 점점 쇠약해져갔다. 세 청년이 슬픔에 잠긴 나날을 보내고 있던 어느 날 한 노인이 나타나 왕의 병을 치료할 수 있는 약이 있다고 전해주었다. 그 약은 생명의 물인데 아주 멀리 여행을 떠나야만 구할 수 있다는 것이었다. 아버지의 사랑을 얻고 싶어 한 맏이가 제일 먼저 약을 구하러 떠났다. 길을 떠난 후 얼마 지나지 않아 맏이는 길 옆에서 기다리고 있는 난쟁이를 지나치게 되었다. 난쟁이가 맏이에게 지금 어디를 가는 중이냐고 묻자 맏이는 단지 경멸의 웃음을 보낼 뿐이었다. 모욕을 당해 화가 치민 난쟁이는 왕자를 가두는 아주 강력한 저주를 퍼부었다. 똑같은 일이 둘째에게도 일어났다. 둘째 역시 집으로 돌아오지 않자 막내가 떠났다. 막내도 그 난쟁이를 만났다. 하지만 형들과는 달리 막내는 멈추어 서서 난쟁이에게 모든 이야기를 다 들려주었다. 그리고는 도움을 청했다. 난쟁이는 젊은 왕자에게 생명의 물은 어떤 마법에 걸린 성 안에 있다고 가르쳐주면서 또 앞으로 맞닥뜨릴 고난을 뚫고 살아남는 데 필요한 도구를 주었다. 막내 왕자는 살아남았고 그 성을 찾아냈다. 그 성에서 왕자는 아름다운 공주를 만나는데 공주는 왕자가 일 년이 지나기 전에 자기와 결혼하기 위해 성으로 돌아와준다면 자신을 묶고 있는 마법의 주문이 풀리게 되고 그렇게 되면 왕국을 주겠노라고 약속했다. 공주는 그 특별한 물을 길을 수 있는 우물이 어디 있는지 왕자에게 말해주었다. 왕자는 물을 병에 채워서는 집으로 향했다. 돌아오던 길에 난쟁이를 다시 만난 왕자는 멈춰 서서 감사의 말을 건네면서 혹시나 두 형이 어디에 있는지 아느냐고 물었다. 난쟁이가 저주에 대해 이야기하자 왕자는 두 형을 풀어주길 간청했다. 난쟁이는 간청을 받아들여주면서 한 편으로 형들의 나쁜 마음씨를 조심하라고 주의 주는 것을 잊지 않았다. 오래지 않아 두 형은 서로 짜고 순진한 어린 동생을 배신했고 동생을 속여 약물을 빼앗은 다음 아버지의 환심을 사는 데 이용했다. 그리고 나서 두 형제는 앞 다투어 자신이 공주를 차지하러 길을 떠났다. 하지만 두 왕자로서는 결코 알 수 없었던 일이 있었는데, 막내 왕자에게 나쁜 일이 일어날까 염려한 공주가 신하들에게 궁전으로 들어오는 길을 황금으로 포장하라는 명령을 내렸다는 사실이었다. 그러고 나서 공주는 문지기들에게 궁전 정문으로 난 길 한가운데를 말을 탄 채 곧장 달려오는 남자만을 들여보내라고 지시했다. 오직 그 사람만이 공주의 진정한 연인일 테니까. 맏형이 황금으로 된 길을 보았을 때, 그는 멈춰 서서 그 광경에 감탄했고 그토록 멋진 길 위를 말을 타고 가는 일은 너무하다고 판단했다. 그래서 그 길에서 오른쪽으로 비켜 말을 몰았고 문지기로부터 퇴짜를 맞았다. 다음에는 둘째 형이 왔지만 그 역시 길 위의 황금에 마음이 끌려 길 왼편으로 가기로 작정했고 그 역시 퇴짜당했다. 한편 쓰라린 망명 생활로 꼬박 일 년을 보내고도 살아남은 막내 왕자는 너무 늦기 전에 공주를 찾아나서기로 작정했다. 공주의 아름다운 모습을 다시 볼 생각으로 가득 찬 왕자의 눈에는 황금길이 보이지조차 않았다. 왕자는 성문을 향해 똑바로 말을 몰았고 문지기들은 즉시 왕자를 맞아들였다. 공주와 결혼한 막내 왕자는 이제는 병에서 회복된 아버지를 다시 만나러 갔다. 두 아들의 속임수를 뒤늦게 알게 된 아버지는 진정한 구원자를 맞아들일 준비로 설레고 있었다.

나는 이 이야기를 정말 좋아한다. 이 이야기 속에서 젊은 왕자는 심한 역경과 고난을 겪은 결과 진하게 '농축'되었다. 그는 자기 인생에서 무엇이 가장 중요한가에 너무나 집중하고 있어서 어떤 것도 목표에 이르는 데 방해가 될 수 없었다. 더군다나 고난으로 인해 생겨난 열렬함=열기와 사무친 그리움=원망은 그가 성장하는 데 필수적인 요소가 되었다.

바로 이 점이 단풍시럽 만들기를 '훌륭한 교육과정이란 어떠한 것인가'를 비춰주는 완벽한 메타포가 되게 하는 요소이다. 뭔가의 정수를 얻기 위해, 그리고 보다 중요하게는 우리 자신이 누구인가 하는 정수에 다가가기 위해서는 노력과 노역, 참을성 그리고 때로는 고통이 필요하다. 이것이 우리가 해마다 봄이 되면 사탕단풍나무의 '생명의 물'을 진하고 달콤한 황금호박색 시럽으로 바꾸려고 여러 날을 보내는 이유이다.

7

자기를 창조하는 아이들

갑자기 나는 무지개로 변했네
나는 온갖 색깔들
내가 나타나면 나를 보고
사람들은 예쁘다고 하네
나는 마술사
아침마다 내가 나타나면 나를 보고
사람들은 행복을 얻네

―기메이 기데이

이 시는 거의 이십 년 동안이나 압핀 한 개에 의지해 우리 집 침실
벽에 붙어 있는 사이 누렇게 변하고 쭈글쭈글해져가고 있다. 이 시는

우리 학교에 다녔던 6살짜리 말썽꾸러기 기메이의 작품인데, 기메이는 한 동안 우리 부부와 함께 살았다. 그 때 기메이는 이디오피아인 아버지한테서 버림받은 지 꽤 오랜 참이었고 남이태리인 피를 지닌 어머니는 세 아이를 키우는 모자 생활보호 대상자였는데, 알콜중독에서 벗어나려 애쓰고 있는 중이었다. 기메이는 어머니의 알콜중독으로 인해 한 번도 편안하게 지내본 적이 없었다. 한 때는 스트레스로 인한 탈모증 때문에 머리카락이 다 빠져버린 적도 있었다. 머리카락은 다시 자라 지금은 정말이지 잘 생긴 청년이 되었지만 말이다.

내가 마음 속 깊이 사랑하는 시이기도 하지만 아이들의 삶 속에서 메타포가 얼마나 소중한 역할을 하는가에 대한 좋은 예가 된다고 생각해서 이 시를 실었다. 또 같은 이유로 우리는 아이들 모두 누구나 스스로 수없이 메타포를 창조하고 해체하고 또 경험할 수 있는 공간을 제공하는 일을 프리스쿨의 우선되는 목적 중 하나로 보고 있다.

프리스쿨의 아이들 특히 어린 나이대의 아이들이 상상에 가득 찬 놀이에 빠져 그토록 많은 시간을 보내는 이유가 바로 이것이다. 연극을 꾸미고 몸치장을 해보는 것 만한 메타포 경험도 없다. 이 필수 학습을 도울 목적으로 우리는 층마다 큰 트렁크 두 개씩을 비치해두고 그 안에 상상할 수 있는 온갖 종류의 의상과 악세사리—아주 이국적인 종류까지 포함해서 신부용품 판매점에서 기증한 유행이 좀 지난 여러 벌의 레이스 드레스까지—를 채워 넣어둔다. 물론 '그 모습'을 세심하게 살필 수 있도록 벽에는 커다란 거울을 걸어둔다. 일단 옷을 차려 입고 보면 자연스레 이런저런 이야기나 공상을 꾸미는데 영감을 얻게 되고 어떤 때는 그 영감으로 빚어진 작품이 탄생해서 학교의 가장 훌륭한 관객들—유아과정 아이들—앞에서 무대에 올려지기도 하는데, 꼬마들은 이 자연발생적인 라이브 무대를 그렇게 좋아할 수가 없는 가장 우호적인 관객들이다.

우리가 글쓰기와 같은 종류의 자기표현 교과를 아카데믹한 학습과정 속에 절대로 넣지 않는 이유 역시 이것이다. 아이들에게 글쓰기를 강제하지 않을 때, 그리고 철자법이나 문법이 의미나 분위기 그리고 이미지의 뒷자리를 차지할 때, 이 어린 작가들은 동물, 색깔, 소리 따위와 자신이 맺고 있는 자연스런 동일시에 힘입어 메타포 속에서 거의 반사적으로 글을 쓰게 된다. 이런 식으로 글쓰기에 다가가는 방식은 시에서 주최하는 경연대회에 참가한 우리 아이들에게 독특한 이점으로 작용하는 것 같다. 종종 많은 상을 받게 되는 것을 보면 말이다.

· · ·

앞에 나온 토미 이야기를 기억해주기 바란다. 아버지가 전학을 시켜 데려간 학습거부아 토미. 이야기는 교육에 대한 우리의 비정통적 방식에 아직 우리 스스로도 확신이 부족했던 시절로 돌아간다. 그 때는 아이들의 학습활동 중 몇몇은 필수과목으로 되어 있었고, 보통 오전시간 전부를 교사 한 사람의 책임 아래 보내던 시절이었다. 토미는 7살부터 9살에 이르는 여덟 명의 우리 반 아이들 중 하나였는데, 그 아이들 상당수가 불행한 공립학교 생활을 그만둔 지 얼마 안 된 참이었다.

토미나 다른 아이들이 기초적인 학습기능을 익히는 일을 싫어하는 것보다 훨씬 더 나를 괴롭힌 것은 아이들이 서로 관계를 잘 맺지 못한다는 점이었다. 아이들은 끝없이 싸우고 심술부리고 말다툼을 벌였다. 그런 일이 일상이었다. 결국 어느 날 절망 상태에 빠진 나는 아이들을 두고 시도했던 모든 일을 걷어치우기로 했고, 듣고 싶은 사람은 들으라는 투로 소리 내어 책을 읽기 시작했다. 나는 달콤하고 신나는 고전 한 권을 택했는데, 음모와 마법으로 가득 찬 어린이용 모험담(우리 반 아이들과 같은 또래의 아이들이 주인공으로 등장하는 이야기)인 조지 맥도날드(G. McDonald)의 『공주와 커디』였다.

내가 처음 몇 장을 읽어가는 동안 아이들 중 절반 가량이 밖으로 들락날락하며 돌아다니기 시작했고 나는 소설을 잘못 고른 게 아닌가 하는 생각이 점점 더해갔다. 19세기에서 20세기로 넘어오는 전환기에 쓰여진 작품으로 아이들에게는 그 문체가 생소하게 느껴지기에 충분했다. 하지만 프란츠라는 아이가 이야기에 깊이 빠져 듣고 있다는 사실을 알고는 염려가 약간 가라앉았다. 그 때까지 프란츠는 나를 몹시도 고통스럽게 만들던 아이였다. 여덟 살이 될 때까지 읽기를 제대로 익히지 못하고 있던 프란츠가 단어 하나하나의 의미에 이르기까지 그야말로 이야기에 붙들려 있었다. 어려운 구문을 이해하면서 맥도날드의 긴 서술체 문장을 따라가는 프란츠의 능력은 실로 비상했고 그 열렬함은 금방 다른 아이들에게 옮아갔다. 오래지 않아 모든 아이들이 다시 제자리에 눌러 붙었고 오전 내내 나는 읽었다.

이야기가 극적인 해피엔딩에 이르자 나는 그 서술체 소설을 연극으로 만들자는 간청을 합창으로 외쳐대는 아이들의 목소리에 묻혀 버렸다. 아이들의 숨 돌릴 틈 없는 주문에 얼얼해지긴 했지만, 이야기가 너무 복잡한데다가 희곡이 아닌 소설을 연극으로 만드는 일은 너무 어렵다고 내 판단을 얘기했다. 아이들은 내 말에 동의하지 않았다. 자기들이 대사를 지어내고 미술교사인 미시에게 소품과 배경, 의상 만들기를 도와달라고 하면 된다는 주장이었다. 무슨 일이 일어나고 있는지 내가 채 알아차리기도 전에 아이들은 자기들끼리 역할 분담을 해치우고 나를 연출가로 선정하더니 모든 대본을 다 써내라고 지시했다.

이제 흐름을 따라잡아야 하는 사람은 나였다. 건널목 건너는 일 하나 가지고도 서로 앞장서겠다고 다투지 않고는 못 배기는, 툭하면 싸움질인 아이들이 언쟁 한 번 없이 서로의 역할을 나누어 가진 것이다. 어떤 아이들은 두세 가지 역을 같이 맡았다.

사태가 진정되자 무슨 일이 일어났는지를 차분히 살펴보게 되었다. 아이들이 모두 각자 자기에게 꼭 맞는 역할을 택했다는 사실을 알았다. 끊임없이 남을 괴롭히고 을러대는 성질 때문에 모든 애들이 싫어하는 프란츠는 주역인 커디를 맡도록 만장일치로 선정되었는데, 커디는 이야기가 진행되면서 마음에 중대한 변화를 일으키는 인물이다. 연극을 만드는 작업이 시작되자 이 무척이나 길고 복잡한 이야기를 하나도 빼먹지 않고 철저하게 각색한 작품을 소화해내느라 모두들 아우성이었는데, 그 중에서도 커디 이름조차 제대로 발음 못해 애를 먹는 프란츠가 소설체 문장을 그대로 말로 바꾼 긴 독백이 들어 있는 대사의 많은 부분을 맡고 있었다. 게다가 축제일 밤 공연에 부모와 조부모, 친구들에 더하여 이웃까지 초대하기로 결정했다. 그리하여 아이들에게 (그리고 내게) 가해진 압박은 수백 배가 되었다.

작은 기적이 일어나고 있었다. 읽기를 비롯해 어떤 종류의 학교 공부에도 혐오감을 보였던 프란츠가 집에 돌아가 밤이면 자기 몫의 대사를 익히기 시작했다. 한 번은 프란츠가 특별히 길고 어려운 독백 하나를 외우지 못해 쩔쩔 매고 있어 외우기 쉽게 고쳐 써주려고 했다. 그런데 그 다음날 프란츠가 학교로 왔을 때는 한 자도 빠짐없이 원본대로 암송할 수 있는 실력이 되어 있었다.

알리샤는 전학 온 지 얼마 되지 않은 여자아이로 역시 학교생활에 고전하는 중이었다. 알리샤는 외곽을 돌면서 혼자 지내거나 아니면 쉽게 우세한 자리를 확보할 수 있는 훨씬 어린 아이들과 노는 걸 좋아했다. 알리샤 역시 읽기에는 흥미가 없었고 잠자리에서 바로 빠져 나온 것 같은 모습으로 학교에 오는 일이 예사였다. 당연히 알리샤는 여자 주역으로 뽑혔는데, 신비에 가득 찬 고대의 늙은 여왕 역과 그 여왕의 마법의 힘을 얻어 세상을 구하는 아름답고 젊은 손녀인 공주 역이라는 복잡한 1인 2역을 맡았다. 알리샤는 두 역을 번갈아 해내면서 놀랄 만한 내적 유연성과 조절 능력을 보여주었을 뿐만 아니라, 소위 말하는 읽기 핸디캡을 극복하고 자기 몫의 그 많은 대사 하나 하나를 완전히 소화해냈다. 게다가 날마다 학교에 올 때 머리를 두 갈래로 단정하게 빗고 나타나기 시작했다. 딸의 게으름에 속이 상할 대로 상한 알리샤 어머니에게는 말할 수 없이 기쁜 일이었다.

항상 겁 많고 수줍어하는 마크는 커디를 모함하는 사악한 궁내성 장관 역을 맡았다. 리허설이 진행되고 얼마 지나지 않아 마크는 상상 속의 신하들을 향해 큰 소리로 대사를 읊으며 과장된 연기를 펼쳐서 모두를 놀라게 했다. 브린, 작은 키에 금발머리 푸른 눈동자의 '착한 꼬마 아가씨'는 다른 아이들이 꼭 맞다고 해서 연극 속의 어린 공주로 캐

스팅되었는데, 시간이 가자 서서히 반항하기 시작하며 자기를 주장해 댔다. 브린은 클라이맥스인 마지막 전투 장면에서 맥도날드가 쓴 대로 얌전히 앉아 구경하고 있는 게 아니라 소년 커디와 다른 전사들이 싸우는 바로 옆에서 칼을 빼들고 휘두르겠다고 주장했다. 또 마지막 장면에서 커디와 결혼하기 싫다고 해서 그 부분 역시 바꾸어야만 했다.

이런저런 재주가 많지만 화를 잘 내는 성격의 필립은 지혜로운 왕의 역할과 그 왕에게 독약을 먹이기로 되어 있는 배신자 집사 역을 같이 맡겠다고 자신이 정했다. 극의 후반에 이르면 왕은 그토록 가까운 사람들에게 배신당했다는 분노를 잘 삭혀내며 그 자기 조절력 덕분에 사악한 힘을 왕국으로부터 몰아낼 수 있게 된다. 필립과는 반대로 제임스는 늘상 자신의 분노와 공격성을 꽉 억누르고만 있는 아이였는데, 교활한 궁정의사 역을 맡게 되었다. 마침내 연극이 공연되는 날 제임스가 무대에 등장할 때마다 관객들은 큰 소리로 야유를 보냈고 특히 궁정의사가 왕을 찔러 죽이려는 장면에 이르러서는 온 객석이 떠나갈 듯했다.

마이클은 흔히 말하는 별종이었는데 자기 자신을 좋아하지 않는 것 같았고 그런 이유에선지 남의 관심을 끌기 위해 이상한 행동을 하는 경향이 있는 아이였다. 연극 속에서 마이클은 커디가 적을 무찌르는 것을 돕는 이상한 마법의 괴물들 중 하나를 아주 멋들어지게 즉흥적으로 형상화해냈다. 그 역을 창조하는 과정에서 마이클은 높은 평정 상태를 보여주었는데, 내게는 그 모습이 자신의 상처받은 자아상을 마주하려는 그 아이만의 독특한 방법으로 여겨졌다.

그리고 타이론이 있었다. 다혈질의 아버지와 이상화된 형의 그늘에서 분노에 휩싸여 살고 있는 타이론은 커디의 친절하고 이성적인 아버지 피터 역을 맡았다. 공연 날 아버지가 커디를 구하기 위해 위기일발의 순간 영웅적으로 나타나는 장면에서 그 등장이 어찌나 완벽했던지 첫째 줄에 앉아 있는 관객의 무릎 위로 그대로 달려가 버렸다. 바로 그 줄에서 큰형이 자랑스레 동생을 지켜보고 있었다.

마지막으로, 큰 몸집을 한 토미는 커디가 사랑하는 늑대 모습의 수호자 리나 역을 했는데, 리나는 이야기가 전개됨에 따라 영웅의 모습을 하고 이야기의 중심에 놓이게 되는 인물이다. 말 한마디 없는(말로 도전을 받으면 수줍어하며 달아나버리기 일쑤인) 역이었지만 토미는 커튼콜에서 가장 힘찬 갈채를 받았다.

공연은 정말 대단했다. 학교 이층에 차려진 가설 무대에 입석으로만 채워진 관중석에서 쏟아지는 갈채는 아이들이 여러 달에 걸쳐 헌신적으로 매달린 일에 보상이 되고도 남았다. 아이들에게 그 작업은 결코 쉽지가 않았고 상상할 수 있는 온갖 점에서 도전이 되어주었다. 작업과정 중에 기분을 상하게 하는 일이 끊이지 않았지만(특히 엄청난 관중 앞에서 공연해야 한다는 압박감으로 인해), 아이들은 무슨 난관이든 같이 뚫고 나가는 능력을 보여주면서 나를 정말이지 기쁘게 해주었다.

그러나 그 무엇보다 내가 감명을 받은 것은 아이들이 연극 속에서 빚어지는 상호작용을 새로운 자기 존재 형태를 실험하는 개인적 메타포로 사용하는 방식이었다. 그 방식을 통해 아이들은 자기 자신이 무엇이며 누구인가 하는 정의를 확장해나갔다. 모두들 자기에게 꼭 맞는 역할을 본능적으로 선택한 듯이 보였다. 그리하여 연극은—최종 공연만큼이나 연습과 리허설 과정 하나하나가 다—아이들 모두에게 귀중

한 성장 체험이 되어주었다.

나는 삶 자체가 명백한 메타포로 가득 차 있다는 믿음을 갖게 되면서 어떤 평화를 발견하고 있는 중이다. 가이아설이라 알려진 뉴에이지의 한 패러다임은 지구라는 이 행성 전체를 일종의 살아 있는 메타포로 본다. 이 견해를 빌어 이런 결론을 내어본다. 우리들 하나하나는 이 거대한 맥락 안에서 고유의 삶이라는 메타포를 자유롭게 창출해낸다. 그 창조는 단지 우리 자신의 상상력에 한정될 뿐 어떤 것도 제한 요소일 수 없다. 그러나 실제로 우리 모두는 외부로부터 수많은 영향을 받아 만들어지고 갖추어진다. 물려받은 생김새, 부모나 사회의 태도, 정치적 인구학적 현실 등등. 하지만 내가 계속 던지고자 하는 질문은 이렇다. 만약 우리가 교육이라 부르는 것이 우리가 이 지구 위에 있는 한정된 시간 동안 자신을 가장 풍부하게 표현하는 데 이르게 해주는 수단이 되지 못한다면 그 교육이 무슨 진정한 가치가 있겠는가?

조셉 캠벨(Joshep Cambell)은 어른이 된 후의 전 생애를 신화와 메타포를 공부하는 데 바쳤다. '자신의 행복을 좇아가는 일'이 인간에게 얼마나 필요한가를 외친 그를 나는 항상 잊지 않을 것이다. 인생의 끝에 이르른 어느 날 아침 깨어나서 슬프게도 '내가 올라온 사다리가 엉뚱한 벽에 기대어져 있었다'는 사실을 발견하게 되기를 바라지 않는다면 사람은 자신의 행복을 좇아가야 한다.

프리스쿨에서는, 자기들 스스로도 성공적인 교사라고 느낄 수 있고 동시에 자식들이 공부가 부족한 게 아닌가 하는 부모들의 불안도 잠재울 수 있게 하려고 일련의 학습 고리를 통과시키는 경주로 아이들을 밀어부치려는 충동을 자제하려 누구나 노력한다. 우리는 누구나 '나를 위해 나의 행복을 찾아줄' 수 있는 사람은 나 말고는 없다는 단순한 진리를 인정한다. 왜냐면 그것은 자기발견의 과정이기 때문이다. 그 과정에 필요한 것은 단 하나 그 과정을 도와줄 환경이다.

캠벨도 기꺼이 동의하리라 믿는데, 아이들은 메타포 속의 메타포라고 나는 생각한다. 그리고 그 아이들이 건강하게 성장하기 위해서는 인간 존재가 지닌 이 활기찬 차원에 대한 인식이 필요하다. 그도 그렇지만 내가 점점 더 염려하고 있는 문제는 오늘날을 살고 있는 어린아이들이 도대체 성장을 원하고 있는가 하는 점이다. 그러나 나는 이제 알게 되었다. 충분한 격려와 인도 그리고 공동협력을 통해 그들 자신이 살 만한 가치를 지닌 세상을 창조하기 위한 힘을 지니고 있다는 사실을 발견하도록 돕는 것이 그 해결책 중 하나일 수 있음을.

8
텔레비전은 눈이 씹는 껌이다

여러 해 전 어느 날 프리스쿨 식구들은 가끔씩 허드슨강을 거슬러 올라와 알바니항에 정박하는 큰 화물선에 올라가볼 수 없는지 직접 강으로 가보기로 했다. 그 날 아침 선착장에는 바나나를 실은 화물선 한 척이 묶여 있었고, 로잘리는 그 거대한 선박을 운항하는 선장을 유혹해서 우리를 배에 올려주도록 허락을 받아냈다. 하지만 운수 사납게도 항구 관리인이 우리 계획을 냄새 맡고는 재빨리 비명 같은 소리를 질러 만사를 그르쳐버렸다. 그는 보험 규정상 어린이들의 화물선 승선이 금지되어 있다고 주장했다. 심술궂은 늙은이 타입이 아니라 눈밑살이 처진 다정다감한 얼굴을 한 그 할아버지는 우리가 얼마나 풀이 죽어버렸는지를 알아차렸다. 아이들을 진심으로 위로하면서 선착장에서 화물선의 외부를 구경하는 건 어떻겠냐고 제의했고 우리는 그러자고 했다. 모두가 뚱한 얼굴로 우리가 오를 뻔했던 그 화물선을 올려다보고 있는 동안 그이는 별별 통계자료—높이, 넓이, 길이, 설계, 순항속도 —를 들이대며 아이들을 재밌게 해주려고 애를 썼지만 아이들은 너무도 실망한 나머지 무슨 말을 하는지 들리지조차 않는 것 같았다. 결국 관객의 시선을 잃어버렸다는 사실을 깨달은 그 자상한 관리인은 그 때 깜짝 놀랄 만한 일을 해냈다. 그이는 햇빛에 그을린 얼굴에 활짝 미소를 띄우더니 멋진 아나운서 목소리로 말했다. "자! 어린이 여러분, 닻 구경을 하실까요?" 아이들의 대답은 어딘가 원시적인 본능의 반사작용 같았다. "예!!!" 아이들은 갑자기 기뻐 날뛰었고 모두들 닻을 보려고 화물선의 뱃머리 쪽으로 달려갔다. 우리의 안내자는 닻이 어떻게 작동하는지, 무게는 얼마나 되는지 등을 끈기 있게 설명했고 아이들은 완전히 넋을 잃었다.

한편 나는 완전히 어이가 없었다. 우리는 아이들을 늘 '진짜 세상'으로 데리고 나가기 때문에 그 곳에서 온갖 종류의 어른들과 생활 속의 실제 상황을 만나게 되고 따라서 프리스쿨 아이들은 보통 학교에 다니는 아이들보다 어느 정도 닳아 있는 편이다. 나는 그런 아이들이 그 낡은 "자! 어린이 여러분…" 운운하는 상투적인 말에 어째서 그토록 쉽사리 빠져드는지 믿을 수가 없었다.

믿거나 말거나 똑같은 장면이 며칠 후 다시 벌어졌다. 무슨 일이든 끈질긴 로잘리가 화물선 선장과 어떻게 어떻게 해서 전화로 연락이 닿았고 두 번째로 그에게 마법을 걸었다. 선장은 자기가 관계하는 한 자기 배에 타는 것을 환영하며 관리인에게도 이야기해서 해결을 봐주겠으니 다음날 아침에 오기만 하면 된다고 말했다. 배가 그 다음날 출항

할 예정이라는 것이었다.

　이번에는 확실하게 배에 오르게 될 것 같았다. 하지만 우리가 도착했을 때 누구도 아닌 바로 그 늙은 관리인이 또 다시 우리를 맞이하는 게 아닌가. 머리를 저으며 그는 말했다. 그 호의로 가득 찬 선장이 알바니항의 보험 규정에는 절대로 예외가 있을 수 없다는 사실을 이해 못하고 있다는 말이었다. 그는 오해가 있었던 점을 사과하면서 항구에 다시 오느라 그 수고를 또 다시 했으니 기꺼이 한 번 더 그 화물선 옆을 따라 걷게 해주고 싶다고 했다. 우리는 모두들 너무나 실망해서 거절도 못하고 그이를 따라 순한 양떼처럼 선착장으로 내려갔다. 짐을 다 내린 그 화물선에 도착했을 때 배는 물 위에 몇 피트나 떠올라 있었는데, 우리의 안내자는 저번과 꼭 마찬가지로 즉시 말투를 바꾸더니 다시 한 번 억양을 넣어 말했다. "자! 어린이 여러분, 닻 구경을 하실까요?" 나는 이 순진하기 짝이 없는 노인이 자기로 인해 폭동이 일어나는 걸 보게 되거나 아니면 갑자기 강물에 빠진 자신을 발견하게 되리라 기대했다. 하지만 그 대신 그 전과 꼭 마찬가지로 흥분한 어린 목소리의 합창이 울려 퍼졌다. "예!!!" 그리고 또 다시 아이들은 녹슨 쇠사슬에 매달려 있는 낡은 닻을 보려고 뱃머리를 향해 내달렸다.

· · ·

　이 이야기는 여러 해 동안 나에게 달라붙어서 마음을 긁고 있었는데 시간이 가면서 나는 차츰 그 의미를 이해하기 시작했다. 우리의 늙은 친구 부두 관리인은 스스로 깨닫고 있었는지는 모르지만 미스터 로저스 같은 어린이 쇼 진행자라면 누구나 알고 있는 그 뭔가를 알고 있었던 것이다. 어릿광대들이나 서커스 곡마단장 역시 알고 있다. 광고 일에 종사하는 사람들 역시 안다. 아이들이란 얼마나 쉽게 매혹당하는 존재들인지, 또 진부하고 현세적인 나날의 실존이라는 경계를 넘어가려는 끝없는 욕구를 얼마나 강렬하게 품고 있는지 꿰뚫고 있는 것이다. 바로 이 점이 아이들을 대중문화, 그 중에서도 특히 텔레비전에 의한 조작과 조종에 약한 존재로 만든다.

텔레비전이 어린이의 가치관, 태도, 행동을 형성해 나가는 데 끼치는 영향력은 수많은 토론의 주제가 되어왔다. 오늘날 텔레비전 상에 폭력과 포르노가 만연해가는 추세는 미국의 젊은 세대에게 서서히 퍼져가고 있는 독이 되고 있다는 사실에 모두들 쉽게 동의한다. 그러나 아마 가장 근본적인 해악은 텔레비전과 광고산업이 젊은 세대의 약점을 공략하는 태도일 것이다. 예를 들어보자. 매일 아침 지금 한창 공격 충동 형성의 정점에 있는 어린 소년들에게 30분 방송에 수십 번의 폭력 장면이 들어 있는 시시한 드라마를 선사한다. 그 다음 8분에 한 번 꼴로 그들에게는 액션의 상징으로 비치는 엄청나게 시끄럽고 견딜 수 없이 매혹적인 광고를 보여준다. 내 생각에 이것은 뜨거운 여름날 목말라 하는 알콜중독자에게 얼음 넣은 위스키를 내놓는 것과 다를 바 없다.

그 다음 십대와 십대에 진입하려는 아이들을 겨냥해서 제작된 비교적 새로운 장르가 있다. 그 장르 속에서는 남자가 여자를 만나고 여자가 남자를 만나는데, 그에 따르는 모든 광고는 개인 위생이나 육체적 이미지를 가꾸기 위한 상품 선전을 위한 것으로, 대부분의 젊은이들이 그 나이에 경험하게 되는 엄청난 불안을 이용해 있는 대로 이익을 취하자는 수작이다. 교활한 형태의 마케팅 이외의 아무것도 아닌 이것은 문자 그대로 하나의 매혹으로 작용한다.

그런데 왜 여기서 미스터 로저스가 등장하는가? 로저스 쇼에는 섹스나 폭력이 없다. 광고방송도 없다. 게다가 미스터 로저스는 진짜 좋은 사람이다.(사실 서품 받은 목사이기도 하다.) 섬김과 나눔 같은 긍정적 가치를 가르치고, 이혼과 같은 고통스런 삶의 문제를 어린아이들이 이해할 수 있도록 도우려는 의도에서 자신의 쇼를 이용한다. 그러니 그분이 혹시나 이 글을 읽게 되어, 아무리 '좋은' 텔레비전 프로라 할지라도 의문스런 부차적 결과 곧 부작용을 가져올지 모른다는 가정을 위해 그 분을 이른바 속죄양으로 삼은 데 대해 기분이 상하는 일이 있다면 진정 사과드리고 싶다.

그 분이 있는 곳은 항상 행복한 나날이 펼쳐진다. 미스터 로저스가 미국의 어린이들을 어루만지듯 따사롭고 정다운 목소리로 매혹시키고 있는 한, 그 속에 무슨 해로운 일이 있을 수 있단 말인가? 한때 마샬 맥루한(Marshal McLuhan)이 한 말이 꼭 맞는데, 매체란 사실상 메세지다. 그리고 어린이에게 텔레비전은 너무나 강력한 매체다. 미스터 로저스가 기분 상하지 않길 빌며 한 번 더 말하고 싶다. 로저스 쇼와 같은 힘을 지닌 쇼는 친절한 노인이 기회를 줄 때마다 언제나 똑같은 닻을 구경하러 달려가도록 아이들을 프로그래밍할지도 모른다는 경계심을 나로서는 영원히 늦출 수 없다고.

존 테일러 개토(J. T. Gatto)는 한 에세이에서 교과서 속에 숨겨진 또 하나의 커리큘럼에 대해 통렬하게 지적하고 있다. 교과서 속에 나오는 이야기들 속에는 더 이상 어른은 존재하지 않고 오직 아이들만 인위적인 거품 같은 환경 속에 존재한다. 아이들은 부모뿐만 아니라 과거나 미래와도 연결되어 있지 않다. 개토는 말한다. 이런 종류의 교활한 마인드 콘트롤은 젊은 세대를 현대 자본주의를 먹여 살리는 거대한 소비자 조직 속의 한갓 부속품이 되도록 훈련시키는 일을 돕는데 중요한 역할을 한다고 말이다. 토요일 아침나절을 어린이 프로그램을 시청하며 지내보라. 그러면 똑같은 일이 그 곳에서도 벌어지고 있음을 보게 될 것이다. 요즘 세상의 만화 주인공들은 사람 모습을 하고 있는 것도 드물 지경이다.

이런 현상과 전래동화를 비교해보자. 동화 속에서 주인공은 거의 언제나 가족, 과거 그리고 미래에 대고 충성을 맹세한다. 이들 불후의 이야기들이 갖고 있는 훌륭한 점은 그 이야기 하나 하나가 모두 인생의 전 과정을 조망할 수 있게 해준다는 점이다. 그 과정 속에는 탄생과 어린 시절, 성인이 되는 입문, 결혼, 인생을 건 야망의 추구라는 요소들이 들어 있고, 거의 언제나 상처 입고 마침내 죽음에 이른다는 이야기가 그 속에 포함된다. 한편 만화의 주인공들은 매주마다 상처 하나 입지 않고 잘도 빠져나가며 그들이 지닌 잔인한 공격성이라는 상품은 인간의 개성이 느껴지지 않는 꾸러미에 담겨 배달되는데, 바로 그 사실 속에 가장 큰 해악이 숨어 있다. 문제는 단순히 공격성이 발현되는 횟수가 아니라 그 행위를 있게 하는 전후 맥락이 아주 공허하고 비인간적이라는 사실이다. 그 공격적 행위의 맥락이 가진 그런 특성은 아이들이 서로를 감정 없이 대하고 학대와 모욕으로 대하도록 자극한다.

옛날의 신화나 전설 속에서는 사태가 결코 그런 식으로 돌아가지 않는다. 인간의 행동 동기와 행위에 관한 시대를 초월한 이 이야기들은 젊은층의 문화가 현대라는 시대의 첨예한 척도가 되고 있는 '인간 소외'와 같은 현상을 만들어내지 않았던 그 전 시대 문화의 심리구조를 드러내 보여준다. 옛날 이야기의 주인공들은 누구나 알아볼 수 있는 분명한 선과 악의 양 측면을 모두 지니고 있다. 그들은 마녀나 괴물, 용을 점잖게 설득하지 않는다. 불에 태우거나 속이고 날카로운 무기로 목을 날린다. 신데렐라의 배다른 자매들은 거짓말을 했다고 스스로 자백하거나 실토하지 않는다. 참새가 쪼아대는 바람에 구두를 다시 보게 된 왕자의 전령이 유리구두에서 피가 뚝뚝 떨어지는 광경을 보고 사태를 알게 될 뿐이다. 즉 모험과 재난을 주제로 한 저 오랜 이야기들은 인간 존재의 밝은 면과 어두운 면 그 모든 이야기를 들려준다.

맥루한의 통찰 덕분에 우리는 텔레비전이 던지는 잠재의식적 메시지는 그것이 일차원적으로 선이다 악이다 하는 것과 상관없이 아이들이 이 현대 생활의 인공성과 혼란에 대처하는 일을 훨씬 어렵게 만들도록 작용한다는 사실을 알게 되었다.

그리고 다음으로 텔레비전의 중독성이 있다. 여기서 그 질은 상관없다. 지나친 텔레비전 시청은 어린아이들의 정신 발달에 특히 해롭다. 그 이유는, 조셉 칠턴 피어스에 따르면, 아이들이 자신만의 고유한 정신적 심상을 창조하는 능력을 텔레비전이 없애버리기 때문이다. 이미지=심상 형성은 지성과 창조 과정을 이루는 기초적 건축 재료인데, 아이들은 책을 읽거나 이야기를 들으면서 대개 이 이미지 형성 과정에 들어간다. 한편 텔레비전은 아이들에게 미리 만들어진 이미지들을 제공한다. 텔레비전을 너무 많이 보게 될 때 이 활기찬 정신 기능을 수행하는 두뇌 영역이 게을러지고 발육 불능에 이르게 되기까지 한다.

최근 들어서 텔레비전 시청이 아이들의 규칙적인 일상으로 자리 잡아가면서 나는 책을 읽거나 이야기를 들려줄 때 아이들을 다루기가 점점 더 힘들어지고 있음을 깨닫는다. 나는 극적인 내용이 그려진 커다란 그림책에서 시작해 훨씬 그림 숫자가 적고 그림 크기도 작은 책으로, 이어서 아예 그림이 없는 책으로 방향을 잡는다. 운이 좋아야만 단순히 이야기만으로 아이들의 주의를 끌어내는 데 성공할 수 있는 지점까지 도달할 수 있다. 몇 년에 걸쳐 내가 익히게 된 또 다른 수법은, 내가 책을 읽거나 이야기를 들려줄 때 그림을 그려보도록 하는 것이다. 자신의 손으로 이미지를 시각화해보는 일은 이미지 형성 작업의 틈새를 이어줄 필요가 있는 아이들에게 도움이 되는 것 같다.

텔레비전은 현대의 저주다. 누구도 그 저주를 걷어낼 의지도 없고 또 바라지도 않으며 그 영향을 법적으로 금지해보려는 의사 또한 없는 저주다. 어떤 전문가에 의하면 미국 십대의 15퍼센트가 이미 중독되었다고 주장하는 인터넷의 등장은 어린이들의 마음속에 텔레비전이 뻗치는 범위를 더 확장시켜줄 뿐일 것이다.

어떤 종류의 중독이나 마찬가지로 텔레비전은 심각한 장애를 보이는 증상이다. 너무 오랜 시간 텔레비전을 시청하는, 내가 아는 모든 아이들은 다 그렇다. 그 아이들의 삶에는 뭔가가 빠져 있다. 이것은 이 사회가 진정한 도전이나 진정한 감수성, 진정한 책임감, 진정한 의미가 결여된 문화적 공백을 만들어왔기 때문이기도 하다. 바로 그 문화적 공백을 텔레비전과 오락산업이 앞 다투어 몰려와 그 속을 채운다.

진짜 삶의 대체물로서 그리고 진짜 걱정거리를 떠난 기분전환거리로 자리를 잡아가는 그 힘이 실로 놀랍다.

몇 년 전 학교의 연말 장기자랑 대회에서 아이들 몇 명이 그룹을 만들어(앞에 나온 애비도 참가했다) 유쾌하고 재기 번득이는 짧은 희극을 꾸며냈다. 이름하여 'TV가 너의 뇌수를 빨아낸다'. 그 희극 속에 등장하는 아빠는 나홀로형 TV 중독자로 어느 토요일 오후 텔레비전 속으로 내빼려고 아이들을 밖으로 내몬다. 그러나 그 음모를 눈치챈 아이들은 그 다음 토요일 똑같은 수법을 아빠에게 쓴다. 겉으로 드러난 모든 상황으로 볼 때 희극은 아이들이 짓궂게 텔레비전을 독차지하는 장면으로 끝을 맺게 되어 있다. 관객들이 눈치 채지 못하고 있는 한 가지 트릭이 있다면 아이들의 모자 밑에 삶은 국수가 가득 든 외과용 장갑이 들어있다는 것이다. 낚싯줄 한 가닥이 그 장갑에 닿아 있고 TV세트라고 가정된 소품 뒤에 숨어 있는 손까지 연결되어 있다. 갑자기 '뇌수'가 바닥으로 풀썩 떨어지더니 천천히 스크린 속으로 빨려 들어간다. 이 장면이 어찌나 적나라했던지 관객의 절반 이상이 실제로 의자에서 넘어져 배꼽을 잡고 웃어댔다.

아마도 우리가 아이들에게 해줄 수 있는 최상의 보호는 아이들이 텔레비전이 지닌 잠행성이라는 특성을 이해하도록 돕는 일이리라. 보통 우리가 어떤 사물이나 사건이 우리에게 끼치는 영향을 간과할 때 그로부터 조종당하게 되어 있다. 그보다 나은 대응책이 있다면 아이들이 텔레비전의 마술적 주문에서 풀려나올 수 있는 충분히 강력한 대안을 접할 수 있도록 돕는 일이다. 이것이 우리가 프리스쿨 아이들을 그토록 다양한 체험에 노출시키면서 자신의 흥미거리와 사랑에 빠지도록 온갖 노력을 다하는 이유다.

　프리스쿨에 텔레비전이 한 대 있다면 그것은 다름 아닌 손으로 작동하는 텔레비전이다. 그 텔레비전은 낸시의 도움을 얻어 6, 7살 꼬마들이 만든 것으로, 실제로는 두루마리 작동 원리를 이용한 카드 박스이다. 아이들은 커다란 두루마리 위에 단막극을 쓰고 삽화를 그려—물론 스스로들 스타가 되어—더 어린 꼬마들을 즐겁게 해주려고 유아과정 교실로 가져가서 설치한다. 꼬마들은 말할 수 없이 즐거워하며 끝없이 앙코르를 원한다. 이렇게 되면 우리는 전혀 반텔레비전주의자가 아니라 우리 스스로 우리 식의 텔레비전을 만들려 할 뿐인 셈이다.

9

신은 우리의 종교를 묻지 않는다

마법의 모자

한 소년이 있었다(흔히 그렇듯).

안경을 낀, 총명하고 여린 마음의 아홉 살 소년.

그리고 외로운 여름용 모자(사이즈 구별 없이 누구에게나 맞는).

그 곳에 있는 모든 아이들 중, 그 아이의 눈에 들었다.

모자 속에 나 짧은 몇 마디 적어놓았지.

대단한 미래를 약속하는, 손으로 휘갈겨 쓴 몇 마디.

이건 보통 모자가 아님. 그렇긴커녕

이 모자를 쓰는 이에겐 평생 행복이 따르리.

경매인은 모자를 치켜들고 소리친다.
"알칸사스 주, 귀신 골짜기, 너구리 강아지 한 마리까지 쳐서
주민은 모두 일곱 명(재수 넘치는 숫자죠!)"
… (한참 동안 기분 북돋우는 말) …
"이 모자에 5달러 내실 분?"

통통한 어린 손 하나 재빨리 치켜오른다. 펠릭스다.
관심을 끌려고 뭔가를 휘갈겨 쓰는 내 손을 유심히 보던 아이.
그래. 이건 눈사람 프로스티 같은 판박이 이야기가 아니야.
눈속임 마술도 없어. 동화 속 마법이 시작되려 할 뿐.

5달러 나왔습니다. 5달러, 6달러 없습니까? …
6달러 나왔습니다. 자, 7달러 어떻습니까?
7달러, 7달러, 8달러 없을까요?
마법을 믿는 이는 펠릭스만이 아니었다.
(마법은 신도를 만들고 신도는 마법을 만들고)
"8달러 나왔습니다. 8달러. 9달러 없습니까?"
… 이 모자가 그대 삶을 바꾸어주리니.
"9달러 나왔습니다. 9달러. 10달러 내실 분."

다시 펠릭스다.
이 아이는 내가 거절하는 이유를 이해했지.
모자 속에 든 비밀을 내게 물었을 때.

이 모자의 이야기는 마지막 승자만을 위한 것.

"10달러 나왔습니다. 10달러, 11달러 내실 분?"

"11달러 나왔습니다. 다시 12달러. 자 13달러…"

불꽃 튀는 입찰 경쟁—관광객 호리기 싸구려 모자를 사려고?

그래. 마법은 장사치의 장부에는 절대로 나타나지 않지.

하지만 자유로운 아이들 가슴속엔 영원히 살아 있는 것.

"14달러 나왔습니다. 네 14달러. 15달러 부르실 분?

의심 많은 도마여, 이제 두 손 드셔야 할 때.

(허나 펠릭스란 이름은 행복이라는 뜻. 요술모자를 차지할까?)

이제 문제는 언제지 왜가 아니다.

이제 남은 건 단지 시간의 문제.

펠릭스가 모자를 가지는 건 분명해.

"15달러 15, 15, 16달러 내실 분?

16달러 나왔습니다. 16달러. 자 17달러 어떻습니까?"

(머지않아 다른 사람들도 알게 되겠지.)

"18달러 나왔습니다. 18달러…

아, 앞줄에 안경 낀 어린 분께 팔렸습니다."

(펠릭스가 모자를 차지할 줄 내가 어떻게 알았을까?)

아이는 재빨리 셈을 치르고 곧장 내가 쓴 이야기를 읽어나간다.

나는 써두었다. 모자가 나를 도와준 이야기.

내 마음속의 잔혹한 늪귀의 골짜기를 뛰어넘고 헤쳐나가

비겁한 괴물들을 빠져나와 내 진정한 자아에 이를 때까지
어떻게 나를 도와주었는가를.

아이는 모자를 써보고는 슬그머니 계산서를 만져본다.
"물어볼 게 있는데…"
아이가 말한다.
"아주 사적인 거라서…
그러니 괜찮아요. 대답하고 싶지 않다면…
모자 사는 데 얼마 들었어요?"
"말해주지." 내가 답한다.
"단돈 4달러."
그러자 아이가 두 눈으로 웃는다.
처음 아이가 모자를 보았을 때 진짜 가격을 알았기 때문.
마지막으로 펠릭스는 곧바로 선다. 아주 키가 커진 것처럼.
그리곤 걸어간다. 캄캄한 오자크의 밤 속으로.

• • •

상급반 아이들이 해마다 갖는 2주간의 여행에서 돌아오면서 나는
이 시를 썼다. 프리스쿨은 전미대안학교 연합의 일원으로 있는데, 언
젠가 이 단체에서 여는 연례모임에 참석했을 때 이상하다고 할 만한
일이 연달아 일어났다. 이 시는 그 가운데 가장 중심되는 부분을 묘사

해보려 했다. 행사가 열리면 참석하는 학교나 홈스쿨러들이 보통 자기 아이들을 데려온다. 그 해는 오자크8)의 그 야성적 심장부에 자리 잡은 한 회원 학교가 주최자가 되었다. 우리는 기차가 가는 곳까지 가서는 다시 밴을 빌어 갈아타고 가야 했다.

그 해 이 모임에 참석하는 프리스쿨 교사들의 가장 중요한 목적은 전체회의에서 조직의 현 지도부에 이의를 제기하는 일이었다. 지도부 문제는 곪아가는 중인 모종의 내부 의견 차이로 드러내놓고 다루지 못하고 있었고, 그 영향으로 전체 연합은 마음이 갈라지고 있었다. 하지만 우리의 도전이 과연 어떻게 받아들여질지 걱정스러웠다. 기차역에서 회의가 열리는 장소까지 차를 몰고 가면서 긴장된 마음을 풀어보려 우리가 앞으로 대처해야 하는 사람들을 놀려먹을 양으로 실없고 밉살스런 촌극을 꾸미기 시작했다. 이렇게 먼 길을 달려왔는데 아무도 우리 말에 귀를 기울이지 않는다면 장기자랑 시간에 우리가 준비한 이 짓궂은 촌극을 터뜨려서 복수를 해주자고들 했다. 장기자랑은 일주일 일정이 끝나는 마지막 날 회원들끼리 모임을 갖는 시간 뒤에 열릴 예정이었다.

알칸사스의 황야를 밴을 몰고 달려가며 실없는 짓은 정점에 이르렀다. 애들까지 충동질을 해대자 우리는 '부거 조크(booger jokes 귀신 씨나락 까먹는 소리)'를 마구 쏟아냈다. 바로 그 순간 나는 지나치는 표지판을 보았다. '부거 할로우(Booger Hollow 귀신 골짜기) 27마일' 나는 어찌나 놀랐던지 실제로 길을 벗어나버렸을 지경이었다. 빡빡 민

---

8) 오자크 산맥: 미조리, 알칸사스, 오클라호마 세 주에 걸쳐 있는 오지._옮긴이주

대머리를 한 독특한 용모의 외과의사인 버니 시겔(Bernie Siegel)은 죽음에 이르는 심한 질병을 앓고 있는 환자들에게 아주 독특하고 영적인 접근을 시도하고 있는데, 그의 말에 따르면 '동시발생은 밝혀지지 않은 신의 계시'라고 한다. 설마?

그 표지판은 관광객 바가지용 상술의 하나였는데, 특히 아이들과 같이 여행할 때면 제대로 미끼에 물렸다는 느낌을 새삼 확인시켜주는 커다란 간판이 2, 3마일 간격으로 세워져 있기 마련이다. 그 간판은 우리에게 제대로 먹혀들었다. 사실 그렇게 어지럽고 낡아빠질 수가 없는 기념품과 값싼 장신구 가게 '귀곡상회(Booger Hollow General Store)' 안으로 들어서는 순간부터 우리는 오자크식 유머에 입문하게 되었다. 유머라 해봤자 시골뜨기 팝콘만큼이나 촌스러웠지만 그 때 우리 수준에는 꼭 맞아떨어졌다. 아이들이 살 마음도 없으면서 쓸데없이 기념품들을 이것저것 기웃거리고 있는 동안 우리는 이 귀곡상회야말로 지금 우리가 만들고 있는 촌극의 소도구와 개그용품을 구하는 데 더할 수 없이 좋은 장소라는 사실을 깨달았다. 나는 원래 모자를 좋아한다. 그래서 내가 산 물품 중 가장 그럴듯한 것은 귀곡 야구모자가 되었다.

귀신 골짜기는 나중에 알게 되었지만 실제 장소이기도 했다. 이 곳에 백인이 처음 정착한 것은 18세기로 거슬러 올라간다. 그 지방 전설에 따르면 이 특이한 형세의 골짜기는 오래되고 닳아빠진 산맥 사이의 푹 꺼진 부분에 자리 잡고 있는데, 그 옛날 그 곳에는 신비하고도 무시무시한 '늦귀들(bogeymen)'이 살았다고 한다.

우리는 훨씬 가벼워진 기분으로 회의 장소에 도착했다. 그리고 어색한 처음 며칠 동안을 만일에 대비해 우리의 작품을 손질하며 지냈다.

사태는 그 촌극을 상연해야만 하는 쪽으로 진행되어가는 듯이 보였다. 왜냐면 앞에 말한 지도부가 알바니에서 온 이 떠들썩하고 불만투성이 작자들과는 관계하고 싶어 하지 않았기 때문이다. 사실상 우리는 실제로 따돌림을 당했다.

나는 전체회의에 기대를 갖진 않았다. 예전에도 격론을 벌인 적이 있었는데 결과가 성공적이었다고 할 수 없었기 때문이다. 개인적으로는 걱정되고 화도 나고 그다지 희망도 없다는 느낌이었지만 연합의 성장과 발전에 우리 프리스쿨이 쓸모 있는 역할을 해왔던 관계로 아직도 상당한 애정이 남아 있었다.

나는 의사 일정에 내 이름을 올렸는데, 제일 마지막 차례로 연단이 아닌 일반석에서 발언하도록 정해졌다. 기다림은 참기 어려웠다. 나는 많은 단체들 앞에서 연설을 해야 한다는 사실이 전혀 편치가 않았고, 공중과 대결 국면이 아니래도 그 점은 마찬가지였다. 나는 다른 사람들에게 완전히 들리도록 분명하고 똑똑한 발음으로 먼저 분노를 진정케 해주십사 기도했다.

내 기도는 완전히 답을 얻었다(그래서 모두들 안심하지 않았나 생각되는데). 분노를 터뜨리지 않고 나는 사실상 조직 스스로도 깨닫고 있는 극단적 대립에 대해 내가 느끼는 깊은 유감을 전할 수 있었다. 내 의사가 잘 전달되었을 뿐 아니라 그곳에 참석한 많은 사람들로부터 똑같은 염려의 말을 전해들을 수 있었다. 한 시간 가량 질의응답이 잇달았고, 그 결과 여러 해 동안 쌓여왔던 때로는 험악하기까지 했던 내분이 그 자리에서 해결을 보았다.

그리고 덧붙이는 이야기. 모임과 장기자랑—우리의 촌극은 결국 빛을 보지 못했다—중간에 연합회의 운영비 조달을 위한 돈을 모으기 위해 연례적으로 하는 경매가 있었다. 회원들 각자 뭔가 재미있는 물건을 준비해 오도록 되어 있었는데, 보통 즐겁고 소란스런 이벤트가 된다. 문제는 소동을 일으키는 일에 너무 집중하는 바람에 프리스쿨 식구 중 누구도 그 사실을 까맣게 잊고 있었다는 점이다. 우리는 의논 끝에 새로 산 내 모자를 내놓기로 했다. 사실 얼마간은 희생정신 속에서 (나는 진짜 그 모자가 좋았다), 또 얼마간은 우주적 유머로(그 모자는 이제 상연이 필요 없어진 촌극에서 내가 쓸 의상의 일부였기에) 나는 그 모자를 기부했다.

모자 경매가 어떻게 진행되었는지는 앞의 시에서 말했다. 헌데 덧붙일 중요한 후일담이 있다. 다음 해 협의회 모임에서 나는 펠릭스를 다시 만났다. 한 살 더 먹어 키도 커진 아이는 모자를 쓰지 않은 맨머리였다. 그 모습을 보자 아직도 그 모자를 갖고 있는지 갑자기 궁금해졌다. 내가 그걸 물었을 때 나는 전혀 예기치 못했던 대답을 들었다. 펠릭스는 지난 여름 아버지가 뇌종양으로 돌아가셨다고 하면서 모자는 암이 발병했을 때 아버지께 드렸다는 것이다. 아버지는 머리카락이 없는 머리를 가리려고 그 모자를 쓰고 다녔는데, 돌아가신 후 어떻게 되었는지 모르겠다고 했다.

이야기가 여기에 이르자 나는 나 역시 어렸을 때 아버지가 죽었다는 이야기를 펠릭스와 나누고 싶은 마음이 되었다. 하지만 나도 그랬던 것처럼 펠릭스의 슬픔과 고통이 아주 깊이 묻혀 있는 게 보이고 또 실제로 펠릭스에게 나는 모르는 사람에 불과했으므로 그 때는 더 이상 많은 얘기는 하지 않았다. 하지만 그 비극적 소식에 마음이 움직여 오자크에서 얻은 또 다른 기념품 하나를 선사하기로 했다. 그것은 모자 처럼 '귀신 골짜기(Booger Hollow)' 글자가 찍혀 있는 티셔츠였다. 그 셔츠를 싸면서 나는 이렇게 적어 넣었다. "마법이란 종종 알 수 없는 식으로 일어난다. 펠릭스가 아버지에게 준 그 모자는 아버지가 고통 없는 땅에 이르게 될 때까지 아버지의 아픔을 덜어주었을 것임에 틀림 없다."

그리고 나서 나는 펠릭스와 내가 처음 만난 곳에서 어떻게 그 같은 엄청난 관계를 맺게 되었을까 하고 생각에 잠겼다.

• • •

신성을 감지하는 것은 인간이 원래 지닌 특질인지 어떤지는 나도 모른다. 하지만 그럴 것 같기도 한 건 사실이다. 아마도 아이들은 이미 그 같은 마법의 세계에 살고 있기 때문에 자신을 초월하는 훨씬 큰 힘 이나 존재 또는 에너지가 실재한다고 간단하게 받아들이는 것 같다. 대부분의 아이들의 세계는 천사나 유령, 신, 악마 그리고 온갖 비일상 적 현상으로 가득 차 있다. 아동 발달 단계에 관한 연구에서 피아제 (Piaget) 역시 이 점을 확신했다.

실제로 나는 형상이 갖추어져 있고 어떤 특정한 이름으로 불리는 신 의 존재를 믿지 않는 아이를 한 번도 만난 적이 없다. 부모가 종교를 가지고 있지 않은 아이들이라 해도 신성한 근원에 뿌리를 둔 영적 차 원이 실재한다는 깊은 인식을 누구나 갖고 있는 듯 여겨진다. 어쨌든 기존의 믿음 체계에 아직까지 깊이 물들지 않은 아이들과 영적인 문제를 두고 대화를 나누는 일은 특히나 매혹적이다.

신은 작은 기린 모습을 하고 있다고 믿는 한 꼬마 아가씨가 있었다. 그 아이는 절반만 유대인이었는데, 한 번은 유대교의 성전 헌당 기념일인 하누카에 아빠의 도움을 받아 나무로 기린 모양의 촛대를 만들었다. 해마다 하누카의 촛불을 밝힐 때면 아이는 자랑스레 그 촛대를 학교에 가져오곤 했다.

또 어떤 다른 꼬마 아가씨는 부모가 둘 다 이슬람교도였는데, 하루는 나에게 자신이 알고 있는 신의 모습을 공들여 설명해주었다. 그 아이의 표현을 빌면 신은 검록색의 머리카락을 휘날리는 여인으로, 밤이면 가끔씩 양 날개 위에 아이들을 태우고 하늘로 날아 올라가기도 한다고 했다. 나는 그 때 『공주와 커디』의 작가 죠지 맥도날드의 또 다른 고전 『북풍의 등을 타고 At the Back of the North Wind』가 떠올랐다. 그 소설에서 맥도날드는 길고 검은머리를 휘날리며 지구 둘레를 날아다니는 아름다운 여인으로 신을 그렸다. 그 이미지를 이 다섯 살짜리 아이가 전해 들었을 리는 만무했다.

시인이며 체코 혁명의 정신적 지도자이기도 했고 공산정권 종식 후에는 체코슬로바키아의 초대 대통령이 된 바슬라프 하벨은 1994년 7월 4일 필라델피아의 독립기념관 앞에서 한 연설에서 이 세계는 변화의 시대, 문화 융합의 시대, 그리고 대변혁의 시대로 들어섰다고 말했다. 그는 '포스트모더니즘'이라 부르는 오늘날 만연하고 있는 현상을 낙타에 올라탄 베드윈족의 모습에 견주면서 이야기했다. 그 베드윈족은 전통 의상을 걸쳤지만 긴 로브 밑에는 청바지를 입었다. 손에는 트

랜지스터 라디오를 들고 낙타 등에는 코카콜라 광고를 붙였다.

하벨은 또 이렇게 말한다. 우리는 이미 그와 같은 다양한 문화의 융합을 가져온 과학기술 시대를 지나서 더 앞으로 나아가고 있다. 그 시절에 이성은 왕이었고 과학은 이 우주를 이성적 용어로 완벽하게 설명할 수 있는 객관적 실제라고 믿었다.

하벨은 계속 말한다. 대부분의 사람들은 깨닫지 못하고 있지만 모든 것을 알게 되리라는 인간 지성의 능력에 대한 과학의 맹목적 믿음은 인류의 지각을 완전히 혼란시키고 분리시켜버렸다. 왜냐하면 우리가 이 세계에 대해 더 많은 정보를 모으면 모을수록 우리가 이 세상에 존재하는 의미와 목적을 직관으로 이해하는 일이 점점 더 어려워지기 때문이다.

오늘날 '다문화주의(multiculturalism)'로 알려져 있는 문화를 상징하는 베드윈의 위와 같은 이미지는 따라서 거대한 패러독스가 된다. 서로 다른 문화의 외적 표현이 이런 식으로 두루뭉수리가 되는 순간 인간 존재를 이어주는 통일된 내적 원리는 재빨리 사라져간다. 하벨은 인간 종족이 멸종의 위기에 처해 있다고 경고한다. 우리 인간이 우주의 중심이 아니라는 사실―비록 우리 인간이 우주의 온갖 양상과 신비롭게도 관련되어 있지만―에 대한 심오한 인식을 되찾지 못한다면, 그리고 모든 시대의 모든 인간 창조보다 훨씬 위대한 궁극적 의미의 근원이 있다는 사실에 대한 인식을 되찾지 못한다면 그 운명은 피할 수 없다.

하벨에 따르면 지구 위에서 살아가고 있는 우리 인간의 미래는 모든 살아 있는 생명을 이어주는 보이지 않는 끈을 우리가 다시 발견하는

데 달려 있다. 그는 이 끈을 '초월(transcendence)'이라 부르는데 이 초월은 자본주의 이데올로기 또는 그 어떤 정치적 이데올로기 문제보다 훨씬 더 인간의 가슴 가까이 자리 잡은 통합의 원리이기 때문에 더 평화로운 공존으로 인간성을 인도할 수 있는 힘을 갖고 있다고 믿는다.

하벨은 마지막으로 자신이 연설을 하고 있는 공간을 염두에 두고 독립선언서 속의 주장과 관련시켜 창조주는 모든 사람들에게 자유를 가질 권리를 주었다면서 청중들에게 새삼 다짐한다. 만약 우리가 우리에게 맨 처음 자유를 선사한 바로 그 유일한 존재를 잊어버린다면 우리는 그 약속을 결코 실현시키지 못할 것이라고.

· · ·

바슬라프 하벨처럼 그리고 많은 점에서 우리에게 선구자가 되는 19세기의 초월주의자들처럼 프리스쿨은 오늘날을 살고 있는 어린이들이 나날의 삶 속에서 초월적 차원과 맞닥뜨리는 기회를 갖는 일이 절박할 정도로 중요하다고 믿고 있다. 하지만 우리는 대체로 종교를 '가르치는' 일 같은 행위를 삼간다.(메리가 세계 종교 강좌를 가끔씩 열고 있긴 하지만.) 반면에 신성을 감지하고 높은 힘을 지각하고 또 이 세계가 내적으로 연결되고 관련 맺고 있다는 느낌을 체험할 기회를 아이들이 가질 수 있게 하려고 사방을 살피고 있다. 그 초월적 차원을 뭐라고 형용하든 마음에 드는 이름을 고르면 된다.

예를 들어보자. 유아과정 교사를 맡고 있던 무렵 벳지는 너댓 살짜리 아이들과 함께 하나의 전통을 만들어가기 시작했는데, 벳지가 교사를 그만둔 지금도 그 전통은 이어지고 있다. 일종의 입문식인 그 전통은 학교에서 몇 블럭 떨어진 언덕 위에 자리 잡고 있는 뉴욕주립박물관 건물을 전혀 용도에 어울리지 않게 이용하면서 벌어진다. 참으로 이상하게도 기막히게 볼썽사나운 이 현대식 건축물의 뒷부분은 중세 풍 외관을 하고 있다. 사람들의 발길이 뜸한 광장에서부터 시작된 두 개의 거대한 흰색 콘크리트 계단이 건물의 꼭대기 층을 향해 소용돌이치며 올라간다. 버려진 듯 보이는 계단의 실제 용도가 무엇인지는 신만이 아시리라.(내 짐작에 비상구가 아닌가 싶긴 하지만.) 그런데 벳지와 우리의 꼬마들은 한 때 그 계단 꼭대기에 불을 내뿜는 용이 살고 있다고 상정했다. 거기에 더하여 용의 집 문 앞까지 자신의 소원이나 기도를 (종이에 써서) 직접 갖다놓을 만큼 용감한 사람에게는 용이 응답을 해줄 거라고 정했다. 벳지와 꼬마들이 그 때 품었던 소망과 간청은 언제나 무척 심각한 것이었는데 워낙 내밀한 내용이라 여기서 밝힐 수는 없다.

물론 낮에 용이 일을 보러 외출했을 때만 계단을 오르는 시도를 한다는 식으로 계책이 마련되어 있었다. 용이 있는지 없는지는 박물관 뒤편에 수증기나 연기가 있는지 없는지로 판단한다. 문제는 혼자서 올라가야 한다는 데 있다. 계단은 다 합해야 스물다섯 단 정도 되지만 불을 내뿜은 용을 혹시라도 만날지 모른다는 생각으로 꼬마들에게는 수천 개의 계단이 펼쳐져 있는 양 여겨졌으리라. 아무리 그 용이 친절한 용이라 해도 마찬가지다. 첫 번 시도에 실패하더라도 용기가 꺾였다고 보지 않고 마음속의 두려움을 정복해보려 싸우고 있다고 간주한다. 보통 모두들 서너 번 시도하면 마침내 해낸다.

폴은 보기 드물게 영적인 인물로 박사과정에서 정치지리학을 가르치는 일을 그만두고 어린아이들에게 각자의 고유한 영혼이 지닌 내용을 이해하도록 도와주려고 교사직을 맡은 사람이다. 폴은 자신이 고안해낸 간단한 의식을 치르기 위해 근처에 있는 허드슨강 둑으로 아이들과 함께 가는 걸 좋아했다. 모두들 물에 뜰 만한 나무조각 하나씩을 구해서는 자기만 아는 기도의 말을 그 위에 적어 강물 위에 띄워 보낸다. 그리고는 그 나무 조각이 멀리 하류로 떠내려가 사라질 때까지 바라본다. 폴은 한 때 소로 풍의 소박한 생활을 꾸리면서 대학에서 보냈던 억압적인 삶의 궤적을 떨쳐버리고 진정한 자아를 찾아보려 애썼다. 소박한 생활은 자연세계와의 교감을 통해 자신만의 해답을 찾을 수 있는 방법을 아이들에게 가르치려는 생각에서 폴이 시도했던 일 중의 하나였다.

겨울이 되면, 특히 유아과정에 참여하고 있을 때 나는 학교에서 두 블럭 떨어진 19세기 풍의 카톨릭 성당으로 꼬마들을 데리고 가는 일을 좋아한다. 평일이면 성당은 보통 텅 비어 있고 사람들이 아무 때나 성당으로 들어와 기도할 수 있도록 항상 문이 열려 있다.

성당은 성스럽고 장엄한 느낌을 풍기는 고딕식 건축물인데, 내가 그곳에 아이들을 데려가는 이유는 카톨릭 신앙을 심어주자는 것이 아니라 물질화된 모습으로 구현된 중요한 메타포를 아이들에게 경험케 해주려는 의도에서이다. 우리는 성당을 '신의 집'이라 부르며, 지금 신의 집을 방문중이라는 식으로 말한다. 그리고 프리스쿨은 온갖 종류의 종교적 배경을 지닌 아이들로 구성되어 있기 때문에(예를 들자면 한때는 유대교, 이슬람교, 온갖 종파의 기독교, 불교, 유니테리언, 영성주의, 애니미즘, 12단계파, 세속인도주의파에다가 참으로 드문 무신론과 영지주의에 이르기까지 온갖 종교가 망라될 때도 있었다) '신 God'이란 말은 내 개인이 신성을 일컫기 위해 선택한 말이라고 아이들에게 설명하는 일을 잊지 않으려 한다. 그 존재를 두고 알라, 붓다, 창조주, 성령, 권능이라고 누가 부른들 결국은 전부 같은 것을 두고 일컫는 말일 테니 누구든 좋을 대로 부르면 된다. 카톨릭 교회의 모습을 한 신의 집을 찾아가는 일에 대해 한 아이의 어머니가 반대한 일이 있고 난 후에는 신의 이름과 모습이 여럿이듯 집도 다양한 모습을 하고 있을 수 있다는 이야기도 반드시 덧붙인다.

거대한 아치를 이루고 있는 성당 입구를 지나 침묵과 어둠이 깃든 내부로 들어갈 때 아이들의 얼굴에 떠오르는 경탄과 경외의 표정을 바라보노라면 이곳을 찾기를 잘했다는 확신이 새삼 든다. 신의 집으로 아이들을 데려가는 중요한 이유 중 하나는 신이 이 세상과 이 세속의 삶 속에 아름답고도 소중한 장소를 갖고 있다는 느낌을 아이들이 가질 수 있었으면 하는 단순한 바람에서다. 오늘날 사원이나 모스크 교회에 가볼 기회조차 없는 아이들이 점점 늘어나는 추세이기 때문에 그런 아이들에게는 이런 방문이 아주 중요한 기회일 수도 있다고 나는 생각한다.

거듭 말하는 것이지만 우리가 읽기나 수학, 과학 같은 과목을 표준화된 교과로 꼭 정해서 학습시키려 하지 않는 것과 마찬가지로 종교에 대해서도 그러하다. 영성에 관련된 일은 하루하루의 학교생활이 흘러가는 도중에 자연스럽게 생겨난다. 프리스쿨 식구 중 누군가가 자기

가족 중에(물론 그 가족에는 애완동물도 포함된다) 죽었거나 병이 들었다는 소식을 가져온다고 하자. 그 때 우리는 항상 같이 모여 기도한다. 기도는 어떤 믿음의 방식도 소외시키지 않도록 여러 가지 형식을 취한다. 몇 년에 걸쳐 발전시켜온 아름다운 전통이 하나 있는데, '사랑하는 이(Dear Ones)'라는 노래를 부르는 의식이다. 노래 가사를 적어보면 이렇다.

사랑하는 이 사랑하는 이.
나 너에게 내 마음 얘기하고 싶네.
너는 내게 네가 가진 보물을 모두 주었지.
그래서 나는 너를 사랑한다네.

우리는 둥그렇게 둘러앉아 이 짧지만 모두를 이어주는 힘을 지닌 노래를 부른다. 그 힘은 틀림없다.

우리가 알고 지내던 어떤 사람이 다치거나 병들었을 때마다 우리는 둥그렇게 둘러 앉아 원의 중심에 촛불 하나를 밝힌다. 그리고는 침묵 속에서 그 사람의 회복을 돕기 위한 치유의 염원과 기도, 이미지를 보낸다. 한 번은 메리의 어린 손자가 집 앞에 서 있는 커다란 나무 위로 올라갔다가 인도로 떨어져 얼굴이 완전히 깨지고 다른 곳에도 심각한 상처를 입은 적이 있었다. 메리는 며칠을 계속해서 학교에 나왔고 아침 시간에 우리 모두는 그 소년의 얼굴뼈가 다시 붙고 피부가 그 전처럼 해맑은 모습으로 돌아가기를 마음속에서 그리는 일을 메리의 인도를 받아가며 계속했다. 담당 의사들은 아이의 회복 속도에 당황할 지경이었다.

우리의 기도가 그토록 빠른 회복을 가져오는 데 실제로 무슨 연관이 있는가 하는 문제는 이 이야기의 초점이 아니다. 중요한 것은 우리 학교에 다니지도 않고 많은 아이들이 알지도 못하는 한 어린 소년을 보살피는 데 우리가 보이지 않는 관련을 맺고 있음을 확신하는 일이었다. 결국 우리 모두는 누가 누구를 위해 실제로 무엇을 했는가와 상관없이 한 어린 소년의 회복 과정에 어느 만큼 동참했다는 느낌을 갖게 되었다.

프리스쿨은 또 한편으로 우리 프리스쿨 식구들이 갖고 있는 온갖 종교의 축일을 같이 축하하기 위해 세심하게 준비한다. 일 년 내내 끊이지 않고 축일이 돌아오고 또 그 경축 방식도 다양하기 때문에 우리의 작은 공동체에 즐거움으로 가득 찬 풍요를 선사하는 일이기도 하다. 그리고 또 오늘날 필수적일 수밖에 없는 다문화적 성격을 띤 나눔의 자리를 끊임없이 우리에게 제공해준다.

• • •

오늘날 사건의 진상은 이렇다. 과학은 서서히 우리의 공식 종교가 되어가고 있고 공립학교로 대표되는 의무교육 제도 속의 학교교육은 관료주의의 너무도 열렬한 옹호자가 되어가고 있다. 어린이들이 지닌 충성심이 물질주의적인 관심으로 옮아갈 수 있도록, 그리하여 소비자본주의라는 거대한 괴물이 힘을 잃지 않고 앞으로 나아갈 수 있도록 미국의 학교로부터 신을 몰아내려는 의식적 음모가 계속되어 왔다고 개토는 주장한다. 개토의 논리가 불온한 만큼이나 반박하기도 어렵지 않나 생각한다.

과거 몇 세기에 걸쳐 서구 과학의 패러다임은 서서히 그리고 말없이 우리가 지녀온 공동체의식을 해체시켜 오늘날 군중 속의 고독이라는 느낌이 더 이상 특별하지도 않은 상태에까지 이르렀다는 사실은 분명하다. 수백만의 중산층 미국인들이 마음속 깊이 도사리고 있는 분리감과 공허감에 시달리며 서점 판매대를 기웃거리거나 비싼 워크숍과 심리치료사를 찾고 있다.

다행히도 최근 들어서는 과학자들도 공공연히 신비주의적인 이야기를 하기 시작했다. 오늘날 전문적인 양자물리학자가 쓴 책과 자신의 전통 속에서 발견되는 신비주의를 논한 종교인이 쓴 책이 내용상 다른 점이 별로 없을 지경이다.

바슬라프 하벨은 옳다. 확실히 옳다. 자기 자신보다 훨씬 큰 무엇인가와 연결되어 있다는 느낌을 갖는 일과 관련해 영적 정체성을 계발하는 일은 우리가 이 21세기를 견뎌내기 위해 절대적으로 긴요한 일이 되고 있다.

우리의 어린 친구들은 소리 높여 외치고 있다. 빠르게 변화해가는, 뿌리를 상실한 사회 속에서 살고 있는 그들에게서 어떤 구시대적인 문화전달의 모델과 방법론으로도 영적 정체성의 문제를 떼어내 버릴 수는 없다고. 아이들은 의미를 찾으려는 개인적 탐색을 돕고 지원해주기를 바라고 있다. 그리고 선택의 기초가 될 정확한 정보를 바라고 있다.

또한 존재의 초월적 차원을 표현하고 경험하는데 올바른 방법이 단 하나밖에 없는 것이 아니라는 생각을 북돋아주는 관용의 메시지를 접하고 싶어 한다.

10
인종과 계급의 갈등을 넘어서

··· 백 년 전 한 위대한 미국인이 노예해방령에 서명했습니다. 오늘 우리는 그이를 기념하는 저 상징의 그늘 아래 이렇게 서 있습니다. 그이가 서명한 이 기념비적인 법령은 불의의 불길 속에 고통스레 타고 있던 수백만 흑인 노예들에게 커다란 희망의 햇불로 다가왔습니다. 그것은 꽁꽁 묶인 채 견뎌온 긴긴 암흑의 밤을 끝나게 해줄 기쁨의 새벽으로 다가왔습니다.

그러나 백 년이 지난 지금 흑인은 아직도 해방되지 않았습니다. 백 년이 지난 지금 흑인의 삶은 아직도 분리의 족쇄와 차별의 사슬에 묶여 슬피 절뚝거리고 있습니다. 백 년이 지난 지금 흑인은 이 거대한 물질문명의 대양 한 가운데서 가난이라는 고도 위에 살고 있습니다. 백 년이 지난 지금 흑인은 미국 사회의 외진 구석에서 아직도 고

달픈 삶을 꾸리며 자신의 나라에서 망명 생활을 보내고 있습니다.

… 질서와 증오의 잔을 들이키며 자유에의 목마름을 채우려 하지 맙시다. 언제까지나 위엄과 자제라는 더 높은 고원에서 우리의 투쟁이 펼쳐지게 해야 합니다. 우리의 창조적 항의가 물리적 폭력으로 발전하도록 내버려 두어서는 안 됩니다. 힘을 내고 또 내어 우리 육신의 힘이 영혼의 힘과 만나는 장엄한 꼭대기까지 오르지 않으면 안 됩니다. 지금 흑인사회를 집어 삼키려고 하는 놀랍고 새로운 호전성이 모든 백인들을 불신하는 방향으로 우리를 끌고 가게 해서는 안 됩니다. 왜냐면 우리의 수많은 백인 형제들이 바로 이 자리에 참석해 있는 사실로도 증명되듯이 자신들의 운명이 우리의 운명과 함께 묶여 있다는 사실을 깨닫고 있기 때문입니다. 뿐만 아니라 자신들의 자유 역시 우리의 자유와 꼼짝할 수 없이 연결되어 있다는 사실을 깨닫고 있기 때문입니다. 우리는 홀로 걸을 수 없습니다. 그리고 우리가 걸어 나갈 때 우리는 항상 앞을 향해 전진하리라 맹세하지 않으면 안 됩니다. 우리는 돌아갈 수 없습니다.

… 친구들이여. 오늘 나는 여러분께 말하고 싶습니다. 오늘 그리고 내일 우리가 비록 어떤 어려움에 직면한다 하더라도 나는 역시 꿈 하나를 갖고 있습니다. 그것은 미국의 꿈 속에 깊이 뿌리내린 꿈입니다. 나는 꿈꿉니다. 언젠가 이 나라가 모두 일어나 '사람들은 평등하게 창조되었다는 진실을 자명하다고 믿는다'는 그 법령의 진정한 의미를 삶으로 증명할 것입니다. 나는 꿈꿉니다. 미래의 어느 날 조지아의 황토 언덕 위에서 노예의 아들들과 노예 주인의 아들들이 형제의 우의를 다지는 식탁에 같이 앉게 될 것입니다. 나는 꿈꿉니다. 미래의 어느 날 불평등의 열기로 허덕이던 곳, 억압의 열기로 숨

막히던 곳, 바로 그 미시시피 주조차도 자유와 평등의 오아시스로 변하게 될 것입니다. 내 어린 자식들이 언젠가는 피부빛이 아니라 인품으로 사람을 판단할 줄 아는 나라에 살게 될 것입니다.

오늘 나는 꿈꿉니다!

언젠가는 '모든 골짜기들이 솟아오르고 모든 둔덕과 산이 평평하게 되며, 거친 곳이 평탄해지고 굽은 곳이 바로 펴져 주의 영광을 드러낼 때 모든 살로 된 자들이 다 같이 그 모습을 보게 될' 그 날을 꿈꿉니다.

… 이런 믿음 속에서 우리는 귀를 찢는 이 나라의 불협화음을 형제애라는 아름다운 협주곡으로 바꿀 수 있을 것입니다. 이 믿음 속에서 우리는 같이 일할 수 있을 것이고, 같이 기도하고 같이 투쟁하고 같이 감옥에 가며 자유를 위해 같이 맞설 것입니다. (오직 그렇게 할 때만) 언젠가는 우리는 자유로워질 것이라고 생각합니다. 이렇게 하게될 그 날이 바로 그 날이 될 것입니다. 신의 아이들 모두가 새로운 의미를 깨달으며 우리의 노래를 부르게 될 바로 그 날이 될 것입니다. "나의 조국 찬양하라. 향기로운 자유의 땅 그대를 노래하네. 내 조상들이 죽어 묻힌 땅. 필그림 파더의 자랑스런 땅. 모든 산등성이마다 자유의 노래 울러 펴져라." 그리고 미국이 위대한 나라라면 이것은 진실이 되어야만 합니다.

… 그러니 뉴햄프셔의 거대한 봉우리에서 자유의 노래 울려 퍼지게 합시다. 뉴욕의 힘찬 산마루에서 자유의 노래 울리게 합시다. 펜실베니아의 아득한 앨리게니 산맥에서 자유의 노래 울리게 합시다. 눈 덮인 록키산맥에서 자유의 노래 울리게 합시다. 캘리포니아의 굽이치는 산록에서 자유의 노래 울리게 합시다. 뿐만이 아닙니다. 조지

아의 바위산에서부터 자유의 노래 울리게 합시다. 테네시의 망루봉에서 자유의 노래 울리게 합시다. 미시시피의 산봉우리마다 언덕 꼭대기에서마다 자유의 노래 울리게 합시다. 모든 산등성이마다 자유의 노래 울려 퍼지게 합시다.

그리고 그 일이 일어날 때, 모든 촌락마다 모든 부락마다 모든 주와 모든 도시마다 자유의 노래 울려 나오게 할 그 때, 우리가 얼마든지 앞당길 수 있는 그 날, 주의 모든 아이들, 흑인과 백인, 유대인과 이교도, 신교도와 구교도 가리지 않고 모든 주의 자식들이 손에 손을 맞잡고 저 흑인의 영가를 같이 부를 수 있을 것입니다.

"마침내 자유가, 마침내 자유가, 주여 감사합니다. 마침내 우리는 자유롭습니다."

―마틴 루터 킹 주니어
워싱턴 D.C 링컨기념관, 1963년 8월 28일

1994년 5월 '분리되었지만 평등한' 학교는 미국 헌법의 평등보호 조항에 위배된다는 역사적인 『브라운대 교육위원회 사건 Brown v. Board of Education』 판결 40주년을 기념하기 위해 미국 전역에 걸쳐 이벤트가 펼쳐졌다. 다음은 여기 알바니에서 열렸던 한 관련 심포지엄에서 내가 관찰하고 느꼈던 내용이다.

짐작하겠지만 참석자의 대다수는 여러 교육 분야와 사회사업 분야에서 일하고 있는 아프리카계 미국인 전문가들이었다. 그밖에 일단의 시민운동가들이 있었고 주와 각 지역 NAACP(전미유색인지위향상협회, 1909년 창설) 지도자들, 그리고 소수의 백인들이 있었는데, 다들 나처럼 이런저런 방식으로 교육에 관계하고 있는 사람들이었다. 회고조의 감상으로 일관했던 전체적인 분위기를 뒤엎는 것이 있었다면, 1954년 이후 실제로 무엇이 개선되었는가 하고 의문을 던지고자 하는 강렬한 욕망이 그 곳에 모인 모든 사람들 사이에 팽배해 있었다는 점이었다.

참가자들의 사회적 지위와 그들이 내리는 현실 진단 사이에는 뚜렷한 연관성이 나타나 보였다. 당연한 일이겠지만 대학 총장들, 교수들, 그외 중산계층을 대표하는 지위에 있는 사람들은 훨씬 낙관적인 전망을 가지고 과거 40년간 아프리카계 미국인들이 얼마나 큰 진전을 보았는가를 강조하는 경향이었다. 반면에 직업상의 지위가 낮거나 슬럼가의 가난한 계층과 우선적인 연관을 맺고 일을 하는 사람들은 계속해서 좌절감과 분노를 느끼고 있었다. 그것은 법이라는 수단을 가지고 문제를 해결해보려는 정부의 온갖 시도에도 불구하고 계속 살아 남아 있는 사실상의 인종차별을 날마다 경험하면서 생긴 좌절감과 분노였다.

그런데 현재 뉴욕주립대학에서 아프리카계 미국인학을 가르치는 한 여성이 나의 주의를 끌었다. 그 여성은 남부지방에서 보냈던 자신의 성장기를 이야기했다. 그녀는 미시시피 주에 있는 중간 정도 크기의 읍내에서 성장했는데 그 곳에는 백인 거주자가 한 명도 없었다고 했다. 인종차별, 아니 인종분리에 대한 그녀의 시각은 내가 지금까지 한 번도 접해보지 못했던 시각이었다. 요점을 적어보면 이렇다. 그녀가 어린 시절 경험했던 '인종분리(segregation)'—이런 경우에는 사실상 인종고립(isolation)이 훨씬 어울리는 용어이겠다—는 완전히 긍정적으로 작용했다. 왜냐면 어린 시절 그녀가 보았던 중요한 역할 모델들, 곧 시장, 교장, 교사, 의사, 간호원, 신문기자, 예술가, 연예인 들은 모두

자기 자신과 같은 아프리카계 미국인이었기 때문이었다. 그런 까닭에 이 여성은 과거의 경험으로 인해 어떤 식으로든 손상감이나 박탈감을 느껴본 적이 없었다.

사실상 그녀는 인종분리의 문제를 완전히 다른 시각으로 보았다. 그 심포지엄에서 그녀의 존재는 다양한 시각의 스펙트럼을 마무리하는 데 일조를 했는데 인종 문제는 너무나 복잡한 문제라는 사실을 새삼 되새기게 해주었다. 그러나 관점의 다양성이라는 문제는 뒤로 하더라도 이틀간의 모임을 통해 그 곳에 모인 사람들이 일치를 본 것은 브라운 사건의 판결이 약속한 것, 곧 비백인 어린이들이 분리되고 불평등한 교육을 받아야만 하는 상황을 끝내겠다는 그 약속은 아직도 충분히 지켜지고 있지 않다는 사실이었다.

• • •

정치적 경제적 표현으로 수렴되는 인종과 계급상의 현실을 도외시하고서 미국의 교육현실을 살펴본다는 것은 얄팍하고 이기적이며 또한 근본적인 불평등의 문제를 계속 유지시키는 토대가 되고 있는 부정(그런 일은 없다는 식의)에 기여하는 일임에 틀림없다.

인종차별에 관한 논의 역시 사회계층의 문제를 함께 다루어야 한다는 사실을 흔히 간과한다. 이틀간의 브라운 사건 심포지엄을 끝내고 그 자리를 떠나면서도 계속 염려가 떠나지 않았던 것도 이런 이유였다. 그 자리에서의 유일한 초점은 인종문제였을 따름이다. 흔히 말하는 우리의 민주주의 속에서 '사회 계층과 교육 기회'와의 관계를 깊이 들여다보려는 노력이 결여되어 있음이 분명했다. 와렌 법정(Warren Court)에서 있었던 원심이 근본적으로 가지고 있는 결점이기도 한데, 그 분석은 결과적으로 과거 40년간 진정한 변화를 가져오지 못한 원인을 제공하는 데 일조했을 뿐이다.

자본주의 경제 체제의 우선 목적은 계급 체제의 유지이며, 인종차별은 그 목적을 위한 수많은 효과적 수단의 하나에 지나지 않는다는 사실은 비밀이 아니다. 그리고 미국이라는 민족국가는 유럽계 미국인이자 중산 계층에 속하는 기회주의자들로 결론이 난 한 무리의 남자들에 의해 세워졌고, 뒤따라 일어났던 노예전쟁 역시 핵심은 경제문제였다는 사실 또한 비밀이 아니다.

그러나 훨씬 덜 알려져 있는 사실이 있다. 그것은 남북전쟁이 끝난 뒤 의무적이고 정부에 의해 통제되는 학교라는 제도를 세운 목적이 무엇보다 산업혁명이 가져온 급격한 인구증가에 직면하면서 지배 계층의 경제적 이윤을 보호하기 위한 것이었다는 사실이다. 카네기나 듀퐁 같은 몇몇 가문은 계층구조의 건설이라는 자신들의 목적에 가장 솔직했다 하겠다. 계층구조의 가장 위에 속한 사람들이 주도권을 쥐고 나머지가 조직을 가동시킨다. 그들의 뒤를 잇는 후계자들은 '평등한 기회'와 같은 완곡어법과 '한 발 앞선 출발(Head Start)' 같은 사회 프로그램들을 동원해 체제가 지닌 진정한 의도를 숨기는 일을 멋지게 해내고 있다.

인종차별 속에 뿌리를 내리고 있는 경제적 불평등과 인종차별의 관행화가 공립학교에서 어떤 방식으로 계속 강화되고 있는가를 조너선 코졸 만큼 잘 이해하고 있는 이는 아마도 없을 것이다. 최근에 쓴 책에서 코졸은 미국의 학교에서 나타나는 인종과 계급간의 역학 관계를 분명하게 그려낸다. 코졸은 『야만의 불평등 Savage Inequalities』이라는 제목으로 그 실패를 요약해서 표현하고 있다.

코졸이 여실히 보여주듯 상황은 나아지지 않았고 점점 나빠지고 있다. 가난 속에 살고 있는 미국의 여섯 살 아동의 수는 과거 5년 사이에 20퍼센트나 늘어나 현재는 4명에 1명 꼴을 넘어선다. 한편 세계를 통털어 286명밖에 안 되는 억만장자들이 현재 이 지구상 부의 약 절반을 주무르고 있다. 미국의 공립학교 수준에서 이런 사실이 뜻하는 것은 부유한 학구는 계속 부유해지고 가난한 학구는 점점 더 가난해지며 그 게임은 앞으로도 여전히 교묘한 농간 속에서 계속되리라는 사실이다.

뿐만 아니라 슬럼가의 환경은 거의 개선되지 않고 있다. 경제적 인종차별은 레이건에서 부시로 이어지는 동안 고도의 술책으로 세련되어졌다. 그 결과 이제 도시의 젊은 흑인남성의 실직율이 60에서 70퍼센트까지 높아졌는데도 중요하게 다루어지지 않고 있다.

이런 경제적 현실은 인종차별을 조장하여 다음 세기까지 이어지게 하는 확실한 보증이 되고 있음에 틀림없다. 이 나라는 모든 주요 사회 기관―교육, 의료, 재계, 법조, 사법―에 그어져 있는 인종차별의 선을 계속 견지할 것이다. 점점 증가 추세에 있는 흑백분리의 주택공급 양상도 학교체계 안에서 인종차별이라는 끈질긴 문제를 털어버리려 하면 할수록 도시 내 학교체계를 계속 혼란시키는 요인이 될 것이다. 분명한 점은 정치적인 이미지 관리상 잘 숨겨져 있긴 하지만 인종적 문화적 편견은 우리 문화의 바로 중심에서 증식하고 있다는 사실이다.

          • • •

'코끼리를 어떻게 먹을 수 있을까'라는 수수께끼가 생각난다. 답은 물론 '한 번에 한 입씩'이다. 메리는 프리스쿨을 시작할 때 조녀선 코졸이 앞서 펴낸 책『자유학교』에서 제시한 문제에 도전해보기로 했고, 그 실험의 산실을 도시 중심에 있는 빈민가 한 가운데 차렸다. 메리는 가난한 사람들은 인종을 불문하고 자기 아이들의 다양한 요구를 충족시켜주려고 노력하는 학교라면 기꺼이 보낼 마음을 지니고 있으리라고 굳게 믿었다.

이런 사실로 미루어 보더라고 특히 초창기는 프리스쿨이 시카고에 세워졌던 제인 애덤스(Jane Addams)의 헐 하우스(Hull House)와 같은 19세기 복지사업관과 다르지 않은 역할을 했다는 사실을 짐작할 수 있을 것이다. 우리는 필요한 사람들을 위해 교통편을 제공했고, 아이들이 하루에 두 번 제대로 된 식사를 할 수 있도록 아침과 점심 무료 급식 프로그램을 시작했다. 우리는 또 헌옷을 수집 분배했고, 푸에르토리코에서 온 이민자들을 위해 영어선생을 구했으며, 프리스쿨 가족들의 재정과 집수리를 돕기까지 했다. 낮이면 아이들이 학교에 왔고, 밤이면 저마다 들고 나와서 벌이는 저녁 파티나 자금모금 디너 파티를 열고, 때로는 강연자를 초청해서 아이들을 때리지 않고 훈육하는 법이나 텔레비전의 영향, 아이들과 이혼 같은 일반적 관심사를 이야기하는 기회도 마련했다. 우리의 이런 노력은 도시의 한 구획 전체를 안정된 환경으로 만드는 데 기여해왔다.

그러나 지금도 마찬가지지만 그 시기에 외적인 차원에서 펼쳐지는 인종과 계급에 대한 편견은 내적이고 비물질적인 차원에서 작동하는 편견보다는 여러 가지 점에서 다루기가 훨씬 쉬웠다. 그렇다고 한 가정 속에 깊숙이 뿌리내린 가난이 가져다주는 물리적 영향에 대처하는 일이 끊임없는 도전이 아니라는 말은 아니다. 하지만 아이들의 영혼을 암과 같이 좀먹어 들어가는 내적이고 비물질적인 차원에서의 영향력은 어떻게 다루어야 할까? 특히 인종차별이 하나의 요소로 작용할 때는?

부장판사였던 얼 와렌(Earl Warren)은 문제의 심각성을 은연중에 이해하고 있었다. 그는 브라운 사건 판결에 대한 다수평결 의견장에 이렇게 썼다. "인종분리를 행하고 있는 학교들은 공동체 안에서 어린이들에게 헤어날 수 없는 열등감을 조장한다." 로버트 콜즈(Robert Coles) 박사의 현장조사 연구를 살펴보자. 콜즈는 하버드대의 저명한 소아정신과 의사인데, 수십 년 동안 가난과 인종차별이 아이들의 정서 발달에 미치는 영향에 대해 논문을 발표해오고 있다. 그는 담쟁이로 뒤덮인 하버드대 담벼락에서 별로 떨어져 있지 않은 빈민가 어린이들을 대상으로 한 연구를 진행하면서 특히 가난한 흑인 어린이 사이에 열등감이 만연해 있다는 사실을 거듭 확인한다.

프리스쿨은 여러 가지 방식으로 내면화되어 있는 인종차별의 영향력을 타개해보려 노력한다. 가장 분명하고 직접적인 방식은 아프리카계 미국인으로 영웅적이고 지도자적인 인물들의 생애를 공부하고 찬양하는 일이다. 그래야만 대부분의 학교가 사용하는 표준적인 미국 역사 교과서에 드러나는 간격을 조금이라도 메울 수 있다. 우리는 할 수 있는 한 이렇게 한다. 거의 해마다 마틴 루터 킹 목사의 탄생일이 가까워 오면 프리스쿨 아이들은 킹 목사와 인권 운동에 관한 연극을 공연하곤 한다. 한 번은 뉴욕 주에 있는 언더그라운드 레일로드9)의 통로를 답사 중인 한 일본 불교단체와 행로를 같이하기도 했다. 그 잊지 못할 사흘간의 여정 속에서 아이들은 헤리엇 터브맨(Harriet Tubman)이 오번에 살았을 때의 집과 그 근방에 있는 묘소를 돌아보았다.

역사가 이런 식으로 삶 속으로 들어올 때 어린이들은 영웅적 행동과 자부심, 업적과 같은 역사의 메시지가 던지는, 엄청난 회복력을 지닌 영향을 한껏 받아들인다. 그러한 매혹적인 역할 모델들이 얼마나 큰 가치를 지녔는가는 과장할 필요조차 없다. 예를 들어 지금까지 내가 관찰한 바에 따르면 우리 학교에서 있었던 킹 목사의 이야기를 엮은 연극공연에서 해마다 킹 목사 역을 맡았던 소년은 연극을 만드는 과정에서 모두들 인격의 변화를 일으켰다. 그 아이들은 대부분 생활고와 싸우는 가정 출신의 상처받기 쉬운 아이들이었는데, 지금은 모두 유능하고 훌륭한 젊은이들로 자랐으며, 인종과 경제 문제에서 공정성에 대한 깊은 이해를 지닌 지도자의 자질을 보이는 어른이 되었다.

프리스쿨 아이들이 킹 목사의 생애를 무대에 올릴 때면 보통 인기 있는 어린이용 킹 전기에 나오는 이야기를 구성해서 한 장면을 만드는데, 그 장면에서 어린 마틴은 애틀랜타에 있는 어린 시절 집 근처 거리에서 한 백인 친구와 놀고 있는 걸로 나온다. 그런데 갑자기 백인 소년

---

9) Underground Railroad. 도망 노예의 탈출을 도왔던 흑백인으로 이루어진 비밀결사 단체 또는 그 탈출 루트._옮긴이주

의 어머니가 문밖으로 몸을 내밀고는 마틴을 내쫓는다. 그리고는 아들에게 이렇게 말한다. "저런 애들하고 노는 거 엄마가 싫어하는 거 알지? 당장 집으로 들어와." 어린 마틴은 집으로 달려간다. 어머니는 어쩔 줄 몰라 하는 아들에게 1930년대의 인종간의 관계가 어떤 상황에 있나 설명해준다. 어머니는 말을 마치며 위로의 몇 마디를 건넨다. "마틴, 이런 세상에서 네게 어떤 일이 일어나든 상관할 필요가 없단다. 애야, 한 가지만 기억하거라. 넌 '중요한 사람'이란다."

자신이 '중요한 존재'라는 느낌을 아이들이 갖도록 하기 위한 노력은 인종과 계급에 관한 편견이 불러일으키는 부작용을 떨쳐버리기 위해 프리스쿨이 하고 있는 일 중 가장 괜찮다고 할 만한 일이다. 아이들 하나하나 모두들 뭔가 특별한 존재로 생각하는 환경 속에서 모든 아이들은 뭔가를 주도해나갈 기회를 갖게 되고, 또 그 속에서만 모든 아이들이 자신만의 고유한 도전을 자유롭게 펼치며 자신만이 지닌 재능을 추구할 자유를 갖는다. 그럴 때 상처받은 자아상을 지닌 아이들은 자기 자신을 긍정하고 확신하는 마음을 아주 빨리 회복해 간다.

이론상의 평등과 민주주의가 아니라 실제적인 평등과 민주주의가 존재하는 분위기 속에서는 편견의 징후를 보이는 표현(내면에서는 자신의 가치 없음을 느끼면서 겉으로는 우월성을 과시하며 적의를 나타내는 일)은 타당성을 잃게 되어 실제로 아무 소용이 없어지기 때문에 위축되기 마련이다. 다시 말해 일단의 아이들이 어떤 상황 속에서 서로가 지닌 권리가 진정으로 평등하다는 사실을 알고 있다면, 또 그들이 서 있는 기반 역시 평등하다면—우리 학교의 경우 항상 그러하다—그 때는 편견이 뿌리내리기가 매우 어렵다. 적어도 매우 오랫동안.

꽤 많은 아이들이 이쪽이든 저쪽이든 성장 배경 속에 인종과 계급에 대한 편견을 가지고 있다는 사실에도 불구하고, 학교에서 보내는 나날 속에서 서로에게 상처를 주는 행동을 하거나 또 그 반응으로 격한 감정이 일어나고 또 거기에 반응하는 식의 부정적 태도를 거의 찾아 볼 수 없다. 편견이란 자기와 다른 타인에 대한 두려움과 무지에 뿌리를 두고 있기 때문에 온갖 인종과 사회 계층의 아이들이 함께 어우러져 즐겁게 공부하고 노는 가운데서는 생겨나기 어려운 법이다.

그렇다고 해서 편견이 우리 학교에 그 추한 머리를 절대로 내밀지 않는다는 말은 아니다. 그 일은 일어난다. 그리고 그 때가 되면 우리는 그것을 정면으로 마주 대하려 노력한다. 어떤 환상적인 대응책도, 미묘하게 짜인 커리큘럼도, 교사훈련 과정도 없다. 단지 일어난 사건에 대해 서로 이야기하고 진실에 이르려고 노력할 뿐이다. 또 이런 기본적인 물음을 던지며 그 해답을 구하려 한다. "넌 왜 그렇게 말하고 그런 식으로 부르니?" "그 말이 무슨 말이고 왜 그렇게 생각하지?" "만약 누군가 다른 사람이 너를 그런 식으로 대하면 어떤 느낌이 들까?" 아이들은 자신의 믿음이나 행동에 대해 비난당하거나 벌을 받지 않을 때 지각 있고 정직하게 되며 진정 자발적으로 반사회적 태도를 버리려는 의지를 갖는다. 인종의 벽을 뛰어넘어 일생을 두고 계속 이어질 우정이 수없이 우리 작은 학교에서 싹텄다.

하지만 일이 항상 그렇게 매끄럽게 풀리는 것만은 아니다. 예를 들어 몇 해 전에 우리는 아프리카계 미국인인 홀어머니와 세 아이들을 품안에 받아들였다. 그 가족은 당시 남부에서 알바니로 막 이주해와 옷가지 몇 개밖에 가진 것이 없는 상태였다. 큰아이 제임스는 당시 8

살쯤 되었는데 나에게 특별한 애정을 보였고 나 역시 그랬다. 하루는 로빈이라는 여자아이—제임스보다 나이가 위인 깡마르고 거리낌 없는 성격을 지닌 백인 게토 가정의 딸이다—가 제임스에게 화를 내며(무엇 때문이었는지는 기억에 없다) 소리를 질러대는 일이 일어났다. "야, 이 바보 같은 깜둥이 새끼!" 바로 그 자리에 서 있던 나는 제임스의 얼굴을 뒤덮는 깊은 수치심을 보았다. 아무 생각 없이 또 내가 얼마나 화가 났나 따져본다든가 하는 여유를 잃고 내 손이 로빈에게로 날아갔다. 다행히 마음의 상처가 깊어지기 전에 상황을 수습할 수 있었다. 로빈이나 로빈의 부모는 어른의 '졸속한 훈육'이 생소한 사람들도 아니었고, 내가 다시는 그런 일이 없도록 하겠다고 사과와 맹세를 하자 로빈과 어머니도 비슷한 사과와 맹세를 했다.

그러니 인종과 계급에 대한 편견을 치유하는 데 어떤 완벽한 공식을 가졌다고 할 수 없으며 앞으로도 결코 갖지 못할 것에 틀림없다. 그러나 시간이 변해감에 따라 다른 방식으로 대처해보려고도 하고 보통 그전보다는 훨씬 적절하게 풀어나간다.

어느 때나 문제를 푸는 열쇠는 편견이 사람들 사이의 상호작용이라는 퍼즐 속의 빠질 수 없는 한 조각이라는 사실을 깨닫는 데 있다. 이런저런 형태로든 편견을 갖지 않고서 이 세상에서 성장해가는 일은 실제로 불가능하다고 생각한다. 게다가 편견이 타인을 향해 어떤 행동을 하거나 반응을 하는 데 하나의 적극적인 구성 요소가 된다는 점을 우리가 흔히 인식 못하고 있을 뿐이라 생각한다.

교사들 역시 이런 현실에서 벗어나 있지 않다. 교사들도 마음속 깊이 편견을 가지고 있다. 우리가 지닌 편견은 아이들이 지닌 편견보다 보통 더 모호한 형태를 하고 있는데, 그 이유는 우리가 편견은 나쁘다고 알고 있기 때문이다. 이런 경우 역시 정확한 인식과 솔직한 대화가 그 해답이다. 예를 들어 교사들 중 한 사람 또는 몇 사람이 어떤 특정한 아이를 싫어하거나 인정하지 않고 있다는 사실을 알게 되었다 치자. 우리는 우리의 그 태도 속에 어떤 편견이 작용하고 있지 않나 하고 조심스럽게 자신에게 의문을 던진다. 만약 그 사실이 맞다면 우리는 자신의 내부에 있는 편견을 표면으로 드러내려 하고 그런 연후에 그 편견이 아이를 대하는 우리의 태도를 지배하지 못하도록 그 편견을 털어내려 애쓴다. 아이들은 교사가 자기들을 어떻게 생각하고 느끼고 있나 하는 단순한 감정적 문제에 심각한 영향을 받을 정도로 연약하다.

인종과 계급에 대한 편견은 극복할 가망이 없는 문제는 아니다. 그 편견을 컴컴한 구석에 처박아 넣고 곪고 증식하게 내버려두지 않고 밖으로 시원스레 드러내 보이는 한 희망은 있다. 적어도 우리 학교와 같은 작은 학교에서는 맞는 말이다. 이런 곳에서는 코끼리를 한 번에 한 입씩 먹을 수 있다.

• • •

언젠가는 모든 신의 아이들이 한 자리에 같이 앉게 되기를 그리는 킹 목사의 꿈을 나 역시 언제나 함께 나눌 것이다. 그리고 나는 믿는다. 그 꿈을 이룰 수 있는 가장 직접적인 길은 온갖 종류의 아이들이 서로의 다른 점을 이해하고 존중해줄 뿐 아니라 공동 관심사를 나누는 길을 찾을 수 있는 환경 속에, 뿐만 아니라 서열이나 경쟁에서 벗어나 있는 환경 속에(그 곳이 꼭 학교일 필요는 없다) 있을 수 있도록 만드는 것이다. 타인을 받아들이는 관용의 마음은 가르칠 수 있는 것도 아니며 교과서에서 배울 수 있는 것도 아니다.

그러나 이런 낙관주의도 상황을 확대시켜 그려볼 때마다 희미해져만 간다. 강제 버스통학10) 같은 사회에 의해 조작된 대량 해결 방식이 아직도 시도되고 있고, 또한 그 모든 방식이 참되고 지속적인 변화를 가져오는데 실패하고 있다. 우리가 경제적 차원에서 인종차별을 바라보는 일을 계속 무시하는 한 이 문제는 그런 식으로 계속될 것이다. 그러는 동안 이 나라가 빠진 인종과 계급 문제라는 해답 없는 딜레마에서 우리가 치러야 할 대가는 헤아릴 수 없는 것이 되고 킹 목사의 꿈은 한갓 꿈으로 남게 될 것이다.

---

10) 흑인과 백인 학생들이 어울릴 수 있도록 아이들이 거주지 바깥의 학교를 다니게 하는 정책._옮긴이주

11

여성과 남성의 조화를 위해

 몇 해 전 나는 상급반 아이들의 담임을 맡았는데, 열 살에서 열두 살 나이의 아이들이 그 반에 속해 있었다. 그것은 내 반 아이들 대다수가 사춘기라는 말썽 많은 발달단계를 바로 눈앞에 두고 있다는 뜻이었다. 그 중에는 집 근처의 공립학교를 막 탈출해 나온—실제로 거의 동시에—열한 살짜리 남자애들 세 명이 있었다. 짐작할 만한 일이겠지만 이 어린 삼총사들은 자기들을 꽤 잘나가는 사나이들이라 생각했고, 우리의 이 괴상한 작은 학교를 수확을 기다리는 익은 과일쯤으로(특히 새로 만난 한 반 여자애들을 두고) 생각했다.

 그 아이들이 질이 나쁜 아이들이었다는 말은 결코 아니다. 만약 그 애들을 한 번에 한 명씩 받아들일 수 있었다면 모두 프리스쿨의 흐름에 훨씬 빨리 녹아들었으리라 생각한다. 그러나 비슷한 시기에 같이 전학을 오게 되었다는 사실은 좀처럼 깨기 어려운 결속력의 토대가 되어버렸다. 그리하여 이 십대 초반의 놈팽이 트리오가 한 학교를 자기들 손아귀에 넣으려고 애를 쓰며, 어느 정도까지 장악할 수 있는지 끊임없이 테스트를 하고 있는 동안 나는 그저 멀거니 바라보며 어떻게 하면 그 애들의 시선을 붙잡을지, 요지부동의 다이얼을 아무 방향이나 한 칸만이라도 돌려서 채널을 어떻게 조금이라도 바꿔볼지 궁리만 하고 있었다.

그 일은 결코 녹녹한 도전이 아니었다. 이 아이들은 이미 오래 전부터 저항과 반역을 일삼는 게릴라 전법으로 뼈가 굵을 대로 굵어 있었다. 그 중에서도 압권인 것은 여성이라면 누구를 불문하고―여성 대부분, 아니면 적어도 그 전 학교에서 자기들을 가르쳤던 여교사들에게―더 이상 어떤 존중심도 보이지 않는다는 점이었다. 그리고 나에게는 자기들이 담임선생이라 여기는 힘센 남자라는 이유로 마지못한 복종하는 듯 보일 뿐이었다.

할로윈은 프리스쿨이 언제나 소중히 여기는 축제일인데 바로 그 할로윈 직전에 내게 어떤 영감이 떠올랐다. 특별한 의상 한 벌과 두 명의 메이크업 아티스트(아내와 졸업생인 16세 숙녀)가 화장품이 가득 든 가방을 들고서 전기면도기를 비롯한 모든 준비를 갖추고 나를 기다리고 있었다. 대망의 그 날 정오 나는 학교에서 가만히 빠져 나와 변신을 위해 집으로 달려갔다. 나는 살가죽을 다치지 않고 해낼 수 있는 한 바짝 면도를 했고, 작당한 패거리는 키득거리며 재빨리 나를 변신시키기 시작했다. 한 명이 얼굴 위에 겹겹이 분칠을 하고 눈 화장을 시키는 동안 한 명은 어깨까지 오는 내 머리털을 부풀리고 곱슬곱슬 지지느라 야단

법석을 떨었다. 그런 다음 벳지의 드레스 중 가장 우아하고 섹시한 드레스에 몸을 감싼 채 나는 학교로 달려갔다.

내가 3인치짜리 굽이 달린 빨간 하이힐을 신고 한 시간이 지나지 않아 우리 교실로 점잔을 빼며 걸어 들어가자 누구도 나를 알아보지 못했다. 나는 한 마디도 하지 않은 채 비어 있는 책상에 기대 서서 누구라고 말할 필요도 없는 바로 그 아이들을 지그시 바라보며 미소짓기 시작했다. 녀석들은 내가 기대했던 대로 나로부터 눈을 떼지 못했다. 녀석들은 나를 머리끝에서 발끝까지 훑어보고 또 훑어보았다. 나는 지긋이 기다렸다. 그리고 더 이상 이 서스펜스를 참을 수 없게 되자 원래의 내 목소리로 불쑥 말을 건넸다. "지금 뭘 보고 있다고 생각하냐 이 놈들?"

어떤 말로도 그 후 벌어진 광란의 장면을 제대로 묘사하지 못하리라. (만약 얼굴을 머리통에서 떼어낼 수만 있다면 세 명의 어린 갱 녀석들에게 그 일이 일어났음에 분명하다.) 불타는 건물을 탈출하려는 쥐들 마냥 서로 문을 빠져나가려고 싸웠다. 세 명 모두 곧장 학교 건물에서 튀어 나갔는데 한 명은 "그게 크리스였어!" 하고 비명을 지르고 다른 녀석은 "그 썩은 망구탕구가 우리 선생이었어!" 하며 신음을 해댔고 세 번째 녀석은 "오 마이 갓, 오 마이 갓!"을 연신 중얼거릴 뿐이었다.

이십 분이 족히 지나서야 녀석들은 학교로 다시 돌아왔다. 그러는 동안 여자애들과 나는 평생 웃을 웃음을 웃어댔다.

그 날 오후는 진짜 끝내주는 오후였다. 나는 할 수 있는 한 걸맞게 보이려 애썼고 성의 경계선을 넘어선 행동을 거리낌 없이 해내는 배짱을 유지했다. 그 일이 있고 난 다음날부터 며칠 동안 세 녀석은 당황해서 어쩔 줄 모르며 나를 제대로 바라보지도 못했다. 그리고는 서서히 일상이 정상으로 돌아왔다. 정상적 일상이란 게 우리 학교에 존재한 다면 그렇다는 말이다. 여장남자의 모험담이 어떤 즉각적인 영향을 가져 왔다고는 주장 못하지만 나는 내가 찾던 틈을 그 아이들에게서 발견해 냈다.

. . .

성이라는 미묘하면서도 사적이고 논쟁의 여지가 많은 주제가 아이 들과 연관해서 충분히 논의된 적은 거의 없다고 해도 과언은 아니다. 성은 화제의 대상으로 떠올리기에는 너무도 강렬한 주제다. 그건 그렇 고 앞에서 나온 이야기와 성이라는 주제가 무슨 관계가 있나 하고 생 각할 수도 있으리라. 그러나 나로서는 그 아이들이 보여주는 태도와 행동은 성의 문제와 깊은 관련을 갖고 있다고 믿는다. 아이들이 전에 다니던 학교에서도 문제가 되었고 또 내 심술궂은 장난의 타겟이기도 했던 태도와 행동은 우리 프리스쿨 같은 비인습적인 환경에서조차 아 이들을 재난 속으로 몰아가고 있는 형편이었다. 간단히 말해 그 아이 들이 가지고 있는 여성에 대한 누적된 편견과 자기와 다른 것은 무엇 이든 무례하게 대하는 경향성은 점점 도수를 더해가는 건방진 자만심 과 마찬가지로 강렬한 성적 요소를 갖고 있었다.

아직 사춘기의 문을 슬쩍 들여다보는 정도의 나이였기 때문에 아이 들이 변화할 만한 충분한 시간은 있다고 나는 생각하고 있었다. 하지만 그 아이들에게는 신물이 날 정도로 구태의연하고 정통적이며 권위적이고 도덕적인 방식은 조금도 효과가 없다는 것을 물론 알고 있었다. 충격 요법으로 살짝 한 방 먹인 것은 단순히 관심을 얻자는 것이지 별 다른 뜻은 없었다. 즉 나는 성이라는 쟁점을 완전히 뜻밖의 방식으로 열어놓았고, 동시에 그 아이들이 곧이어 성적으로 성숙한 젊은이들이 될 거라는 분명한 사실을 장난스레 인정해준 셈이었다. 그리고 어쨌든 결과적으로는 그 일로 해서 나는 그 아이들로부터 신망을 얻게 되었다.

놀라운 일도 아니겠지만 그 일이 있은 후 그 남자아이들이 내게 보인 첫 번째 반응은 과격한 동성연애 혐오였다. 남자가 어떻게 그런 짓을 할 수 있을까.(동성애를 주제로 한 일련의 흥행작들이 엄청난 호평을 받으며 상연되기 훨씬 전의 일이었다.) 그건 선생이 게이라는 뜻이었을까? 갑자기 전 학급이 게이가 된다는 것은 무엇을 말하는가 하는 논쟁 속에 휘말려 들었다. 그것은 나쁜 일인가 아니면 잘못된 일인가? 어떤 사람들에게는 괜찮아도 어떤 사람에겐 안 된단 말인가? 도대체 공개적으로 토론해야 할 대단한 일이기라도 한 것인가?

여자아이들은 이 주제를 훨씬 관대하게 대했다. 여러 아이들이 친한 사람들이나 친척 중에 게이가 있다는 얘기를 기꺼이 했다. 이런 식으로 이야기가 진행되자 그 남자아이들의 동성애 혐오증도 도수가 한 단계 낮아졌다. 내 짐작에 그 아이들 역시 아는 사람 중에 게이가 있었기 때문이라 생각된다. 나는 이 화제를 남자아이들과 나누는 것이 훨씬 더 어려운 이유는 뭘까 하는 의문을 넌지시 던져보았고, 이야기는 우리 사회에 만연해 있는 동성애에 대한 편견을 한 번 깊이 생각해보고 다시 검토해보는 방향으로 나아갔다.

나는 그 남자아이들에게 남자들이 갖고 있는 소위 사나이다운 성적 태도의 뿌리에는 혹시 어떤 두려움이 도사리고 있지 않은가 살펴보자고 했다. 그리고 우리가 같은 쪽에 있다는 점을 확신시켜주려고 할로윈 날 그 아이들이 눈짓으로 내 옷을 벗기고 있다는 것을 내가 잘 알고 있었다는 점을 상기시켜주었다. 녀석들은 나를 보고 어색하게 씩 웃었고 남성다움의 과시는 내부에 도사린 불안을 감추기 위한 행동일 경우가 많다는 점을 시인했다.

이렇게 되자 처음부터 내가 바라고 있었던 지점으로 이야기가 흘러갔다. 곧 존중이라는 중대한 논의로 다시 돌아가게 된 것이다. 여자아이들은 세 남자아이들의 야비한 행동과 노골적이다시피 한 성적 표현에 얼마나 모욕을 느끼는가 하는 점을 이야기하기 시작했다. 덧붙여 다시는 그런 행동을 하지 않겠다는 확답을 요구했고 또 받아냈다. 나는 우리 문화 속에 여성에 대한 경멸적인 태도가 얼마나 일반화된 채 끈질기게 남아 있는가 하는 점을 지적하고 세 명이 여자아이들의 항의를 기꺼이 받아들이기로 마음먹은 점을 칭찬해 마지않았다. 그리고 여자아이들이 솔직하게 모든 것을 얘기한 데 대해서도 고마움을 표현했다. 또 그것을 남성적인 허세와 진정한 용기는 얼마나 다른가를 보여주는 정확한 예로 삼았다.

세 명은 하룻밤 새 바뀌지도 않았고 오랜 습관을 완전히 버리지도 못했다. 하지만 여자아이들과 여교사를 대하는 태도는 시간이 흐름에 따라 점차 개선되어갔고 다음에 일 년간의 과정을 마친 후 공립학교 체계 속에 다시 편입되었을 때 모두들 성공적으로 적응해갔다.

．．．

앞에 예를 들었던 집단토론—실제로는 토론이랄 것도 없는 평범한 대화였지만—에 공식 명칭을 붙여 본다면 오늘날 성교육이라 알려져 있는 바로 그것이리라 생각한다. 성교육, 그 오래된 신문지에 싸인 죽은 생선 같은 느낌의 성교육의 기치 아래 오늘날의 학교들은 아이들이 알고 싶어 하지만 묻기를 꺼리는 성에 관한 내용들을 가르쳐보려 애를 쓰고 있음에 틀림없다. 내 말을 오해 말길 바란다. 적어도 그러한 시도를 통해 학교라는 제도가 '성'이라는 낱말을 공개적으로 사용하는 대담성을 가지고 있음을 증명해주고 있음은 잘 알고 있다. 문제는 학교가 이 주제에 접근할 때 메마르고 생명력 없고 친밀감 없는 방식으로 접근한다는 데 있다.

나이 어린 학생들에게 성에 관한 정보를 얼마만큼 알려주는 게 적당한가에 대해 불꽃 튀는 논쟁이 진행중이다. 이 지역의 예를 들어보자. 얼마 전 뉴욕 주 교육위원회는 에이즈 바이러스에 관한 교사용 지침서를 발행했다. 초판은 훌륭했다. 청소년의 성적 태도와 성행동 방식을 주의 깊게 탐색하고, 에이즈에 대한 분명하고 과학적인 설명과 그 전염 경로를 소개한 후에 안전한 성에 관해 폭넓고 친절한 설명을 덧붙여놓은 책이었다. 하지만 뉴욕 주의 보수 성향의 집단들로부터 거센 반발이 잇다르자 그 지침서는 회수되어 폐기되는 운명을 겪어야만 했다.(나는 내 책을 보관했다.) 그 후 '부적절한 내용을 제거한' 개정판이 나왔는데 구역질 날 정도로 금욕과 절제를 설교해대고 있었다.

청소년이 당면한 성문제에 대해 '지나치게 많은' 정보는 있을 수 없다고 확신한다. 왜냐면 아이들은 진실을 알기를 원하고, 그것은 필요한 일이기 때문이다. 성에 관한 지식은 그 자체가 위험한 것이고 아이들에게 실험해보려는 마음을 불러일으키며 안전하지 못한 행위로 이끈다는 생각을 나는 믿지 않는다. 오늘날 방송에서도 금욕과 절제를 널리 선전하는데도 수많은 미국의 십대들이 점점 더 성적으로 활발해지기만 한다. 이런 사실은 성에 관한 온갖 의문들이 적절하고 정직한 대답을 얻지 못할 때 어디선가 터지기를 기다리고 있는 것과 같은 꼴임을 말해준다.

언제 이야기를 해줄 것인가 하는 문제는 전적으로 다른 문제다. 아이들이 채 준비도 되지 않은 상태에서 성에 관한 정보에 노출될까봐 염려하는 부모들도 있는데, 충분히 이해할 수 있는 일이다. 아이들은 저 나름의 성장 속도를 갖고 있기 때문에 너무 이른 시기에, 또는 성 문제에 따르는 두려움과 혼란을 논의할 능력이 갖추어지지 않은 상태에서 성에 대한 지식이 억지로 주입되면 조금씩 발달해가는 아이들의 자의식에 큰 손상을 입힐 수도 있다. 다른 논의들도 마찬가지겠지만, 특히 이 문제와 관련해서는 아이들을 비좁은 교실 속에 나이별로 나눠서 집어넣고 표준화된 커리큘럼으로 먹여 치우라고 강요하는 것은 완전한 오류―때로는 명백한 해악―임을 분명하게 드러내 준다.

· · ·

우리 프리스쿨에서는 어떤 때는 앞에 나온 이야기처럼 성이라는 주제가 단편적으로 떠오르기도 하지만 또 어떤 때는 나이든 아이들을 위해 정규적인 수업시간을 마련하기도 한다. 보통 봄학기에 시간을 만드는데, 처음에는 메리가 성에 관한 상당히 강도 높은 주제들을 가지고 수업을 이끌었다. 지금은 학교 양호교사로 있는 벳지와 내가 함께 가르친다. 수업시간이 되면 우리는 그 시간을 충분히 즐긴다.

보통 몇몇 간단한 기초규칙을 설정하고 시작한다. 첫째 원하지 않으면 참석해선 안 된다.(아이들은 언제나 자기들이 알아서 누구는 준비가 되었고 누구는 아닌지 구별할 줄 아는 모양이다. 참여하고 싶지 않은 이유가 무엇이든 어떤 비난도 하지 않는다.) 어떤 질문도 허용되고 상처를 주거나 무안을 주는 말을 하지 않는다. 주간 특별수업을 떠나서는 완전한 기밀이 유지된다.

이 수업에는 어떤 계획표도 없다. 아이들이 던지는 수준 높은 질문들을 가지고 이야기를 나눌 따름이다. 어떤 것은 상당한 도전이 되기도 하고 그 질문들은 매우 심도 있고 도발적인 논쟁을 불러일으키게 하는 시발점이 되어준다. 예를 들면 성관계를 통해 전염되는 병은 오늘날을 살아가는 아이들에게 커다란 관심거리가 되고 있고, 사실 그래야만 한다고 본다. 앞장에 나온 제시가 수업에 참여했던 해였다. 제시는 엄마가 사귀었던 친구들 중 여럿이 에이즈에 감염되었거나 에이즈로 죽었다는 이야기를 꺼내놓았다. 그리고는 다른 사람들에게도 그런 일이 일어나느냐고 물었다. 이야기는 연이어 사랑하는 사람을 잃는 상실의 고통에서부터 또 죽음이란 무엇인가라는 근본적인 물음에 이르기까지 진지한 탐색으로 이어졌다. 이 화제 역시 오늘날 우리의 학교들이 될 수 있으면 피하려고 하는 또 하나의 중요한 주제이기도 하다.

이 점은 학교가 이런 주제를 회피하려는 우리 사회의 거울임을 여실히 보여준다.

나는 남자아이들한테서 아이들이 유선방송이나 비디오 테이프를 통해 얼마나 심하게 포르노에 노출되어 있는가 하는 이야기를 들을 때면 언제나 충격을 받는다. 그와 같은 매체는 아이들이 여성을 대하는 태도에 돌이킬 수 없는 영향을 미친다. 단지 이 독소에서 눈을 돌리라고 말하는 것은 요즘 세상에서는 아무런 효과가 없다. 차라리 우리는 그런 영화들이 전달하고자 하는 것은 무엇이며 그런 영화를 보는 이유는 무엇인가에 대해 서로 이야기를 나눈다. 여자아이들은 토론에 곧바로 뛰어들고, 그렇게 되면 토론은 재빨리 열기를 띠는데, 나로서는 결코 줄 수 없는 피드백 효과를 남자아이들에게 준다.

여성을 모욕하는 이 사회의 지배적인 경향성에 반대하는 우리들의 토론은 적어도 그런 식으로 돌아가려는 아이들의 기세는 꺾어놓는다. 거기에 내가 할 수 있는 최선의 일은 진정한 성행위란 두 사람이 사랑과 욕망을 서로 나누는 것이라는 사실, 그리고 다정함과 존중이 밑바탕이 된 관계 속에서 일어날 때 가장 만족스럽다는 사실로 남자아이들의 관심을 되돌리게 하는 일이다. 나는 성이라는 방법을 통해 타인과 맺어지는 성스러운 차원 역시 존재한다는 사실을 아이들에게 이야기해줄 통로를 찾는다. 그리고 가능하다고 생각될 때면 언제나 그 아이들이 'X등급'의 채널에서 신물 나도록 듣는 적의와 자기만족에 찬 언어가 아닌, 사랑과 아름다움을 표현하는 언어를 소개하려고 애쓴다.

만약 아이들이 직접적인 정보를 원한다면 벳지와 나는 직접적으로 그 정보를 준다. 보통은 아이들이 묻지 않는 한 그렇게 하지 않고 또 아이들이 자기들로서는 감당하기 어렵다는 표시를 할 때는 절대로 그렇게 하지 않는다. 하지만 일반적으로 아이들은 뭐가 뭔지를 실제로 알고 싶어 한다. 때문에 우리는 어떤 것도 주저하지 않고 답해준다. 왜냐하면 아이들은 성에 대해 알 권리와 필요성을 동시에 갖고 있다고 믿기 때문이다.

그러나 수업 속에서 어떤 정보를 전달할 것인가 하는 문제보다 더 중요한 것은 아이들에게 정보를 전달하는 방식이다. 아이들은 벳지와 내가 무슨 얘기를 하는가 만큼이나 누구에 대해 어떻게 얘기하는가에 더 마음을 둔다. 이런 경향은 어떤 주제에나 해당되는데 특히 성에 관한 문제에는 꼭 들어맞는다. 성이라는 쟁점을 두고 이루어지는 교육이 정보전달의 수준으로 떨어지고 경고조의 선전문구가 될 때 그것은 '성교육'이라는 용어가 풍기는 느낌처럼 생기 없고 부적당한 것이 되고 만다.

벳지와 나는 아이들과 일신상의 이야기를 나누게 되는 장면을 피하지 않는다. 벳지와 내가 사춘기에 막 접어들었을 때의 일이라든지 또 우리가 어떻게 서로 사랑하게 되었는지 또 서로 사이가 좋지 않을 때는 어떻게 하는지 같은 이야기를 툭 터놓고 기꺼이 화제에 올리는 것을 아이들은 항상 좋게 여기는 것 같다. 어느 해인가 이 수업에 참가한 열네 살짜리 남자아이가 있었는데, 아이들 중 가장 나이가 많긴 했지만 어쨌든 그 나이에 벌써 성적인 경험을 많이 갖고 있었다. 내가 내 옛 친구의 예를 들며 그 친구가 처음으로 콘돔을 쓰려다가 실패로 끝난 우스꽝스런 이야기를 하고 나서야 아이는 주저하는 태도를 거두고 토론에 참여했고 함께 참여한 아이들에게 도움이 될 만한 적극성을 보여주었다.

벳지와 내가 아이들에게 전달하려고 노력하는 가장 절실한 메시지는 성(sexuality)이란 미묘하고 소중한 에너지인 동시에 강력한 잠재력을 지닌 마술적인 힘으로, 창조적이 될 수도 있지만 파괴적이 될 수도 있다는 사실이다. 우리는 확실하게 이건 옳다 또는 그르다, 해도 된다 안 된다에 관해 우리가 생각하는 고유한 견해를 주저 없이 강력하게 표현한다. 그리고 성이란 사랑하는 관계라는 테두리 안에서 가장 안전하고 행복하게 나누어진다는 점을 강조한다. 그리고 무엇보다 아이들이 자신만의 고유한 느낌과 직관—자기 자신과 타인 그리고 상황에 관한 느낌—을 깨우치고 또 그 느낌과 직관을 믿는 일을 배우는 것이 얼마나 중요한 일인지를 일깨워주려 한다.

이제 이쯤에서 우리의 저 전설적인 버드맨 앨런 이야기를 하면서 끝을 맺기로 하자. 앞에서 앨런이 자기 거주지의 공립 중학교에 진학해서 아주 잘해나가고 있다는 데서 이야기를 그쳤었다. 그 해가 다 끝날 때까지 앨런은 한 때 포기했던 공부, 곧 미국 학교의 정규과목으로 지정된 과목들을 모두 떼기로 결심했다. 그리고는 자신이 그 공부를 해낼 수 있다는 사실을 자기 자신에게, 부모들에게, 그리고 온 세상에—그것도 단번에—증명해 보였고 다음에는 뭔가 더 강력하고 흥미 있는 일이 없을까 찾고 있었다. 그리하여 매사추세츠 서부에 있는 외딴 퀘이커 공동체에서 운영하는 대안 기숙학교에 장학금을 받으면서 입학 허가를 얻어냈는데, 그것이 내심의 바람이었음이 밝혀졌다. 학교는 대체로 퀘이커식 원리에 따라 운영되고 의미를 지닌 노동을 중심가치로 삼고 있다. 4학년이 되자 앨런은 전교 학생회장이 되었다. 앨런은 많은 상을 받으며 졸업했고 지금은 군대에서 경력을 쌓고 있다.

고등학교 2학년 무렵 앨런은 대안교육 잡지인 「ΣΚΟΛΕ」에 프리스쿨에서의 자기 체험을 썼는데, 먼저 자신이 얼마나 학교를 싫어하고 '공부'라는 머리글 아래 놓인 일이라면 뭐든지 얼마나 싫어하는 지경에 있었나를 묘사하면서 이야기를 시작했다. 앨런에게 프리스쿨은 점점 공부를 좋아하게 된 곳일 뿐 아니라 '사랑을 배우게 된' 곳이기도 했다. 오늘날과 같은 사회에서 17살짜리 청년의 손에서 이런 심오한 글이 나온 것이다.

앨런은 이러한 배움이 어떻게 찾아왔는지 설명하기 시작했다. 가장 깊은 영향은 다른 학생들과 교사들 모두가 그를 있는 그대로 받아들이고 관심과 애정을 주었다는 데서부터 왔다고 했다. 앨런은 언제나 단순히 앨런 자신이라는 이유로 존중받고 가치를 평가받았으며 또 바로 그 이유로 그의 생각과 이상에 모두들 귀 기울이고 관심을 기울여주었다. 그러기에 때로는 그 응답으로 앨런 스스로 어른들을 가르칠 수 있었다. 배우고 자라고자 하는 자신의 욕망을 회복시켜주었던 것은 프리스쿨과 함께하는 동안 다른 아이들과 또 교사들과 나누었던 친밀감이었다고 앨런은 결론지었다.

. . .

사랑, 존중, 친밀감, 관심, 이 모두가 넓은 뜻에서의 건강한 성을 이루는 기본요소가 아닐까?

칼 융은 성을 육체를 초월해서 인간의 창조성과 영성의 영역으로 이르게 해주는 가없는 힘으로 보았다. 그러한 융의 시각이야말로 프리스쿨에서 왜 '성교육'을 교실 속에 갇힌 과목으로 제한하지 않으려 애쓰는가 하는 이유이다. 비록 성에 관한 교육이 사춘기를 맞는 우리 아이들에게 때로는 '과목'으로 규정되기도 하지만, 앨런이 말하고자 했던 것 같은, 사랑하고 돌보며 친밀하고 존중하는 것으로서의 성은 우리 학교의 나날의 일부가 되고 있다.

우리에게 통용되고 있는 성의 정의는 융의 정의와 마찬가지로 매우 넓은 범위를 갖는다. 예를 들어 우리는 언제나 몸의 요구가 충분히 채워지도록 노력한다. 학교의 환경은 몸을 쓰는 활동으로 충만하다. 달리고 뛰어 오르고 구르고 레슬링하며 춤추고 노래하고 치장한다. 굴대 던지기, 피아노 치기, 술래잡기, 사방치기 같은 놀이가 끊이지 않는다. 창조성과 상상력은 언제나 찬양된다.

우리는 아이들의 자아상이 손상되지 않았는지, 몸에 대한 수치심을 갖고 있지는 않은지를 유심히 살피는데, 이런 종류의 부정적 경향성은 아이가 평생을 짊어지게 되는 무거운 짐이 되기 때문이다. 그것은 기본적인 자존심의 상실을 가져오고 어린아이들이 빈약하고 안전하지 못한 삶을 선택하도록 만든다. 우리는 성을 충만한 삶의 모습, 곧 앙리 베르그송(Henri Bergson)이 창조적 생명력(élan vital)이라 부른 것과 동일시하는데, 성이 지닌 온갖 측면 속에서 성이 발전할 수 있는 모든 유용한 기회를 놓치지 않으려고 한다.

사춘기의 성이 지닌 도덕적 차원과 심리적 차원의 문제에 관해서라면 수많은 상반된 입장이 있지만, 타인에 대한 사랑과 책임, 관심과 헌신에 바탕을 둔 성이라는 모델을 아이들이 발전시킬 수 있도록 하는 일의 중요성에 이의를 제기하는 사람은 거의 없으리라 본다. 아마도 그러한 발전을 도모하는 일이야말로 인간관계가 무엇보다 우선되어야 한다고 늘 강조하는 우리 프리스쿨이 해내고 있는 최선의 작업이 아닌가 한다.

조지 데니슨(G. Dennison)이 『어린이의 삶』에서 거듭 되풀이해서 용기 있게 썼던 것처럼 사랑은 우리가 이 지구상에 존재하는 근본 이유 중 하나이다. 이 말의 뒤에 숨어 있는 논리는 교육에 관한 한 너무도 간단해서 수식이 필요 없다. 사랑은 행복을 싹틔우고, 행복한 아이들은 행복하지 못한 아이들보다 훨씬 쉽게 그리고 훨씬 빨리 이 세상을 살아가는 자기만의 방식을 만드는 데 필요한 모든 기술과 사실과 개념을 배울 것이다.

이 모든 이야기는 사랑을 주고받는 수단을 개발하고 발전시키려는 개개인의 노력이 배움 가운데서도 가장 기본적이고 으뜸가는 배움임을 보여준다. 그리하여 우리 아이들의 건강한 교육에 관심을 가진 사람이라면 각자의 우선 사항 목록의 제일 꼭대기에 그 으뜸가는 품목을 올려야만 할 것이다.

12

가르침과 배움의 경계 허물기

지금 유아교육과정을 맡고 있는 미시는 종종 이젤과 스케치북을 챙겨 들고 아래층 교실 조용한 구석자리를 찾아 작업장을 차린다. 미시는 문을 닫고 그림의 주인공이 앉을 의자 옆에 기분 좋고 밝은 불을 밝히고서 전문가용 화필을 다듬는다. 자, 어떤가. 즉석에서 초상화 화실이 꾸며져 있지 않은가.

얼마 지나지 않아 미시 주위로 자기를 그려 달라며 아이들이 와글와글 모여든다. 미시가 아이들 한 명 한 명을 다 받아내는데 일주일 이상 꼬박 걸릴 때도 있다. 이럴 때면 보통 나나 다른 아래층 교사 한 명이 이층에 있는 미시의 자리를 떠맡곤 한다. 미시가 스튜디오에 머물면서 줄 서서 기다리는 열렬한 어린 모델들을 상대로 조금씩 천천히 작업을 해나갈 수 있도록.

미시가 아이들에게 말하지 않는 부분은 바로 이것이 미술수업이라는 사실이다. 미시는 아이들에게 그림 그리는 법을 계속 보여준다. 가르침의 과정은 미시가 그림 그리는 일을 스스로 어떻게 느끼는가에서 시작된다. 미시는 그리기를 좋아하고 이런 그녀의 즐거움은 재빨리 확산되어 교실을 가득 채운다. 그림의 주인공이 되는 아이들로서는 자신이 그려지는 경험, 또 자기 모습이 미시의 이젤 위에 서서히 나타나는 것을 바라보는 경험이 가히 매혹적이다. 암실의 현상용 그릇 속에서 마법처럼 사진이 모습을 드러내는 것을 바라보는 것과 같다.

미시는 주의 깊게 자리를 잡기 때문에 모든 아이들은 그림을 그리는 미시의 모습을 볼 수 있다. 자기도 모르는 사이 아이들은 미시의 동작과 표현방식을 열심히 보게 된다. 손님을 다루는 말 많은 미용사처럼 미시는 계속 가벼운 농담을 하고 슬쩍 놀리기도 하면서 지루하다는 느낌을 없애주고 분위기가 심각해지는 것을 피한다. 그림을 그리는 중에 초상의 주인공이 되는 아이들의 이런저런 특징을 지적하면서 연필로 그 특징을 묘사하는 방법을 설명하는가 하면 집중해서 스케치할 때는 그와 반대로 침묵을 지킨다.

센트럴 파크의 화가들과 꼭 마찬가지로 미시는 작업을 하는 동안 군중을 끌어들인다. 미시의 즐거움은 전염성이 강하다. 그녀는 꼬마들이 떼를 지어 모여들어 구경하는 번잡함을 개의치 않는데, 모델이 된 아이와 꼭 마찬가지로 구경꾼들도 자신이 구사하는 테크닉을 열심히 배우고 있다는 것을 알기 때문이다.

삼 일째쯤 되면 미시가 바로 그 모델용 의자에 앉아 있는 광경을 보게 된다. 앞에서 모델을 했던 아이가 이제 그의 제자가 되어 있다. 분위기에 맞춰 미시는 몇 가지 가벼운 지적도 한다. 직접적인 교수법을 어느 정도 활용하느냐 하는 것은 각각의 아이들이 얼마만큼 원하고 필요로 하느냐에 달려 있다. 그리고 학생과 교사 사이에 얼마만한 공감대가 형성되느냐에 달려 있다.

그 수업이 끝나갈 무렵이면 교실은 다른 아이의 모습을 그리거나 자기 모습을 그리는 아이들로 가득 차게 되고, 미시는 그 사이를 이리저리 헤엄치듯 헤치고 다니며 질문에 답하거나 격려를 해주고 있다. 조명등은 이제 여러 개로 늘어나 환히 켜져 있다. 전시용 벽면은 대단한 품격을 지닌 작품들로 재빨리 메워진다. 그림들은 특별히 뽑힌 조숙한 어린 예술가들로부터 나오는 것이 아니라 혼자 힘으로 끝까지 그려내겠다고 작정한 아이들이라면 누구에게서나 탄생한다. 가장 감동적인 스케치는 언제나 초상화 그리기에는 재능이 별로 없어 보이던 아이들로부터 나온 스케치들이다.

미시와 보낸 단 한 주 동안 아이들의 솜씨는 놀랄 만한 발전을 보인다. 더 이상 그릴 모델이 없을 때 수업은 끝난다. 전시회도 상도 없다. 미시는 멋진 시간을 보낸 데 대해 모든 아이들에게 간단하게 고마움을 표하고는 물건들을 챙기고 그녀의 품을 기다리는 더 어린 꼬마들이 있는 이층으로 돌아간다.

· · ·

미술과 같은 영역에서는 느슨하고 제한 없는 자유로운 학습방식이 좋다고들 생각할지도 모르겠다. 그러나 읽기와 쓰기, 수학과 같은 핵심이 되는 기능은 어떨까. 아니면 과학이나 역사는? 그런 과목들은 훨씬 더 큰 열성과 복잡한 방법론을 필요로 하지 않을까?

이 물음에 대한 답은 솔직히 '아마 그럴지도' 정도이거나, 아니면 '뭐든지 열심히 하는 게 나쁜 것은 아니다' 정도라고 생각한다. 하지만 미국의 커리큘럼 입안자들이 우리 모두를 믿게 만들려고 하는 그런 노력과 방법론이 꼭 필요한 건 아니다.

예를 들면 낸시가 아이들에게 읽기를 가르칠 때 그녀는 흔히 그저 큰 소리로 책을 읽어준다. 내용이 좋고 흥미를 끄는 책을 낸시가 선정하기도 하고 아이들이 제가 좋아하는 책을 가져오기도 한다. 미시가 그림을 그릴 때와 마찬가지로 낸시는 즐겁게 또 열정적으로 읽는다. 아이들은 낸시 가까이 둥글게 모이고, 낸시는 표현 방법과 목소리를 바꾸어가며 책 속의 인물들이 바로 그 교실 안에 살아나게 한다. 낸시의 경우에도 시간 제한은 없다. 낸시는 보통 모두들 너무 지쳐 더 이상 들을 수 없을 때까지 그치지 않는다.

가끔씩 낸시는 몇 가지 직접적인 지도 내용도 섞어 넣는다. 발음을 가르치고 애들더러 같이 읽게도 하고 이야기를 써보고 그 이야기를 읽어보게 하거나 신문이나 잡지를 자기들 힘으로 만들어보게 한다. 내가 앞에서 얘기했던 수동식 '텔레비전' 만들기를 도운 사람도 낸시였다. 그 텔레비전은 각각의 에피소드를 자막을 사용해 얘기해주는 형식을 취했다. 너스레를 늘어놓아 칭찬을 해대거나 하지 않고, 아이들이 쓴 이야기나 시를 그저 벽에 붙여주고 아이들 저마다 학급의 컴퓨터에 자기 작품을 파일로 보관하도록 도와준다. 낸시는 또 연극이 학습과정상 매우 큰 요소임을 결코 잊지 않는다. 낸시는 아이들이 읽기를 어려운 공부라고 생각하기를 원치 않는다.

어쨌거나 수십 명의 아이들이 낸시의 후원 아래 별다른 '가르침'을 받지 않고 읽기를 익힌다. 어떤 아이들은 읽기를 다 익힐 때까지 많은 도움이 필요한 반면 또 어떤 아이들은 전혀 그럴 필요가 없다. 미국에서 가장 오래된 대안학교 가운데 하나인 페닌슐라 스쿨(The Peninsula School)에서 50년 이상 읽기를 가르쳐온 우디는 배우는 학생의 수만큼이나 많은 읽기 지도법이 존재한다고 강조해서 말한다. 교사는 각각의 학생이 지닌 개성을 존중하고, 그들 각자가 자기만이 활용할 수 있는 '마법의 방식'을 발견하도록 해주는 일이 필수적이라고 우디는 말한다.

메리는 아이들을 가르칠 때 신화적인 방식을 즐겨 사용했다. 예를 들어, 어느 해에 메리와 꼬마아이들은 마법 모험 게임을 하나 만들어 냈다. 최근에 나온 '지하 감방과 용' 게임이 무색해질 작품이었다. '지하 저장고의 모험'이라는 별명이 붙은 그 게임은 대단한 톨킨풍11)으로, 괴물과 용이 우글거리는 신비스런 나라에 묻힌 보물을 찾아 나서는 이야기다. 처음 메리와 아이들은 게임의 규칙을 정하고 등장인물을 만들고 이야기 줄거리를 쓰고 지도까지 만들었다. 그리고는 그 드라마를 실제 삶 속에서 구현해내느라 여러 날을 보냈다. 학교에 있는 어두컴컴하고 더러운 바닥의 지하 저장고—무거운 뚜껑문을 통해서만 들어갈 수 있다—가 가장 인기 있고 흥미진진한 교실이 되었다.

---

11) 영국의 환타지 작가 톨킨(Tolkin)식의 모험 환타지 양식을 일컫는 말._옮긴이주

그 게임 속에는 읽기와 쓰기에 관련된 부분도 들어 있긴 했지만 그 부분은 실제 메리가 그 게임을 요리해낸 이유에 들지는 않았다. 메리는 자각이 생기고 홍미가 일어난 상태일수록 아이들은 훨씬 더 잘 배운다는 예리한 통찰에 따라 모든 일을 진행시켰다. 메리는 또한 그룹 학습 과정이 서로를 촉발시키고 도움을 주는 것일 때 구성원 하나하나 모두에게 최선의 결과를 가져온다는, 그룹학습 과정이 원천적으로 지니고 있는 거의 무한정한 힘을 이해하고 있었다. 그런 이유로 해서 해마다 메리가 벌이는 첫 번째 일은 아이들을 도와 실제 작업팀을 구성하는 일이었다. 그 다음에는 시간의 경과에 따라 해나가는 도중에 일어날 수 있는 미비한 점을 보완하는 일이 필요할 때 잠시 과정을 멈출 수 있도록 돕는 정도였다. 어떤 누구도 뒤처지는 일이 없었고 누군가 밖으로 돌기 시작하면 그 아이를 다시 원 안으로 들어오게 하는 일을 나머지 그룹 전체의 책임으로 맡겼다. 아이들은 이 도전해볼 만한 수준의 책임에 대단한 반응을 보였다. 아마도 그 학급은 메리의 것이 아니라 자신들의 것이라는 느낌이 아이들 속에 생겨났기 때문이지 않나 생각한다.

메리가 아이들을 가르치는 모습을 보면서 내가 가장 이거다 하고 느끼는 점은 아이들은 누구나 해낼 수 있다고 믿는 메리의 굴하지 않는 신념이다. 메리는 어떤 아이도 결코 포기하지 않았다. 프리스쿨을 시작하기 전 1960년대 초반 한 때 메리는 흑백분리 정책을 시행중이던 텍사스의 한 작은 사립학교에서 교사생활을 한 적이 있다. 그 때 메리는 학습능력 부진으로 애를 먹고 있던 한 흑인 고등학생을 눈여겨 보살피기 시작했다. 정규과목조차 제대로 해나가지 못하는 형편이었지만 메리는 자신이 맡고 있던 라틴어 수업에 그 학생을 받아들였다. 그러자 얼마 지나지 않아 그는 고전어를 습득했을 뿐만 아니라 언어능력 획득 방법을 활용하여 다른 영역에까지 적용시켰다. 결국 그는 대학에 진학하게 되었고 전문인으로 성공적인 진출을 했다. 요즘 들어 그는 해마다 크리스마스 때가 되면 메리에게 안부편지를 보내는데, 최근에 일어났던 몇몇 개인적인 사건을 적고 그 일이 있기까지 메리가 준 영향에 감사한다는 내용으로 메리를 흐뭇하게 해주고 있다. 메리로서야 옛 제자가 스스로 놀라운 전환을 이루었기 때문에 그 모든 영예를 받을 만하다고 할 터이고 물론 그것이 사실이다. 하지만 교사의 역할이 지닌 힘은 적절히 쓰이기만 하면 큰 힘을 발휘한다는 증거가 될 만한 좋은 예라고 할 만하다.

존 테일러 개토는 『텅빈 아이 The Empty Child』에서 이렇게 썼다. "아이들은 배우는 데 저항하는 게 아니라 가르치는 데 저항한다." 개토보다 몇 년 앞서 허브 콜은 같은 주제로 책을 한 권 썼다. 이름하여 『나는 당신에게서 배우지 않으련다 I Won't Learn From You』라는 책에서 콜은 우리네 학교에서 횡행하는 부정적인 가르침으로 아이들이 받는 엄청난 손상을 추적한다. 제목이 시사하듯 아주 많은 아이들이 나쁜 성적을 보여주는 이유는 아이들 편에 어떤 결함이 있어서가 아니라고 콜은 말한다. 차라리 그것은 아이들의 흥미를 불러일으키지 못하는 어른들에 의한 통제에 반항하고자 하는 의지의 표현이다.

저 악명 높은 '교실에서의 피그말리온 연구'를 한번 살펴보자. 그 연구에서 교사들이 눈치채지 못하는 사이에 두 집단의 4학년 학생들―한 집단은 성적이 높고 한 집단은 낮은―의 시험성적이 역전된다. 이 연구는 학생을 대하는 교사의 태도가 아이들에게 미치는 영향력을 경험적으로 증명해주는 진지한 예를 보여준다. 두 집단의 아이들이 새로운 교사와 짧은 시기를 같이 보낸 후 다시 테스트를 해본 결과 앞서 높은 성적을 보여준 집단은 낮은 성적으로 떨어지고 낮은 성적의 아이들은 반대로 높은 성적을 나타낸 것이다.

이 현상이 바로 미국의 학교에서 일어나는 현재 상황 그대로라 할 수 있다. 그 학교 속에서 우리 아이들은 날이면 날마다 단 한 명의 어른이 지닌 신념체계와 그 기대치에 볼모로 잡혀 있다. 그 어른은 시간이 흐를수록 점점 더 아이들의 삶과는 유리된 이방인이 되어간다. 이런 상황은 메리와 같은 이들로 하여금 자기가 꿈꾸는 학교를 시작하게 하고, 수백 수천의 홈스쿨링 가정들이 학교에 대한 생각 자체를 완전히 포기해버리게 하는 바로 그 상황이다. 집에서든 대안학교에서든, 현대 미국 곳곳에 퍼져 있는 다양한 가르침의 공간에서는 엄청나게 다른 교수 방식—자율학습(self-teaching)까지 포함해서—이 이루어지고 있다.

그 방식은 아주 색다른 배움의 방식으로, 가르치고 배우는 과정에서 배우는 사람이 중심이 된다는 점을 근본적으로 존중하는 데서 나온다. 교사에게서 학생에게로 중심이 전환되는 이런 변화가 훌륭한 가르침이나 훌륭한 교사의 가치를 떨어뜨리는 일은 없다. 이 세상에는 효과적으로 남을 가르칠 줄 아는 교사들(그들이 어떤 종류의 전문적인 표식을 달고 있든 아니든)을 위한 자리는 언제든지 남아 있을 것이다. 스스로를 교사가 아니라 장인이라 부르는 프랭크는 제시에게 일련의 가치 있는 수공기술을 가르칠 수 있었다. 동시에 그는 제시가 정신적으로 성장하는 데도 도움을 주었다.

온갖 다양한 대안학교에서 전통적인 학교에 이르기까지 일선에서 일하는 많은 교사들―물론 홈스쿨러는 말할 것도 없이―은 무엇보다 배우는 사람의 개성을 존중하는 학습모델에 따라 일한다. 개성을 존중한다는 말은 강제를 싫어하고 학습과정에 참여하는 학습자가 학습상황을 함께 결정할 수 있도록 그 권리를 존중한다는 뜻이다. 이런 학습모델에서는 자유의사와 자유선택이 최상의 미덕이 된다. 아이들 각각은 모두 배우고 성장하며 지식을 쌓고 유능하고 실제적이 되고 싶어 하는 타고난 욕구를 지니고 있다는 굳건한 신념에 기초한다. 마지막으로 이 학습모델은 독립학습과 자율학습의 타당성을 인정한다. 그 속에서 교사와 학생은 동등한 존재라는 입장으로 참여한다.

두뇌(정신)에 대한 최근 연구는 아이들을 교육하는 데 새롭게 일고 있는 이 접근법의 타당성을 확신시켜준다. 이 새로운 접근법 속에서 강제는 자유선택으로 바뀌고, 교사 위주는 어린이 위주로, 경쟁은 협동으로, 강제된 함께하기는 혼자 추구할 기회로, 타율은 자율로, 암기는 탐구와 발견으로, 등급매기기는 자기평가로, 의무와 책임은 상상력과 재능의 발현으로 바뀐다.

조셉 칠턴 피어스는『진화의 종말』―인류는 정신이 지닌 막대한 잠재력을 활용하지 못한다는 점에서 실패할지 모른다는, 점점 커져 가는 불안을 전달하기 위해 이런 제목을 붙였다―에서 최근에 부상하고 있는 새로운 생물학과 장이론에 기초한 학습과 인간지능 모델에 대해 폭넓게 기술하고 있다. 피어스는 모든 인간의 지식은 사실상 내재적인 것으로 우리가 학습이라 부르는 것은 실제로는 내면 깊숙이 묻혀 있는 진화의 축적물이 환경의 적절한 단서에 반응하여 내면에서부터 외부로 펼쳐지는 하나의 과정이라고 말한다.

하워드 가디너의 견해에 호응해서 피어스는 각각의 개인을 잠재된 지성(들)의 집합으로 보았다. 그리고 그 지성들을 단순한 잠재능력이 아니라 각자의 고유한 지성체험으로 바꾸어놓는 것을 두고 어떤 이는 아동발달이라 부르고, 어떤 이는 교육이라 부른다는 것이다. 더 나아가 피어스는 이렇게 말한다. "본성이 지닌 시간표는 각자에게 적절한 시기에 각자의 내면에서 발달할 수 있도록 이 지성을 하나하나 펼쳐낸다."

우리는 너무 빠른 시기에 강요하거나, 너무 오래 기다리기만 하거나, 또는 완전히 무시함으로써 지성을 발달시키는 데 실패하게 된다. 유아 또는 어린이들이 하고 싶어 하는 것은 무엇이든 본성이 (이미) 의도했던 것이다. 그 아이들에게 필요한 것은 충분한 자극이 되는 환경일 뿐이다. 피어스의 말을 빌어 달리 표현해보면, 아이들에게 필요한 모든 것은 "정신의 무한한 가능성을 열어놓고, 지혜로운 마음으로 단련되어 있고, 사람에게는 모든 것이 가능하다는 사실을 깨닫고 있는, 그런 성숙하고 이해력 있는 지성인으로 둘러싸인 환경"이다.

갓난아기들이 이미 갖추고 태어나는 풍부한 지성에 대해 현재 활발한 연구가 이루어지고 있는데, 이 연구로 눈을 돌려보면 선천적 지성이라는 전체 개념이 그다지 신비주의적으로 들리지는 않을 것이다. 예를 들자면, 건강한 갓난아기(출산 과정에서 심한 정신적 충격을 받지 않은 아이)는 한 뼘 거리, 곧 젖 먹을 때 엄마 얼굴과 아기 사이의 거리에 있는 사람의 얼굴 이미지에 즉각적인 반응을 보인다. 이것은 유전에 의해 내장된 시각회로가 바로 이 목적을 위해 이미 배선되어 (hardwired) 있기 때문이다.

그 다음, 최초의 얼굴 인식이라는 이 자극은 아기의 전체 시각기관을 성숙시키는 계기가 되고 연이어서 재빠르게 확장되는 이해력에 의해 잠겨 있는 수많은 문들을 열기 시작하는 열쇠가 되어준다. 언어 발달 과정도 이와 똑같다. 언어를 이루는 기본요소들은 아기의 신경회로에 미리 배선되어 차츰차츰 합체되면서 정교한 말로 펼쳐지기 위해 적절한 환경의 자극이 주어지기만 기다리고 있다.

'미리 배선된(hardwired)' 지성이라는 이 개념이 가르침의 중요성을 부정할까? 결코 그렇지 않다. 왜냐면 피어스의 말에 따르면, 어떤 분야의 인간 학습도 이미 성숙해 있는 지성이 주는 어떤 자극이 없이는 일어나지 않는다는 것이 본성이 지닌 법칙이기 때문이다. 하지만 피어스가 말하는 자극이란 기계적이거나 평면적인 성격의 자극이 아니라 홀로그램 같이 전일적(holographic)이다. 교사들은 수없이 미묘한 — 그다지 미묘하지 않을 수도 있다—수준에서 아이들에게 영향을 끼친다. 이 점은 '피그말리온' 연구가 극적으로 확인시켜준다. 피어스의 말은 어째서 모든 학습의 95퍼센트가 잠재의식 수준에서 일어난다고 추정되고 있는지를 다시 생각하게 한다. 무슨 말이냐 하면, 교사와 학생이라는 상호작용 속에 있는 아이들은 특수한 기술에 대한 정보나 시범이 아닌 그 이상의 뭔가를 받아들인다는 뜻이다. 학생들은 교사의 기분, 신념, 그리고 태도에 영향을 받을 뿐 아니라 교사 자신이 스스로를 어떻게 생각하고, 학생들을 어떻게 느끼며, 자신이 가르치고 있는 공부 자체를 어떻게 생각하느냐에 영향을 받는다.

"교사는 자신이 누구인가를 가르친다"는 피어스의 말처럼, 온갖 겉치레 장식에 불과한 교육 행위 아래서 교사는 모델링(modeling)을 통해 가르친다. 곧, 전통적인 학교에서 전형적인 교사 역할처럼 그 기초를 이루는 학생의 성적과 행동에 대한 지도, 관리, 평가를 통해 가르치는 게 아니다. 따라서 가르침은 더 이상 다른 사람보다 더 숙련된 누군가가 하나의 주제나 하나의 연결된 긴 절차를 잘게 조각내어 학생들이 쉽게 소화시킬 수 있도록 하는 과정으로 볼 수는 없다.

우리에게는 가르침과 배움이라는 개념의 경계가 사라지는 바로 그 지점을 적절하게 나타낼 수 있는 새로운 어휘가 긴급히 필요하다. 서구과학의 낡은 패러다임인 원인과 결과 법칙으로는 더 이상 충분치 않다. 왜냐면 가르치고 배우는 과정이란 한 인간이 다른 인간에게 행하는 대단한 무엇이라기보다는 오히려 여러 수준에서 일어나는 상호간의 공동작업의 한 형태라고 인식하게 된 지점에까지 우리 이해가 확장되어왔기 때문이다. 그전 같으면 학생들에게 필요한 지식과 기술을 가르쳐주어야만 한다고 믿었지만 지금은 그 지식과 기술이 (학생의 내부에) 잠재되어 있어 일깨워지기를 기다린다고 인식하기 때문에 더 이상 교사가 원인이고 학생은 학습과정의 결과물이라는 오래된 학교교육의 대전제를 받아들일 수 없다.

그렇기 때문에 미시와 낸시 그리고 메리는 프리스쿨에서 아이들을 가르칠 때면 스스로가 충만함 속에서 현재를 사는 것이 중요하다는 사실을 늘 자각하고 있다. 미시는 단지 그림 그리기-기술과 기법-를 가르치고 있는 중이 아니라 '한 사람의 화가가 된다는 것'은 또 '예술을 사랑한다는 것'은 어떤 것인지를 자신이 모델링하고 있음을 자각하고 있다. 미시는 또한 자기 자신이라는 존재를 모델링하고 있는데 그렇게 함으로써 어떤 특정한 순간에 자신과 학생들 간에 겉으로 봐서는 예술의 '주제'와는 별로 상관이 없는 여러 수준의 나눔이 일어나게 된다는 사실을 인식하고 있다.

읽기를 가르칠 때 낸시의 경우도 마찬가지다. 낸시가 실제로 하고 있는 일은 책을 읽는다는 행위가 지니고 있는 아름다움과 힘, 즐거움, 그리고 쉬움을 모델링하는 것이다. 낸시는 읽기가 그다지 쉽게 다가오지 않는 아이들에게 읽기란 즐거움이지 고통이 아니라는 것을 보여준다. 낸시는 어떤 누구에게도 지금 현재 준비되었고, 마음을 먹고 있고, 할 수 있는 그 이상으로 빨리 나아가라고 결코 강제하려 하지 않는다. 그리고 미시가 그렇듯 낸시 역시 언제나 스스로 충만해질 수 있는 능력을 갖고 있다.

메리가 아이들을 가르칠 때면(지금도 때에 따라 가르치는 일을 한다) 언제나 하는 일은 아이들이 스스로의 완전성을 깨닫는 길을 발견할 수 있도록 자신만의 고유한 탐색으로 아이들을 인도하는 일이다. 그것은 바로 메리가 자신의 삶을 이끌어온 방법이며 아이들은 메리라는 삶의 모델을 직관적으로 이해하고 그것에 반응한다.

· · ·

진정한 교사란 완전히 전일적인 모델이지 단순한 감독자나 학급관리자가 아니라는 명제는 곧 교사가 스스로 도달한 지점보다 학생들을 더 멀리 이끌어가기는 불가능하다는 것을 뜻한다. 간단히 말해 사람은 자기 스스로 이미 경험하지 않은 무언가를 모델링할 수는 없다. 이런 사실로 미루어 볼 때, 자기 스스로를 교사, 특히 좋은 교사로 생각하는 사람이라면 누구나 자신이 가르치는 소재를 능숙하게 다룰 수 있어야 할 뿐만 아니라 자기 자신의 정서적 건강에도 면밀한 주의를 기울여야 하며, 인격 성장과 진화에도 역시 관심을 가져야 한다는 필연적인 결론에 이르게 된다. 그리고 이 모든 일은 영속적인 기초 위에서 꾸준히 이루어져야 한다. 어떤 연령대의 아이들과 만나든, 아이들과 함께 지내는 사람이라면 누구나 전인적인 인간이 되려고 노력하지 않으면 안된다. 이 말은 학교 교사들에게만 한정되는 말이 아니다. 자라나는 아이들에게 부모는 가장 중요한 교사이다. 그리고 언제나 그래야 한다.

프리스쿨 초창기에 메리가 서로의 인격 성장을 위한 주간모임을 갖자고 제안했던 것도 이런 이유에서였다. 그 모임을 우리는 간단하게 '그룹'이라 부르는데, 1974년에 시작해서 지금껏 줄곧 매주 수요일 밤이면 거의 거르지 않고 만나고 있다. 여기서 우리는 개인적 삶의 이런저런 고민거리와 그 고민을 낳는 더 깊숙이 자리 잡은 내적 문제를 다룰 뿐만 아니라 그 만남을 통해 우리 개인의 진화하는 자아가 지닌 정서적이고 영적인 차원에 이르기까지 깊숙이 파고들어가게 된다.

아주 가까이 함께 일하기 때문에 불가피하게 생기는 서로간의 갈등을 해결하는 장 역시 이곳이다. 그룹 속에서 우리가 개인적으로 또는 함께 하는 작업은 날마다 학교에서 (그룹에서 펼쳐지는 것과 같은) 가깝게 만나는 아이들에게 우리의 머리와 가슴을 항상 열어놓는데 도움이 된다.

내게는 존 로리라는 친구가 있는데, 현재 뉴욕의 포킵시에 있는 메리마운트 대학에서 장래에 교사가 될 학생들을 가르치고 있다. 그는 「교실에서의 사랑 Caritas[12] in the Classroom」이라는 제목의 소논문을 쓴 적이 있는데, 나중에 이 주제를 확대해서 책을 펴냈다. 그 글은 가르치는 과정에는 탁 트인 마음이 전제되어야 한다는 나의 믿음을 더욱 확고하게 해준다.

로리는 교사와 학생 간에 정서적 관계를 맺는 일을 서구에서는 생소하게 여긴다고 밝히고, 자신이 수업 시간에 이런 전통적 태도를 바꾸었을 때 교실 분위기가 달라지는 것을 발견하면서 이 글을 쓰게 되었다고 했다. 전문 직업인이라는 냉정한 얼굴을 거두자 그 자신의 정서적 삶이 드러나기 시작했고, 학생들에게 그들의 생활이나 개인적인 생각 같은 것을 묻고 관심을 갖기 시작하자 학습과정에 참여하는 적극성이 극적으로 늘어난다는 사실이 드러났다. 로리는 이런 과정을 통해 자신의 학생들에게 몇 년 뒤 그들이 어린 학생들을 맡게 될 때 어떻게 아이들을 수업 속으로 끌어들일 것인가에 대해 스스로 모델링을 한 셈이었다.

로리는 잘 알려져 있지 않은 한 연구를 언급했는데 동정심, 건강한 심리 상태, 긍정적 관심 같은 심리적 특질에서 높은 평가를 받는 교사와 함께 공부하는 학생들은 이런 분야에서 낮은 평가를 얻는 교사와 함께하는 학생들보다 훨씬 좋은 시험점수(표준화된)를 얻는다는 것이

---

12) 카리타스(caritas)는 '사랑'이란 뜻의 라틴어로, 영어 charity의 어원이기도 하다. 그리스어의 agape와 같다._옮긴이주

다. 시험점수의 높고 낮음의 문제는 물론 다양한 방향으로 해석이 가능하지만, 마음이 열린 교사가 마음이 열린 학생들을 키워내고 그 학생들은 또 더 잘 배울 수 있다는 사실은 분명하지 않을까?

나는 그렇게 생각한다.

13

공동체가 우리를 구원할까

아기 X는 미국의 대도시 지역에 살고 있는 한 여자와 남자 사이에서
태어난다. 아기가 태어난 지 3개월 만에 엄마는 다시 직장으로 돌아가
고 X는 공인된 보육원에 맡겨진다. 아빠는 X가 태어날 때 무급휴직을
받아서라도 직장을 쉴 만한 경제적 여유가 없었다. 그래서 아빠는 비
록 아기를 무척 사랑하기는 했지만 X와는 그다지 강한 유대감이 없었
고 그 유대감을 이루기 위해서 계속 노력을 해야 했다.

경제적 압박과 노동이 가져다주는 극도의 피로감은 이 신참 가족이
한 가족으로서 생활하고 활동하려는 결의를 서서히 침식해 들어오고,
이런저런 텔레비전 프로그램을 시청하는 일이 여가 활동의 전부가 되
어간다. X의 평일 스케줄은 오전 여덟 시쯤 아빠가 일하러 가는 길에
탁아소에 맡겨졌다가 오후 다섯 시 반쯤 엄마가 일터에서 돌아오는 길

에 들러서 데려오는 식이다. 여섯 시 반이면 아빠가 와서 같이 저녁을 먹은 후 어린 아기 X는 자러 갈 시간인 8시 전까지 디즈니 채널에서 보여주는 프로그램을 충분히 시청한다. 주말이 되면 가끔씩 가족끼리 외출을 하는데 보통 가까운 교외의 쇼핑몰로 간다. 그 나머지 시간은 흔히 텔레비전과 비디오 영화를 장시간 보는 걸로 때운다.

이 가족이 살고 있는 대단위 아파트는 애완동물을 키우지 못하게 되어 있고 안전한 놀이터도 없으며 엄마 역시 아이가 돌보는 사람 없이 문밖을 나가는 것을 불안하게 여겨 허락하지 않는다. 엄마 아빠 둘 다 어린 시절에는 집안의 종교를 갖고 있었지만 지금은 어린아이를 데리고서 어떤 교회든 참석할 만한 에너지나 믿음을 어느 쪽도 가지고 있지 않다.

특히 가을철과 겨울철이 되면 아기 X는 자주 귓병을 앓는다. 그래서 가족이 소속된 HMO(종합건강관리기관)에 들르게 되는데 갈 때마다 진료해주는 의사가 다른 사람으로 바뀌고 의사마다 간단하게 항생제를 처방해서 보통 삼사일 내에 문제를 없애준다. 어머니에게는 아픈 아기를 맡길 만한 사람이 없고, 따라서 아기가 아플 때마다 일을 못하게 되는 점은 가족의 경제적 곤란에 심각함을 더해준다.

이럭저럭 하는 사이 엄마 아빠의 로맨틱한 출발은 먼 기억 저편으로 재빨리 사라져간다. 부부싸움이 늘어감에 따라 각자는 각자만의 친구들—친구라 해봐야 몇 안 되는 같이 일하는 사람들—에게 조언과 지지를 구하게 된다. 이 시점에 두 번째 아기가 태어나고 일시적으로 마찰을 완화시켜준다. 그러나 불행히도 새로 태어난 아기를 돌봐야 한다는 가중된 스트레스는 불행의 끝으로 가족들을 데려가고 X가 다섯 살이 채 되기도 전에 아빠 엄마는 영영 갈라서고 일 년 후 이혼한다. 아기 X와 어린 동생은 엄마에게 남고 같은 지역에 살고 있는 아빠와는 주말을 같이 보낸다. 해마다 한두 번 아이들은 멀리 떨어진 다른 도시에 살고 있는 양쪽 할아버지와 할머니를 방문한다.

다섯 살이 되는 해 가을에 X는 주거단지 안에 있는 공립학교에서 운영하는 유치원에 들어가는데, 그 곳에서 한 교실에 교사 한 명과 스물여덟 명의 다섯 살배기들과 지내고 그 후 시간은 5시 30분 어머니가 올 때까지 방과 후 프로그램에 다닌다. 처음 얼마 동안은 그런 대로 잘 되어간다. 그러나 일학년이 되어 학년 중간쯤에 이르자 담임교사는 X가 어떤 수업시간이든 주의집중력이 떨어지고 있다는 사실을 발견한다. 교사는 가정통신문의 행동발달란에 이 사실을 적어 보낸다. 그 해가 끝나갈 무렵 X는 초기 천식 증세를 보이기 시작한다. 학교 성적과 행동발달에 대한 염려는 아이의 건강에 대한 걱정으로 금방 바뀐다.

• • •

앞의 이야기는 극단적으로 단순화시킨 경향이 있지만 20세기 말 미국에 살고 있는 판에 박힌 어린이의 삶을 보여주는 초상이라 해도 과장은 아니다. 이렇게 이야기를 시작하는 이유는 이 나라의 어린이들 사이에 현재 전염병처럼 번지고 있는 실존의 위기는 어떤 다른 요소가 아닌 공동체의 상실이 가장 큰 원인이라는 점을 논의하기 위해서다. 객관적인 통계 수치는 없지만 앞에 나온 이야기에 어느 정도라도 해당

되는 아이들의 수는 어림잡아 미국 어린이의 절반에 이르고 있다고 나는 믿는다.

과거와 유대가 끊어진 전후의 베이비 붐 시대에 태어나 한창 번성중인 젊은 세대들은 핵가족이라는 고립된 울 안에서—이 울타리 역시 점점 더 분리되는 쪽으로 나아가고 있다—길러졌고 이들은 또 다시 방송 매체에 자주 등장하는 사회비평가들이 X세대라고 부르고 있는 일단의 젊은 세대를 키워냈다. 이들은 깊은 소외감의 세대로, 또 과거와 미래와의 연결고리를 상실한 세대로 알려져 있다.

공동체(community)라는 말이 특수집단끼리 통용되는 특수언어 대접을 받고 있지만, 그들이 그 말을 즐겨 쓰는 것은 공동체라는 말을 자꾸 씀으로 해서라도 그 공동체를 불러낼 수 있을지도 모른다는 본능적 희망 때문이라고 생각한다. 확신하건대 공동체 의식이야말로 많은 사람들이 목말라 하는 것이며 거의 모든 사람들이 훌륭한 의미를 지녔다고 생각하는 것이다. 그러나 이런 공동체 의식이 소멸의 위기로 치닫고 있다는 점은 백 년 전 이 땅의 토착민이 겪어야 했던 운명과 꼭 마찬가지 사회적 현상이다. 둘 다 같은 힘에 떠밀려 곧, 인간의 탐욕과 경제상의 명백한 운명13)에 밀려 사라져갈 운명에 처한 것이다.

이야기를 더 진행시키기 전에 어느 정도 명확한 정의를 내려두는 것이 바람직하겠다. 왜냐면 '공동체'라는 말이 지닌 본래 의미의 많은 부분이 오늘날에 이르러 점점 모호해졌기 때문이다. 이처럼 정의하기 어

---

13) 명백한 운명(manifest destiny)은 1840년대에서 50년대에 걸친 미국의 서부 영토 확장을 옹호하면서 『데모크라틱 리뷰』 주필 오설리번이 강변한 말이다._옮긴이주

려운 개념의 본질적 의미를 명확히 해보려는 바람직한 시도가 스코트 펙(M. Scott Peck)의 고전적 논저인 『또 다른 북소리 The Different Drum』에 나온다. 펙은 공동체는 '전기'나 '사랑'처럼 그 성질상 종잡을 수 없는 현상 중 하나일 뿐 아니라 짧은 한 문장으로 정의를 내릴 수 없는 것 중의 하나라고 밝히면서 이렇게 말한다.

"만약 우리가 공동체라는 말을 의미 있게 사용하려 한다면 어떤 특정한 한 무리의 개인들의 모임을 일컫는 말로 한정해서 써야만 한다. 여기서 말하는 개인들이란 솔직하고 정직하게 서로를 대하는 법을 익히고 있고, 서로의 관계는 겉으로 보이는 평정한 외면보다 훨씬 깊이 나아가 있고, 같이 기뻐하고 같이 슬퍼하며 서로에게서 즐거움을 찾고 타인의 상황을 자기의 상황으로 만들 줄 아는 어떤 분명한 헌신의 마음을 계발한 사람들을 말한다."

현대라는 세계 속에서 공동체란 이미 그 생명력을 잃어버린 전통에 불과하다는 자각이 점점 강해지자 펙은 미국 내의 주말 워크숍을 돌아다니며 그 상황을 둘러보기 시작했다. 그런 워크숍에 참여하는 사람들은 앞서 펙이 설명한 상태에 도달해보려고 그룹을 이루어 고군분투한다. 펙의 표현을 따르자면 공동체란 어떤 것이든, 일시적이든 오랜 기간에 걸쳐 지속되는 장이든, 그 형태나 규모가 존재를 규정하는 요인이 될 수는 없다. 공동체는 예를 들어 한 동네나 기숙사처럼 장소를 공유한다는 구심점을 가지고 이루어질 수도 있고, 정치활동 단체나 자원봉사자 기구와 같은 공동의 목표를 중심으로 이루어질 수도 있으며, 종교단체와 같이 공동의 이상을 추구한다는 이유로, 아니면 단순히 펙이 이끄는 워크숍 같이 공동체란 무엇인가를 알고자 하는 열망을 이유로 이루어질 수도 있다.

시야를 좀 더 넓혀보면 이런저런 종류의 '의도된' 공동체를 실제로 조직해온 사람들이 여기저기서 집단을 형성하고 있다. 의도된 공동체 조직의 예는 1970년대와 1980년대에 걸쳐 벌어졌던 대항문화적인 공동체 운동 속에서만 발견되는 것은 아니다. 이른바 유토피아를 꿈꾸는 수많은 공동체들이 미국 초창기 역사의 여러 시점에 만들어졌다. 그리고 현재도 서로 다른 형태의 수많은 의도된 공동체가 존재한다. 다른 사람들과 함께 더 많은 것을 나누며 살고자 하는 인간의 욕구가 결정화된 가장 최근의 형태라 할 만한 것으로 '더불어 살기 co-housing' 운동이 있다. 여기에 참여하는 사람들은 자기 가정을 갖지만, 이웃과 함께 살면서 땅의 이용이나 육아와 같은 공동으로 할 수 있는 일은 협력해서 한다.

• • •

프리스쿨은 사실 공동체 속의 공동체 속의 공동체이다. 좀 더 자세히 설명해보자. 먼저 학교가 있다. 이 학교는 펙이 규정한 엄정한 의미의 공동체 정의에 들어맞는 절대적 자격을 지닌 공동체다. 그 다음 프리스쿨 커뮤니티가 있다.(여기서는 혼동을 피하기 위해 공동체란 말 대신 커뮤니티를 쓴다.) 이 커뮤니티는 학교의 유기적 발전과 긴밀한 관련을 맺으면서 점진적으로 맺어진 공동체이다. 프리스쿨 커뮤니티는 지금 현재 열두 가구 정도의 가족들로 구성되어 있는데, 구성원들의 적극적인 참여 속에 공동의 관심거리, 사업거리, 일거리를 나누고 있다. 그 관심거리 속에 프리스쿨 자체도 포함되어 있는 형태이지, 커뮤니티의 관심분야를 학교가 제한하지는 않는다. 이 이야기는 이미 학교의 역사를 소개하는 첫 장에서 상세하게 설명했었다.

그리고 맨 마지막으로 우리 커뮤니티가 하나의 분명한 구성요소가 되고 있는 다문화적 성격을 지닌 오랜 전통의 동네(neighbor)가 있다. 전체로 볼 때 이 동네가 팩의 테스트를 통과할 수 있을지는 확신할 수 없지만 어떤 점에서 볼 때는 공동체에 가깝지 않나 생각된다. 어쨌든 우리 동네는 그 말의 고전적 의미대로 이웃으로서의 정체성을 계속 유지해왔다. 이웃사촌이라는 전통을 계속 유지하면서 서로의 안부에 관심을 가진다. 비록 동네를 벗어난 더 넓은 세계의 문제에는 서로 마음이 맞지 않는다 할지라도. 따라서 이 동네가 본질적 의미의 공동체는 못 된다 하더라도 대부분의 거주자들이 심정적으로 공동체 의식을 갖고 있다고 본다. 오늘날 슬럼화된 도심 지역이면 어디서나 봉착하기 마련인 이런저런 문제에도 불구하고 이 동네 사람들이 이 곳에 사는 이유가 바로 그 때문이다.

여기 알바니에서 우리 상황을 그림으로 나타내보면 세 개의 동심원으로 그릴 수 있는데, 그 중심원이 학교가 되고 가장 바깥이 동네가 된다. 그 다음 이 세 개의 원들 사이에 끊이지 않는 상호작용을 표시하기 위해서는 이런저런 방향으로 온갖 종류의 화살표를 그리는 게 필요하다. 상호작용의 예를 들어보자. 프리스쿨 커뮤니티 식구들이 동회의 이사회를 맡아 일을 볼 때도 있고 이 지역의 관심사가 되는 문제를 다루는 활동가로 일할 때도 많다. 지금은 길모퉁이를 돌아 있는 맛있기로 유명한 이탈리안 레스토랑에서 열리는 동네회의도 그 전까지는 학교 건물 안에서 열렸었다.

소집단 안에 있는 사람들과 그 집단 바깥에 있는 사람들 사이에서 역기능적 역학관계가 발생할 위험은 언제나 있다. 하지만 우리 공동체에서는 그런 일이 그다지 흔치 않은데, 모든 사람들이 언제나 자신이 편안하다고 생각하는 수준에서 자유롭게 참여하기 때문이다. 예를 들어 프리스쿨 아이들의 가족 중 일부는 프리스쿨 커뮤니티의 일원이지만 대다수는 그렇지 않다. 우리는 공동체라는 개념을 방법, 형태, 모습 중 어느 점에서라도 수정하거나 바꾸지 않으려 마음을 쓴다. 몇몇 학부모들은 학교 일에 깊이 관여하지만 전혀 관여하지 않는 사람들도 많고 그 역시 더할 나위 없이 좋은 일이라 본다. 학교 일에 의무적으로 참여해야 한다는 방침을 절대적으로 피한다가 우리 입장이다. 오랫동안 우리 학교를 관찰해온 사람들은 선발된 내부 모임이 있다는 느낌을 한 번도 가져본 적이 없다고 말한다. 누군가 소외되었다는 느낌을 표현하면 우리는 모든 일을 멈추고 그 문제부터 해결하려 한다.

메리는 학교를 시작할 때부터 학교 자체가 진정한 의미에서 공동체가 될 수 있도록 의도했다. 학교가 자신과 아들 마크 두 사람만으로 이루어져 있었을 때조차 메리는 프리스쿨을 '교사'와 '학생' 간의 공동 벤처사업으로 삼았다. 이 설립 원칙은 이 새로운 학교의 규모가 극적으로 커졌을 때도 변함없는 원칙으로 남았다. 여기서 특히 짚고 넘어가야 할 사실은 메리는 학교가 아이들에게 필요한 것을 충족시켜주는 곳으로만 존재해야 한다고 생각한 적이 결코 없다는 점이다. 메리는 학교가 어른이 지닌 성장욕구를 충족시켜주는 역할을 하는 것 역시 중요하다고 믿었기 때문이다.

프리스쿨을 진정한 공동체로 만드는 힘은 그 무엇보다 모든 사람들 곧 모든 학생과 교사들이 자신의 전 존재를—선과 악을 모두—날이면 날마다 학교로 가져오는 데 있다고 본다. 뿐만 아니라 특정한 시기에 자신에게 영향을 끼치는 온갖 확장된 자아의 모습들 역시 이 전 존재에 포함된다. 예를 들어보자. 아이들 중 하나가 새로 고양이를 갖게 되었다 치자. 아이는 그 소식을 학교로 가져온다.(때로는 고양이를 데리고 온다.) 그러면 우리 모두는 그 아이와 기쁨을 나눈다. 누군가의 생일이 되면 우리는 같이 축하한다. 누군가 가까운 사람을 잃게 되면 같이 슬퍼한다. 집안에 심각한 병이 생기면 함께 기도한다. 부모가 싸워 아이가 분노하거나 두려움에 사로잡힌 채 학교로 오면 그런 감정 역시 기꺼이 맞아들인다. 벳지와 내가 크게 의견 대립을 보고 있는 와중이라면 학교 공동체는 우리에게 마음을 쓰고, 또 우리가 원하기만 한다면 문제가 무엇이든 순조롭게 해결해서 더 큰 곤란이 일어나지 않도록 도우려 할 것이다. 다시 말해 프리스쿨은 모든 이가 다른 모든 이에게 실제로 관심을 가지는 곳이기 때문에 공동체다.

그렇지만 왜 학교와 연관해서, 또는 아이들이 배움을 위해 특별히 모여드는 어떤 환경이든 그 환경과 연관해서 공동체의 깃발이 그처럼 높은 깃대 위에 펄럭이는 것일까?

얼마 전 지역신문의 한 기자가 이 물음에 대한 해답을 우연히 선사해주었다. 우리 학교에 관한 자세한 기사를 써보려고 기자는 하루 종일을 우리와 함께 보냈다. 오후에 결론을 나누는 시간에 매우 빈틈없는 관찰 결과를 이야기했다. 나로서도 이런 식으로 우리를 평가하는 이야기를 전에는 들어본 적이 없었다. 그는 우선 다른 대부분의 학교나 대부분의 교실에서 어떤 상황이 펼쳐지는가에 대한 이야기를 하는 걸로 시작했다. 보통 교실에서는 적어도 두어 명의 소외된 아이들이 있기 마련이다. 뭔가 움추러 들어 있다고나 할까, 또는 '분리되어 있다'고 느껴지는 그런 아이들. 일반학교 교실에서 보냈던 우리의 어린 시절에도 그런 아이들이 늘 있었다는 사실을 기자도 나도 기억하고 있었다. 그런 말들이 오간 뒤 기자는 자신이 주의 깊게 살펴보았음에도 프리스쿨에서는 그런 유형에 드는 아이를 한 명도 본적이 없다는 사실이 퍽 인상적이었다고 말했다. 프리스쿨의 모든 아이들은 '흐름 속에' 있는 것으로 보인다고 지적했다. 혼자거나 짝을 짓거나 몇 명씩 집단을 이루거나 상관없이 모든 아이들은 늘 뭔가에 능동적으로 참가하는 듯이 보인다고.

그는 나에게 이렇게 되는 이유가 뭐라고 생각하느냐고 물었고 내 대답은 '공동체'였다.

스코트 펙에 따르면 공동체란 '다른 사람의 상황을 자신의 상황으로 만드는' 행위이다. 메리는 1991년 카네기홀에서 했던 연설에서 공동체를 '상호간의 전적인 원조'라고 간단하게 정의했다. (만약 정의를 해보라고 했다면) 그 기자의 정의 역시 똑같이 간단했으리라 생각한다. 곧 누구도 소외되지 않을 때 그것이 공동체다. 공동체가 뭐라고 정의되든 어떤 일 속에서나 공동체는 프리스쿨이 하는 모든 일의 중심에 있다. 교육과정은 자유로워야 한다고 믿는 사람이 아닌 사람(기자는 나중에 자기를 그렇게 밝혔다)에게서 나온 평가라는 점에서 나는 그 기자의 평가를 받은 일이 특히 즐거웠다. 그가 쓴 긴 이야기는 비판적이고 비우호적인 사담으로 가득 차 있어 일반 사람들의 눈에 우리 이미지를 좋게 비춰줄 만한 점이라곤 거의 없었다. 그렇긴 하지만 프리스쿨의 존재를 이루는 정수가 무엇인가를 집어내는 데는 무리가 없었다.

공동체라는 개념을 어떤 더 없이 행복하고 멋진 상태가 영속되는 것을 의미하는 것으로 받아들여서는 안 된다는 점을 강조해두고 싶다. 학교 공동체나 중간 동심원인 커뮤니티 내부에서나 정기적이다시피 불화가 생긴다. 갈등은 어떤 공동체에서나 불가피한데 그 까닭은 공동체란 언제나 고도의 친밀성으로 얽혀져 있기 때문이다. 펙은 『또 다른 북소리 The Different Drum』의 한 장을 할애해서 '공동체의 유지'에 관해 쓰고 있다. 이 장에서 그는 공동체를 활기 있고 건강하게 유지하기 위해서 공동체 구성원은 '품위 있게 싸우는' 법을 배울 필요가 있다고 말한다. 우리 학교에서 운영되는 전체모임 시스템의 목적이나 프리스쿨 커뮤니티가 가지는 수요일 밤 그룹 모임의 목적도 이와 다르지 않다. 덧붙여 때로 공동체 내에 위기의 폭풍이 갑자기 일어나면 우리는 '커뮤니티 전체모임'을 연다. 물론 이 회의 역시 학교 전체모임과 꼭 같은 식으로 진행된다.

공동체의 번영을 위해 계속 마음을 기울여 나가는 가운데 우리는 이 공동체의 실천을 오로지 내부로만 초점이 맞추어진 일이나 경의를 표할 만한 표상을 만드는 일로만 발전해가도록 해서는 안 되겠다고 확신하게 되었다. 우리는 관심을 바깥으로 뻗치는 것도 똑같이 중요한 일이라는 사실을 알게 되었다. 그 생생한 예로 푸에르토리코의 가난한 이들이 겪은 격심한 허리케인 피해를 복구하는 일을 돕기 위해 상급반 아이들이 최근에 떠났던 짧은 여행을 들어보자. 여행 제안은 몇 년 전

프리스쿨에 두 아이를 보낸 적이 있는 루엘 버나드한테서 나왔다. 그는 몇 년 전 푸에르토리코 섬의 무단거주자 촌락에 살고 있는 절망과 곤궁에 빠진 가정을 대상으로 풀뿌리 조직 하나를 만들었다. 그리고는 집과 도서관, 공동체 모임장, 안전한 급수시설과 정화시설 건설을 돕고 있었다. 루엘은 자신이 만든 이 비영리단체를 '건설공동체'라 불렀다.

여행을 떠나기 위해 아이들이 벌였던 준비과정이야말로 공동체의 힘을 증명해주었다. 아이들 대부분이 노동계층의 가난한 집안 아이들이었는데도 단지 두 달만에 여행비용을 충당하고 정화시설을 설치하는 데 필요한 물건 구입비까지 해서 5천 달러를 모을 수 있었다. 아이들은 가까운 사람들과 지역사업체에 기부금을 간청했고 그럴 듯한 문예지를 만들어 판매했으며 끝없이 이어지는 복권 판매, 저녁식사 모금, 과자 만들어 팔기 등으로 자금을 모았다. 그 일을 해내는 데는 엄청난 힘이 들었는데, 학교 공동체의 나머지 구성원들도 많이 도와주었다. 부모들은 과자를 구웠고, 교사들은 이벤트 꾸미는 일을 도왔으며, 나이 어린 아이들은 복권 파는 일을 열심히 도왔다.

그리고 푸에르토리코 현지에서 보낸 일주일 동안 아이들은 카리브 해안의 뜨거운 태양 아래서 너무도 고되고 매력 없는 건설 프로젝트를 완성해낼 수 있었다. 나는 온갖 차원의 공동체가 펼쳐 보이는 광경을 지켜보러 스코트 펙이 그 곳에 올 수 있다면 하는 바람까지 들었다. 아이들은 자기들이 돕고 있는 가족과 함께 붙어서 일했다. 그 가족들은 한 달에 112달러로 생존 중이었다. 아이들 중 절반은 모든 사람들의 배고픔과 목마름을 채워주는 결코 얕잡아 볼 수 없는 일을 해내느라 날이면 날마다 바쁘게 돌아갔다. 여섯 아이를 둔 젊은 엄마인 마누엘라는 푸에르토리코 전통요리를 맛있게 만드는 비결을 아이들에게 가르쳐주는 즐거움을 만끽했고, 일이 끝난 후면 언제나 푸짐하게 차려진 농부식 식사로 배를 두드렸다. 줄리오와 다 자란 아들 둘은 인간 콘크리트 믹서가 되어 루엘과 우리 아이들이 정화탱크와 목욕실 바닥을 만드는데 필요한 몰타르와 콘크리트를 공급했다. 그 가족은 예전에는 커다란 플라스틱 통에 볼일을 봤고 집 뒤에서 태워 없앴는데, 집이라 해봤자 재활용 합판으로 만든 오두막에 불과했다.

한편 이런 일도 있었다. 첫 날 프로젝트를 어떻게 시행할 것인가 하는 문제를 두고 한창 설왕설래하고 있을 때, 지저분한 마을을 가로지르는 움푹움푹 패인 도로를 따라 한 남자가 걸어왔다. 그 사람의 이름은 주앙이었는데 일거리가 떨어진 건설노동자로 루엘과 줄리오 그리고 우리 아이들이 어쩔 줄 몰라 하고 있는 이런 일, 곧 홍수가 휩쓸고 지나간 땅 위에 분뇨탱크를 짓는 일을 수도 없이 해봤다고 했고 곧장 현장감독이 되어주겠다고 나섰다. 그는 작전계획 짜는 일을 도와주었고 곧 이어 그의 아내와 딸까지 점점 불어나는 공동체의 일원이 되어 진흙을 뒤집어쓰며 일을 도왔다.

우리 아이들 기분을 살려주려고 줄리오의 어린 아들이 가족 소유의 조랑말을 끌고 나와 프리스쿨 아이들에게 말타기를 가르치기 시작했다. 서로가 쓰는 언어를 가르쳐주기도 했는데, 우리 쪽은 스페인어를 몰랐고 그 가족은 영어를 거의 못했다. 지쳐 빠질 때까지 일로 지샌 하루 일과는 줄리오의 아들들이 지치고 더러워진 프리스쿨 자원봉사자들을 강으로 데려가 같이 목욕하고 몸을 식게 하는 일로 끝이 났다.

이 얼룩덜룩한 색깔의 다문화 집단은 날이 갈수록 점점 더 친해져
갔다. 사람을 놀라게 하는 일도 예기치 않게 늘상 일어났는데 한 번은
남자아이 하나가 벌레에 물려 알레르기 반응을 보이며 몇 시간 동안이
나 고통을 겪었다. 모든 사람들이 어떻게든 도움을 주려고 나섰고 결
국 동종요법 한 가지가 효과가 있어 회복할 수 있었다. 마지막 날 엄청
나게 밀어부친 결과 주말까지 공사를 완성한다는 애초의 계획에 맞출
수가 있었다. 모든 일은 축하와 감사의 장대한 축제로 끝이 났다. 모든
어른과 아이들이 변화를 겪었다. 우리는 실로 '건설공동체'였다.

· · ·

탄광 갱 속의 카나리아[14] 같은 구실을 하는 X세대의 역할에 걸맞게
미국의 아이들에게 공동체의 상실이 가져다주는 영향은 점점 더 뚜렷
하게 나타나고 있다. 어린이 천식이 급격히 늘고 있고 십대 자살률도
마찬가지 추세다. 특히 오토바이 사고와 마약 과용, 에이즈로 인한 죽
음까지 자살률에 포함시킨다면 그 수는 엄청나다. 그리고 폭력범죄가
날이 갈수록 점점 더 어린 아이들에 의해 저질러진다. 그런 일이 이상
스러울 것도 없다. 탁아소와 방과 후 프로그램은 급격히 늘어나 아이
들을―그 아이들의 조부모와 증조부모도 마찬가지다―현대생활이 이

---

14) 옛날에는 석탄을 캐는 탄광 속에 카나리아를 데리고 들어가 카나리아가 사람보다
먼저 질식하는 것을 이용해서 석탄가스 농도를 측정했다._옮긴이주

루어지는 중심부에서 멀리 떨어진 곳에 창고에 집어넣듯 수용할 지경에 이르고 있다. 부모들은 점점 더 경제적 생존에 골몰하게 되고 아이들과 함께 지내는데 필요한 시간과 힘이 점점 더 사라져가고 있다. 가족이라는 개념 그 자체가 풍전등화 상태에 있다. 대가족은 핵가족에게 이미 자리를 내주었고 그 핵가족 역시 부모 중 한 명밖에 없는 더 분화된 형태로 급격히 바뀌어가고 있다.

우리 인간 종족은 문제에 봉착해 있다. 내가 앞부분에 나온 가상적 짧은 삽화에서 그려보려 했던 인간 단절의 모습은 형태와 빈도 수에서 빠른 속도로 증식해가는 중이다. 나는 미셸 오당(Michel Oden, 산파로 전향한 산부인과 의사이자 자연분만 운동의 리더 중 한 사람)이 이 문제에 깊은 우려를 표현하는 것을 들은 적이 있다. "핵가족과 핵시대가 역사적으로 겹치게 된 것은 우연이 아니다." 오당의 필생의 사업은 종으로서의 우리 인간을 위협하는 문제를 함께 풀 수 있는 길을 인간이 잃어버리지 않도록 어머니와 아기 그리고 아버지와 아기 사이의 유대의 끈을 잃어버리지 않도록 하는 일이다.

이 글을 읽으면서 과연 그렇다면 무슨 해법이 있단 말인가 하고 의문이 일어나겠지만 그렇다고 해서 해법으로 '공동체'라는 사뭇 미화된 개념을 억지로 들이밀고 싶지는 않다. 심정적으로 그러고 싶은 마음이 굴뚝같지만.

내가 공동체와 교육에서의 자유라는 이상에 내 자신을 동일시하듯 어떤 특정한 이상에 깊이 빠져 있는 사람이라면, 또 그가 나처럼 천성적으로 문제해결사 기질이라면 항상 "기다려요. 내게 해답이 있소" 하고 말하고 싶은 충동을 느끼게 마련이다. 또 그 충동 속에서 그가 나라면 이렇게 말할 것이다. "만약 모든 사람들이 비슷한 의도를 지닌 사람들끼리 모인 작은 공동체 안에 살고 프리스쿨을 시작한다면 모든 일은 잘 풀릴 겁니다"라고. 그러나 그런 일은 부조리하다. 아무리 단순한 문제라 해도 엄청나게 다양한 원인과 그에 따른 다양한 해법이 존재한다.

그럼에도 만약 우리가 우리들 스스로 만들어낸 이 현대의 딜레마에서 살아남고 또 우리 아이들이 더 확실한 미래로 넘어갈 수 있도록 도우려 한다면 현대 생활 속에서 공동체의 모습을 다시 찾을 수 있는 그 길을 아무리 작은 길이라 하더라도 찾아내야만 한다.

운동가들의 슬로건을 떠올려본다. '전 지구적으로 사고하고 지역적으로 행동하자!' 지구적 사고라는 맥락을 염두에 두면서 당면한 주제인 '아이들과 교육'으로 돌아가보면 문제가 생기는 가장 큰 원인 중 하나는 우리의 기업경제 체제가 아이들 교육뿐 아니라 아이들 자체까지 상품으로 바꾸어버리는 지경에 이르렀다는 것이다. 일하는 날이면 우리는 아이들을 눈에서 그리고 마음에서 몰아내기 위해 학교라고 하는 커다란 인간 창고에 몰아넣는다. 그리하여 아이들은 시장에서 일어나는 경제활동에 경쟁자로 등장하거나 어떤 식으로든 방해를 놓거나 하는 일이 없게 된다. 아이들이 창고에 갇혀 있는 동안 우리는 그들을 멋지게 다루어서 고분고분하고 수동적인 소비자가 되게 하고, '어른'이 되어 풀려나게 될 때는 바로 그 시장의 확실한 노예가 되도록 한다.

우리는 아이들을 낮의 그림 속에서 완전히 지워버렸다. 내 말이 믿기지 않는다면 평일에 아무 도시든 시내 상업지구를 걸어보면 안다. 그래서 나는 은행이나 우체국에 갈 일이 있을 때면 언제든지 아이들을 데려가려 한다. 평일 낮에 우리가 만나게 되는 어른들은 아이들을 어떻게 대해야 할지 어쩔 줄 몰라 한다. 사람들은 아이들을 외계에서 온 우주인이라도 되는 것처럼 바라본다.

이반 일리치는 '학교교육에서 놓여난 deschooling' 사회야말로 아이들을 공동체적 삶의 거미줄에 다시 연결시켜주는 가장 훌륭한 길이 되리라고 주장했었다. 일리치는 학교 자체를 사회에서 제거해야 한다고 주장하는 게 아니라 학교가 아이들의 시간과 에너지 그리고 장소에 관해 휘두르는 독재를 제거해야 한다고 말한다. 그렇게 하면 아이들은 자신의 의지로 필요한 것을 찾으려고 마을이나 읍내, 도시의 한복판으로 돌아가는 길을 찾아낼 것이고, 어른들로 하여금 다음 세대의 시민을 받아들일 새로운 방도의 필요성을 절감케 할 것이다.

1960년대만 해도 일리치는 우상파괴자요 몽상가라는 낙인이 찍혀 있었다. 오늘날 일리치가 받고 있는 평가는 상상조차 할 수 없었다. 그러나 오늘날 수많은 홈스쿨링 가정들이 일리치가 그 때 제시한 것과 똑같이 행동하고 있다. 사람들은 아이들을 창고에서 꺼내오고 있다. (아니면 처음부터 아예 집어넣지 않는다.) 그리고는 아이들을 가족의 삶 속으로 재통합시키기에 바쁘다. 그 다음 아이들이 자라남에 따라 도제식 수업이나 인턴 활동, 작은 가족사업 또는 가내공업 같은 네트워크를 통해 어른들이 일하는 세계로 진입할 수 있는 다양한 길을 만들어가고 있다.

홈스쿨링 가정들은 또한 아이들에게 다른 아이들과 함께 공부하고 놀 수 있는 기회를 다양하게 제공해줄 목적으로, 같이 만남으로써 그들만의 공동체 형식을 만들어가고 있다. 점점 더 많은 부모들이 아이들의 마음과 정신과 영혼을 기존의 사회가 만들어낸 의무교육 체제의 조종에 맡겨서는 안 되겠다는 사실을 깨달아감에 따라 운동은 빠른 속도로 성장해가고 있다. 만약 이 나라 정부가 이 사람들의 예를 따르기로 합의한다면 무슨 일이 일어날까?

나는 홈스쿨링의 깃발을 흔들지 않으려는 홈스쿨러들의 노력을 그 대답으로 삼으려 한다. 그이들의 경우를 '지역적 행동'의 좋은 예로 삼고 싶다. 또 다른 변화의 조짐이 있다. 곳곳에서 독립 학교들, 다양한 형태와 철학을 지닌 작은 학교들이 갑자기 부상하고 있는 듯 보인다. 그 중 몇몇은 특히 순수한 의미에서 공동체로 기능하고 있지만, 그 학교들을 전체로 놓고 볼 때 느껴지는 다양성이야말로 공동체가 지닌 한 중요한 차원을 대변해주고 있다. 일반적인 논리와는 반대로 마음의 일치와 공동체는 불쾌한 댄서 파트너가 되기 쉽다.

또한 공교육이라는 테두리 안에서도 대안이 속속 늘어나는 추세인데, 이런 대안들은 이미 존재하는 공적 자금에서 이점을 취하면서 통제와 강제를 기반으로 하는 융통성 없는 학교교육의 정신구조를 깨뜨려보자는 의도를 지닌 사람들에 의해 주도되고 있다. 물론 나로서는 누군가 공교육을 근본적으로 개혁할 수 있을 것이라는 가능성에 대해 심히 냉소적이다. 공교육이라는 개념 자체가 시작부터 잘못된 토대 위에 놓여 있다. 그러나 그 안에 수용되어 있는 수많은 아이들의 상황을 개선하려는 노력은 어떤 노력이든 갈채를 보낸다. 오늘날 보조적인 많은 대안교육 현장들이 교사 정신고양 프로그램, 도제수업 프로그램, 공동체형 봉사활동 같은 창의성 있는 프로그램들을 받아들여서 오늘날의 세계 속에 능동적으로 접목시키고 있다.

그리고 부모들 사이에서 자녀들의 교육에 더 많이 관여할 필요가 있다는 자각이 점차 더 커져가고 있는 것처럼 보인다. 과거보다는 훨씬 많은 부모들이 학교 방침을 결정하는 데 능동적으로 참여하고 있다. 그들은 공립학교의 잠긴 문을 따고 창문을 열어젖히며, 학교와 바깥 세계 사이에 더 긴밀한 교류가 필요하다고 주장한다. 좋든 싫든 '공동체'는 오늘날 모든 이의 입에 오르내리고 있는 것처럼 보인다.

· · ·

이 세상을 향해 내가 열어놓은 창은 한 사람의 교사로서 또 아버지로서, 그리고 시민으로서 보낸 25년의 세월로 점철되어 있다. 그 세월 동안 나는 공동체를 실천하고 아이들이 자율적이고도 성숙한 어른으로 자랄 수 있는 새로운 길을 찾는 데 몰두했다. 이러한 창을 통해 본 시각은 불완전한 인간의 경험세계에 기초를 둔 시각이 늘 그렇듯이 나를 희망적인 동시에 냉소적인 인물로 만들어놓았다.

나의 이러한 개인적 체험은 내게 굳건한 믿음을 심어놓았다. 프리스쿨에서 아이들이 받게 되는 공동체의 세례는 아이들에게 엄청난 이점을 가져다준다는 믿음 또한 심어놓았다. 그 어느 때보다 오늘날에 와서는 더욱 그렇다. 그 경험은 다른 사람들과 의미 있는 관계를 맺을 줄 아는 능력에 기반을 두고, 개인적 의미에서도 충만한 미래로 나아갈 수 있도록 아이들을 돕는 하나의 내적 틀을 형성케 해준다. 그렇지 않고 어떤 단단한 소속감도 없다면 아이들은 어디에도 뿌리를 내리지 못하고 표류하게 될 것이다. 소속감을 상실하게 되면 가족의 유대나 친구간의 유대 그리고 공동의 목적을 향한 시도 속에 있기 마련인 즐거움과 충만감을 끊임없는 상품 소비로 대신하려는 소외된 반쪽짜리 인간의 물결에 휩쓸리게 된다.

이 장을 끝내면서 나는 프리스쿨을 공동체로서의 학교의 한 모델로 제시하고 싶다. 그러면 이제 그것이 해답이냐고 묻는다면 다시 한번 물론 아니라고 대답하련다. 조직화되고 의무화된 학교교육은 진정한 공동체를 이루는 데 명백한 구조적 장애물이라고 말한 일리치의 지적에 나는 늘 마음을 쓴다. 그리고 프리스쿨은 그러한 함정을 피하려고 할 수 있는 한 최선을 다한다. 우리 아이들은 오고 싶기 때문에 학교에 오고, 우리는 아이들이 주위 세계와 끊임없이 서로 주고받을 수 있게 격려하고 돕는다.

다시 돌아와보자. 공동체를 이루는 데는 수천 가지 길이 있다. 아이들이 읽고 쓰고 그리는 법을 익히는 데 수천 가지 길이 있는 것과 꼭 마찬가지다. 여기서 기억해야 할 사실은 무엇보다 공동체는 어떤 특정한 마음 상태를 말한다는 점이다. 공동체는 특수한 시설이나 훈련 또는 참모진을 필요로 하지 않는다. 공동체에 필요한 것은 사람들이 함께 모여 함께 버티며 공동의 목표를 성취해내는 과정에서 저마다가 갖고 있는 저항을 기꺼이 극복해가려는 자발적인 마음이다.

그리고 이야기는 계속된다

    프리스쿨 이야기는 여기서 끝나지 않는다. 하지만 자유, 공동체, 그리고 배우고 성장하려는 아이들의 타고난 욕구에 대한 확신이라는 원칙에 따라 학교를 꾸려갈 때의 장점과 실제성을 적어도 몇 쯤은 그려내기에 충분한 말을 했다고 믿는다.

    프리스쿨에 제2세대 학생과 교사들이 등장하면서 우리는 다가오는 미래를 새롭게 맞이할 준비를 해야 할 시점에 이르렀다. 지금까지 프리스쿨을 거쳐 간 아이들 중 세 명이 어른이 되어 다시 우리 곁에 돌아와 가르치는 편에 서서 우리와 손을 맞잡았다. 그 모두가 우리에게는 특별한 축복이었다. 아직 누구도 교사의 길을 계속 걷겠다고 작정한 사람은 없다. 그러나 한 사람 한 사람 모두가 타고난 교사요 재능이 넘치는 교사임이 분명했다. 우리는 그이들이 언젠가는 다시 돌아오기를,

그리고 또 더 많은 프리스쿨 출신들이 그들의 발자취를 따르기를 바라고 있다. 어쨌든 그렇게 되리라 믿는다.

점점 더 세분화되고 있는 이 나라의 양상에 대처하기 위해서라도 우리는 진정한 공동체를 기반으로 하는 교육이란 어떤 모습일까를 계속 궁구해나갈 것이다. 융이 지적했듯이 인간이란 더 큰 공동체와의 관련성 속에서만 충분히 '개인적'일 수 있기 때문이다. 이 말은 실로 엄청난 역설이지만 이 역설을 통해 융이 말하고자 한 것은 우리 중 그 누구도 동굴 속이나 어떤 성스러운 산정에 홀로 떨어져서는 개인적 잠재력을 발견해낼 수도, 충분히 발휘할 수 없다는 것이다. 우리들 한 사람한 사람이 간직한 타고난 재능 전부를 완벽하게 캐내고 온전한 자기 것으로 삼기 위해서는 개인과 공동체 사이에서 끊임없이 주고받고 밀고 당기는 상호작용이 필요하다.

우리는 또 해마다 의무교육 제도라는 어두운 골짜기에 제물로 떨어질 위험에 처한 몇 안 되는 이 지역 아이들에게 안전한 천국이 되어주는 일을 계속해나갈 것이다. 우리가 그 아이들 모두를 우리의 아이로 하겠다는 뜻은 아니다. 우리가 이런 식으로 세상을 구원하겠다는 뜻도 아니다. 아니, 우리가 어떻게 그 모두를 구원할 수 있겠는가. 하지만 만약 누군가 한 명의 아이를 진실로 구원한다면 그 때는 이 세상을 구원했다 할 만하다는 말도 있지 않은가? 그러니 친애하는 닐 영감님, 평화 속에 쉬시는 동안 앞서 한 당신의 말을 취소하소서. 사회의 최하층 출신 아이들이 자신의 진로를 꾸려나갈 자유를 얻게 될 때 얼마나 큰 도움을 얻게 되는지 메리가 여러 차례에 걸쳐 보여준 사실을 즐겁게 받아들이시리라 생각합니다.

그리고 우리는 어떠한 환경에서도 잘 살아가리라 생각되는 다른 아이들, 하지만 자신의 개체성과 자발성이 존중받고 격려받는 환경에서 공부하기로 선택한 그 아이들이 성장해나가는 것 역시 계속 도울 것이다. 우리는 자유와 존중이 동의어이듯 '삶'과 '배움'이 동의어라는 사실을 계속 증명해 보일 것이다. 그리고 우리 아이들한테서 우리가 배우는 일 역시 멈추지 않을 것이다. 왜냐면 아이들에게는 '교육' 같은 정적 개념들은 의미가 없기 때문이다.

오늘날 미국 사회를 휩쓸고 있는 보수주의 물결에도 불구하고 학교라는 표준판에 대처할 만한 진정한 대안이 무엇인가에 관심을 지닌 많은 사람들이 곳곳에서 전화와 편지를 하고 또 찾아오고 있다. 그러니 효과 있는 가르침과 배움 그리고 삶이 될 수 있는 색다른 방법에 대해 정보와 영감을 얻고 싶어 하는 점점 커져가는 요구에 우리 나름의 대답을 해야 하는 상황이다. 우리 학교와 같이했던 1960년대의 옛 자유학교들, 아직도 곳곳에 남아 있는 몇 십 개의 이 학교들은 시대착오적인 구시대의 산물도 아니지만 그렇다고 미화된 뉴에이지의 메시아들도 아니다. 하지만 우리의 존재는 중요한 메시지를 품고 있다. 그것은 몇 십 년에 걸쳐 애써 얻은 경험을 기반으로 하고 있지만 많은 사람들이 아직도 받아들이기 어려워하는 메시지다.

그 메시지란 곧 아이들은 자신들만의 고유한 동기에서 공부할 때, 그리고 지성이 있고 책임 있는 존재로 존중받을 때, 바깥 세계와 격리되지 않은 활기 넘치고 사랑으로 충만하며 즐거움에 넘치는 환경 속에서 마음대로 활동하고 질문할 수 있는 자유 속에 있을 때, 가장 훌륭하게 배운다는 사실이다.

이러한 원칙들이 '학교'라는 조직 패턴을 필요로 할까? 절대로 아니다. 일리치가, 그 후에는 홀트가 그리고 지금은 개토가 철저하게 지적하고 있듯이, 학교는 거의 언제나, 그리고 앞으로도 언제나 그 원칙들 대부분 또는 전부에 반대되는 입장에 서왔다. 몇몇 학교들이 일리치가 '의무 학교교육의 부식성 효과'라 부르는 상황을 피하는 일을 다른 학교들보다 아무리 잘 해결한다 할지라도, 주정부가 의무적으로 운영하고 중앙집중식으로 관리하는 교육을 받은 몇 세대의 사람들에 의해 (개인적으로나 집단적으로나 할 것 없이) 우리 현대인의 사고방식이 길들여져왔기 때문에 그 사고방식 말고는 다른 방식으로 사물을 바라보는 어떤 수단도 다 제거되어버렸다는 사실은 그대로 남는다.

다시 말해 지금의 부모들 세대는 거의 완전히 지금 현재 그대로의 학교교육이라는 관념에 의지하고 있으며 학교교육의 신화를 완전히 자기 것으로 내면화해서 받아들이고 있다. 그 신화란 이런 것이다. 교육이란 희귀한 필수품으로 한 인간이 유능한 성인이 되려면 꼭 '삼켜야 하는' 이미 처방되어 있는 복용량이 있다는 것, 아이들은 전문적으로 훈련받고 자격증이 주어진 교사집단 속에서만 배운다는 것, 이 나라의 공교육체제는 민주적인 제도로서 조금 미비한 점만 땜질하면 언젠가는 이 나라의 모든 어린이들에게 공평하게 삶과 자유와 행복을 추구할 기회를 나눠줄 것이다 등등.

이들 신화가 무슨 목적으로 만들어졌는가를 밝혀내려면, 현대 생활을 지배하는 의존과 인위성의 높은 파도를 되돌릴 수 있도록 해줄 새로운 방법을 계속 발견해내야 한다. 오랜 방법들을 재발굴하는 일도 물론 해야 한다. 우리의 삶과 우리 아이들의 삶 속에서 배움과 삶, 의미의 진정한 근원들과 우리 자신 사이에 가로놓인 간격을 자각하는 일이 필요하다. 우리의 소비지향적 경제는 우리를 그 근원들로부터 떼어내어 꾀어내는 일이라면 어떤 일에도 망설임이 없다.

마지막으로 일리치를 한 번 더 인용해보자. 학교 바깥에서 배울 기회가 다시 풍부해진다면 '교육'은 더 이상 필요 없어질 것이다. 우리는 현대의 시장이 두텁게 껴입은 갑옷을 비집고 계속 틈을 만들어낼 수 있고 또 만들어내야 한다. 그리하여 '아이를 데리고 일터로 나가는 국정일' 같은 이름뿐인 상징적 행위를 넘어서서 나아가야 한다. 우리는 우리 아이들을 문화의 주류 속으로 다시 받아들이려고 계속 노력해야 한다. 아이들을 받들어 섬기는 나머지 아무런 대가도 없이 손쉽게 특권을 넘겨주는 것이 아니라, 일단 아이들을 받아들이고 그 다음에는 책임 있고 존중받는 위치를 스스로 얻어내라고 주장하자. 가치 있는 삶의 경험을 얻을 기회가 실재한다는 것을 아이들이 알게 될 때 대부분 언제나 아이들도 실제로 반응한다.

하지만 이런 생각들은 모두 또한 대체로 백인 중산층들이 지닌 생각이라는 점을 간과하지 않아야겠다. 조녀선 코졸이 최근에 낸 저서 『어메이징 그레이스』에서 그토록 심하게 묘사했듯 우리는 지금도 역시 두 쪽으로 분리된 나라에 살고 있다. 하나는 백인의, 또 하나는 유색인의 나라이다. 미국의 주요 도시에서 나날이 증가해가는 인종분리적인 게토에서 희망을 본다는 것은 거의 기대할 수 없다.

지금 당장 이 주제에 관해 내릴 수 있는 이렇다 할 결론은 없다. 아무리 교육에 대한 우리의 방법론을 새롭게 갖춘다 해도 어떤 수준에서도—사회학적, 지성적, 정서적, 영적 등등—사회제도로서의 교육은 본질적으로 이 세계가 안고 있는 어떤 문제도 결코 풀 수 없을 것이다.

일차원적 해답이나 보편적 공식은 없다. 이 세계는 언제나 불공정과 모순과 혼란과 위험으로 가득 차 있다. 하지만 또한 이 세계는 자비와 진리와 신념 그리고 용기를 지니고 있기도 하다. (이 세상 속에서) 우리들로 하여금 인간성을 지킬 수 있게 하는 것은 희망이라는 기적이다. 모든 아이들의 내부에는 언젠가는 경의와 충만함으로 피어날 하나의 씨앗이 아직은 딱딱한 껍질 속이지만 굳건히 자리 잡고 있다는 희망말이다.

우리는 그 씨앗을 키우고 보호하는 일에 결코 무심해선 안 된다. 이것이 바로 여기 프리스쿨에서 우리가 계속 '해나가면서 이루어가려' 하는 이유이다.

옮긴이의 말

삶이 농축된 이야기

이 책을 번역하는 특권을 우연히 누리게 된 역자로서 번역을 해나가는 도중 이런저런 깨달음도 많았지만, 저자가 글 앞에서 밝히고 있는 이 책의 의도를 충분히 이해한다면 역자 후기라는 이름으로 쓸데없는 개인적 감상을 덧붙이는 게 괜한 중언부언 같아 조심스럽다. 하지만 이 책을 나처럼 우연히(아니 사실상은 내면의 필연적 이유로 해서) 만나게 되거나, '교육'이라는 문제에 관심을 가져서 찾아 읽게 되거나, 독자가 되는 이들에게 어떤 노파심에서 두 가지만 이야기하고 싶다.

첫째, 이 이야기는 단순히 교육 부문에 국한된 이야기가 아니라는 점이다. 우리가 교육을 일반적으로 생각하듯 아이들의 삶을 다루는 어른들끼리의 일이라고 본다면 더욱 그렇다. 그러니 이 글을 단순히 교육 관련 서적으로, 그것도 대안교육 관련 서적으로 분류하지 말았으면

한다. 이 이야기는 차라리 총체적 삶에 관한 보고서로 보는 편이 좋겠다. 그 총체적 삶 속에서 아이들과 어른들은 분리되지 않은 하나의 집단으로 경험을 통해 서로 배우고 가르치며 보다 높은 차원을 향해 성장해간다. 그 환경이 되어주는 학교는 저자가 마지막 장에서 밝히듯이 삶의 기술이 위에서 아래로 전수되는 기술 전수장이나 사회적 인간을 '스쿨링' 해내는 교육장이 아니라 교사와 학생이라 불리는 어른과 아이가 저마다 동등한 개인으로 참여하고 서로의 성장을 돕는 '공동체'로 존재한다. 따라서 각 장마다 저자가 제시하는 쟁점들은 아이들에게 국한된 문제가 아니라 우리 모두의 삶을 구성하는 쟁점들로서, 새롭게 삶(그것도 현대 산업사회를 배경으로 하는 삶)에 부딪히는 아이들의 신선한 경험을 빌어 더 절실하고 분명하게 모습을 드러내게 된다. 그러니 이 책을 읽는 이가 어떤 자리에 있든(교육이라는 관점에서 보자면 교사든, 부모든, 아이든, 또는 국외자든) 이 쟁점들을 자신의 문제로 환원해서 자기 자신을 들여다보는 거울로 삼는 것이 훨씬 더 바람직한 독서 방법이 아닌가 하는 생각이 든다.

둘째, 이 이야기는 전문적인 글쟁이의 글이 아니라는 점을 꼭 염두에 두었으면 좋겠다. 서문을 쓴 피어스가 지적하듯 크리스는 훌륭한 이야기꾼이며 깊은 교육철학과 더 나아가 삶의 철학을 가지고 있는데, 그 모든 이야기와 철학은 철저하게 실천에 근거해 있고 관찰뿐만 아니라 스스로의 행위를 통해 성장해온 내용을 토대로 하고 있다.

얼마 되지 않은 경험을 바탕으로 머리 속에서 통합되고 전개되는 전문적인 저술가의 글이 일견 논리정연하고 쉽게 이해되는 훌륭한 글처럼 보일 수도 있는 반면, 크리스의 글은 차라리 자신의 글솜씨로도 다담을 수 없는 내용과 인식 수준으로 하여 뭔가 난해하고 복잡하게 느껴질 때가 많다. 그러니 그의 글은 쉽게 훑어보고 '참 좋았다'는 식의 정서적 해석을 내릴 종류의 글이 아니다. 실제 그는 교사로서, 공동체의 일원으로서, 또한 깨어 있는 개인으로서 보냈던 그 긴 세월을 압축해서 이 책 한 권을 썼다. 그러니 책을 읽는 얼마 되지 않는 시간 동안이라도 글이 의미하는 바를 하나하나 깊이 이해하고 인식해갈 때 크리스가 진실을 쏟아부어 살았던 25년의 총체적 삶의 경험과 깨달음을 짧은 시간 안에 우리의 것으로 만드는 드문 행운을 누릴 수 있을 것이다.

마지막으로 번역을 하는 데 어려웠던 점 몇 가지를 이야기하고 싶다. 앞에도 말했듯이 그의 글은 상상이나 관념에서 솟아난 것이 아니라 생생한 실천에 기초를 두고 이야기가 전개되고 있는데, 특히 개념화된 언어를 사용한 부분에서 그 내용이 훨씬 통합적이고 유기적이어서 우리말로 다시 옮겨 개념화하기가 상당히 어려웠다. 그리고 일반적으로 알려져 있는 몇몇 용어를 번역하는 데도 보통 쓰고 있는 번역용어를 그대로 받아들이기가 주저되었다. 예를 들어 '스쿨링 schooling'이라는 말을 나는 '학교교육'이라고 옮겼는데 사실 그 원래 뜻을 좀더 풀어보면 '독점적인 체제가 주도하는 표준화되고 단일화된 교육에 의해 세뇌된' 정도가 되리라 본다. 일리치가 만든 용어인 'deschooling society'에서 흔히 '탈학교'라고 번역되는 'deschooling' 역시 이런 내적 의미 속에서 나는 '학교교육에서 놓여난' 정도로 옮겼다. '스쿨링'이 지닌 이런 내적 의미가 아이들을 학교에 보내지 않는 사람들이 자신들의 행위를 '홈스쿨링 homeschooling'이라 부르기 싫어하는 이유이기도 하다. 그건 그렇고 이 경우도 나는 '가정학교'라고 옮기는 것은 더 어울리지 않는다고 생각하여 그냥 '홈스쿨링'으로 놔두었다. 그리고 크리스가 특별한 의미로 쓰는 '메타포'나 '아이로니' 같이 기존의 우리말로 정확하게 개념화할 수 없는 말도 그대로 두었는데, 개념이 더 명확해야겠다 싶은 말들은 원어를 뒤에 써두었다.

자신이 한 개인으로서 또 사회적 역할 속에서 교육에 대해 어떤 입장에 있든 이 책은 한 줄 한 줄 새겨가며 읽을 만한 충분한 가치가 있는 책이라 생각한다.

두려움과 배움은 함께 춤출 수 없다

초판 1쇄 2002년 2월 20일 | 12쇄 2022년 3월 15일

글쓴이 크리스 메르코글리아노 | 옮긴이 공양희
편집 김소아, 장희숙 | 인쇄 제본 상지사
펴낸이 현병호 펴낸곳 | 도서출판 민들레
출판등록 1998년 8월 28일 제10-1632호
주소 서울시 성북구 동소문로 47-15
전화 02-322-1603 전송 02-6008-4399
이메일 mindle98@empas.com 홈페이지 www.mindle.org

ISBN 89-88613-14-6(03370)
잘못 만들어진 책은 바꾸어 드립니다.